第 5 届中国法商管理高峰论坛
暨《中国上市公司法商价值报告 III》发布会

经 蓓
中央电视台新闻频道《法治在线》主持人

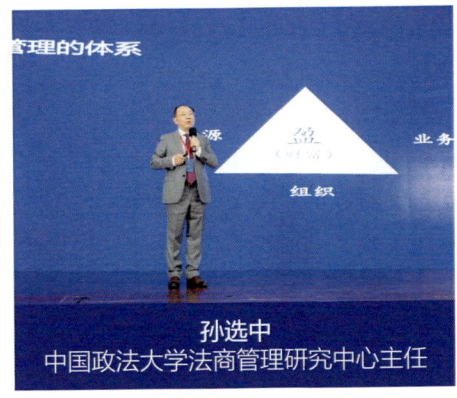

孙选中
中国政法大学法商管理研究中心主任

张军扩
国务院发展研究中心副主任

唐华东
国务院参事室司长

胡 明
中国政法大学党委书记

张燕生
国家发改委学术委员会秘书长
中国国际经济交流中心首席研究员

金永生
北京邮电大学教授、法商管理博士生导师

陈 钟
北京大学信息科学技术学院教授
法商管理博士生导师

朱晓武
中国政法大学教授、法商管理博士生导师

朗 华
远东控股集团董事
法商管理博士生实践导师

田 威
教授级高级工程师
法商管理博士生实践导师

圆桌论坛
主题：用法商思维创新企业价值

圆桌论坛
主题：法商价值与供应链金融

圆桌论坛
主题：法商管理破解民营企业危机

中国上市公司法商价值报告Ⅲ

法商领道研究院
中国政法大学法商管理研究中心 著

中国商业出版社

图书在版编目（CIP）数据

中国上市公司法商价值报告.Ⅲ/法商领道研究院，中国政法大学法商管理研究中心著.—北京：中国商业出版社，2020.6

ISBN 978-7-5208-1160-6

Ⅰ.①中… Ⅱ.①法…②中… Ⅲ.①上市公司-企业管理-研究报告-中国 Ⅳ.①F279.246

中国版本图书馆 CIP 数据核字（2020）第 082270 号

责任编辑：孔祥莉

中国商业出版社出版发行

010-63180647　www.c-cbook.com
(100053　北京广安门内报国寺 1 号)
新 华 书 店 经 销
北京虎彩文化传播有限公司印刷

* * *

710 毫米×1000 毫米　16 开　13.25 印张　220 千字
2020 年 6 月第 1 版　2020 年 6 月第 1 次印刷
定价：70.00 元

* * *

（如有印装质量问题可更换）

目 录

第一章 国内外发展形势 ……………………………………… 1
  一、全球经济形势 ……………………………………………… 1
  二、国内经济形势 ……………………………………………… 22
  三、中国上市公司的发展概况 ………………………………… 34

第二章 基于法商管理的上市公司法商价值评价体系 ……… 43
  一、公司价值评估回顾 ………………………………………… 43
  二、国内外主流公司评价指标比较 …………………………… 52
  三、法商管理与法商价值的意义 ……………………………… 54

第三章 法商价值综合指标体系构建 ………………………… 59
  一、构建原则 …………………………………………………… 59
  二、综合指标体系构建 ………………………………………… 62

第四章 法商价值综合评价模型 ……………………………… 124
  一、样本数据选取与处理 ……………………………………… 124
  二、权重确定方法 ……………………………………………… 127
  三、模糊综合评价模型 ………………………………………… 130

第五章　中国上市公司法商价值分析 ·············· 132
　一、总体法商价值分析 ····························· 132
　二、行业法商价值分析 ····························· 144
　三、板块法商价值分析 ····························· 156
　四、地区法商价值分析 ····························· 165
　五、企业性质法商价值分析 ······················· 175
　六、家族企业法商价值分析 ······················· 183
　七、上市时间法商价值分析 ······················· 192

参考文献 ·· 200

第一章　国内外发展形势

一、全球经济形势

2018年是国际金融危机全面爆发10周年，也是世界经济格局大发展、大变革、大调整的一个重要转折点。2018年发生的若干重大事件，将从技术、结构、规则等各个层面深刻影响未来较长时期世界经济走势和经济全球化进程。美国通过"货币政策正常化+保护主义+规则高标准化"的政策组合，正在诱使或迫使全球资本向美国流动，以新规则为基础强化发达经济体"统一战线"，对发展中国家形成"资本流出+规则边缘化"的双重压力。总体上看，当前世界经济呈现动能趋缓、分化明显、下行风险上升、规则调整加快的特点。

企业作为微观主体，其生存和发展与国际宏观情况息息相关。本部分通过分析和梳理世界整体和世界主要国家与地区的宏观形势，为上市公司未来的战略布局、管理经营，尤其是国际市场开拓等方面提供政策指引。

（一）整体经济状况

1. 经济增长出现分化

2018年世界经济在"大摩擦"和"大调整"中总体实现稳定增长，增速与上年基本持平，呈现企稳态势。但与2017年各国经济同步强劲回升不同，2018年全球经济增长出现了较为明显的分化。除美国等少数国家增速持续提升外，大多数经济体经济增速均出现了一定回落，全球经济下行迹象值得警惕。2018年全球GDP年增长率为3.035%，较2017年下降0.125个百分点。整体来看，2018年全球经济增速虽然没有达到各大机构的预测值，但也保持了同比增长的稳定态势。

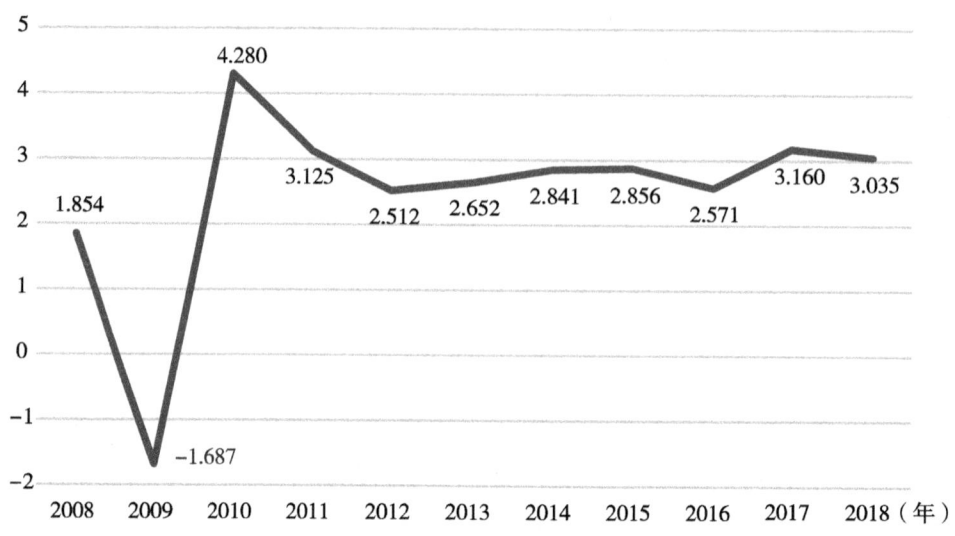

图1-1 全球GDP年增长率（%）

数据来源：世界银行（World Bank）

2. 失业率保持低位运行

尽管世界经济出现了增速下行迹象，但是除少数经济形势严重恶化的新兴市场国家之外，全球总体处于失业率相对较低的时期。根据国际劳工组织的测算，2018年全球失业率为4.954%，为近十年的相对低点。

同时，在提升男女劳动力市场参与率方面的工作进展较为缓慢。只有48%的女性进入劳动力市场，而男性的这一比例则为75%。未充分利用的潜在劳动力中绝大多数是女性。

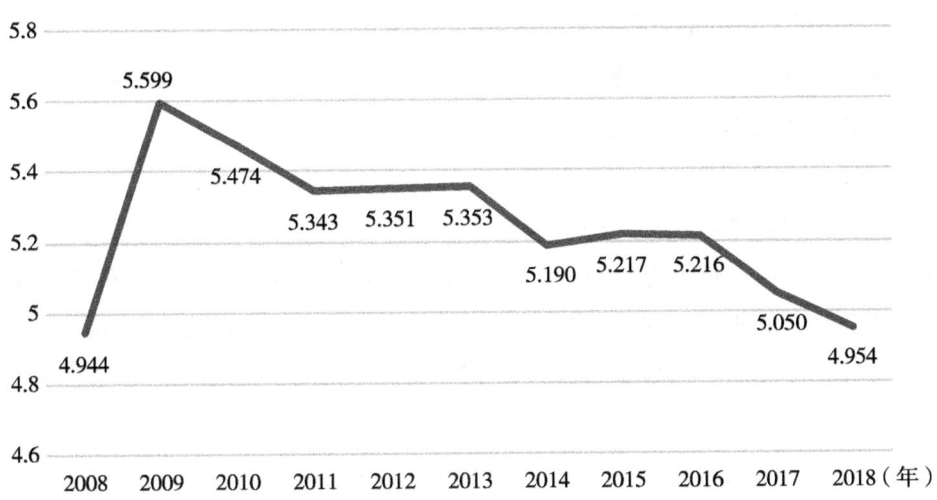

图 1-2　全球失业率变化（%）

数据来源：国际劳工组织（International Labour Organization）

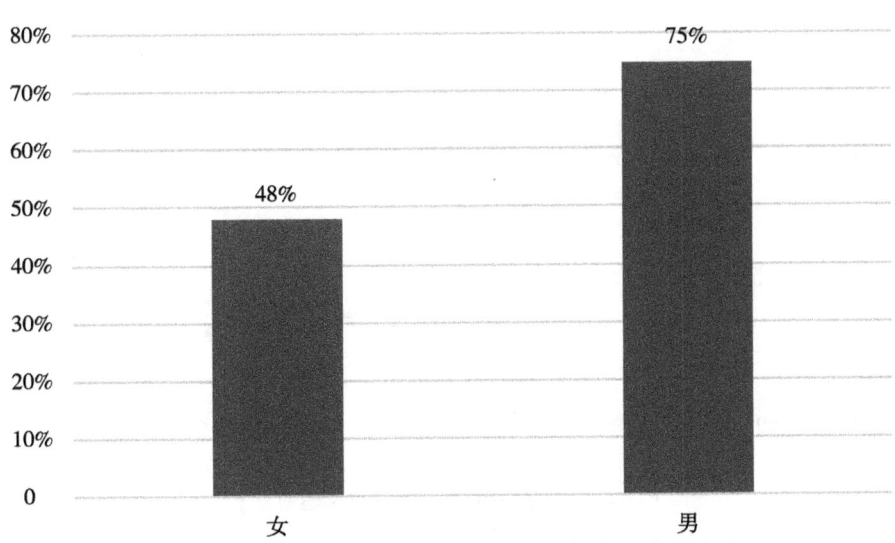

图 1-3　全球劳动力市场性别参与度

数据来源：国际劳工组织（International Labour Organization）

3. 通货膨胀率稍有提升

随着宏观经济环境的修复，通货膨胀重新开始在全球范围内显现。2018年全球各主要经济体通胀整体均呈现上升趋势。

2018年以来通胀率在全球范围内上扬，究其原因主要有四个方面：其一，经济复苏，薪资增长加速，带动企业生产成本增长，进而推动价格总水平上涨。其二，国际油价上涨导致消费者消费成本和企业的生产成本都跟随上涨，对全球通胀形成支撑。其三，地缘风险和贸易摩擦推动商品价格上涨，形成输入型通胀。其四，全球货币政策收紧对通胀的制约存在滞后，主要央行全面缩表的共振效应尚未出现。

全球的通胀上涨和失业率处于低位符合菲利普斯曲线①的结论。逐渐上升的通胀对一些行业的发展具有促进作用，如有色金属行业、煤炭行业、消费行业等。但是过高的通胀对企业和个人来说都将是弊大于利。所以在2019年仍要将通货膨胀率控制在一个相对稳定的区间。

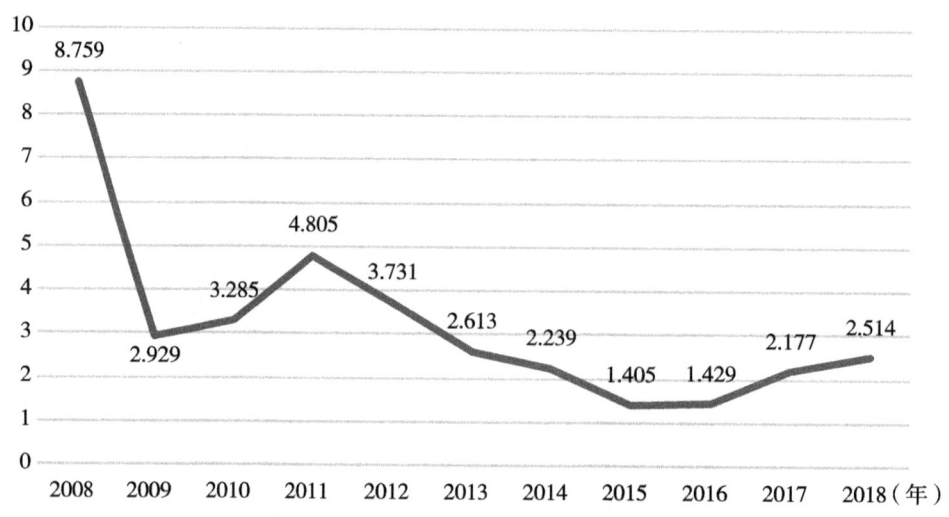

图 1-4 以 CPI 衡量的通货膨胀率（%）

数据来源：世界银行（World Bank）

---

① 新西兰经济学家菲利普斯1958年根据英国近一百年的资料作出了一条表示通货膨胀与失业之间关系的曲线。这条曲线表明，通货膨胀高时，失业率低；通货膨胀率低时，失业率高。这条曲线就是经济学中著名的菲利普斯曲线。

4. 国际贸易增速放缓

2018年前三季度，世界货物出口额同比增长率分别为14.3%、12.7%和8.4%，增速呈逐步下降趋势。排除价格因素后的实际世界货物出口总量同比增长率分别为3.7%、3.1%和2.7%，比上年同期分别下降1.1、0.8和2.3个百分点。2018年第四季度贸易额增速跌至2%以下，贸易前景疲软在一定程度上反映出贸易紧张局势给投资带来了阻力。"贸易战"打破了WTO营造的安全和可预期的贸易环境，给国际商业活动带来不稳定因素，降低了投资信心。贸易冲突通过提高关税和原产地标准，阻碍中间商品贸易发展，从而阻碍国际分工扩展和全球生产率的提升，这将对世界经济造成长期不利影响。

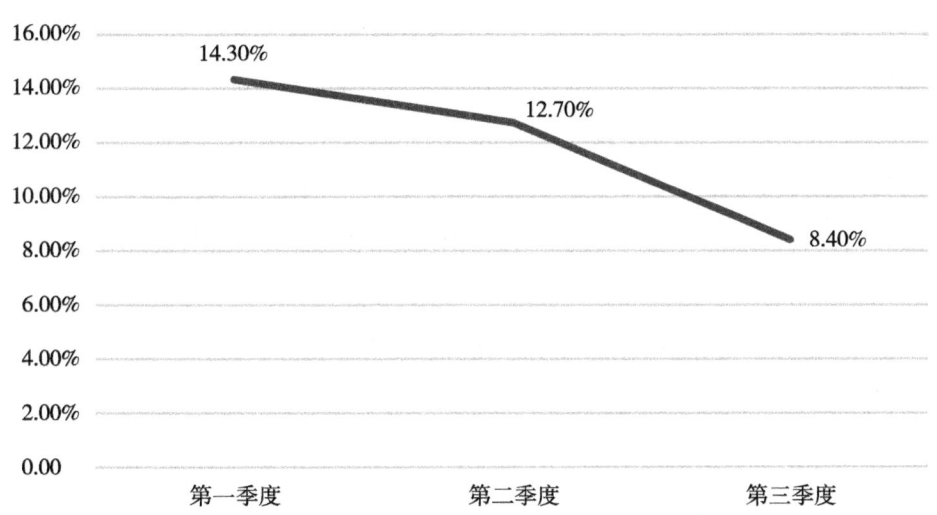

图1-5　2018年前三季度世界货物出口额变化

数据来源：世界贸易组织（World Trade Organization）

整体来看，贸易战对我国上市公司的影响主要集中在特定的领域。受政策影响较大行业主要是智能科技、通信产品以及其他涉及知识产权纠纷的领域，受征收关税压缩利润空间的商品主要是航空、铁路、新能源和高科技信息产品等。微观企业是恶劣的国际贸易环境的直接受体，而其中最为人熟知的便是"华为事件"。受到贸易冲突影响，华为5G产品在国际市场受到了众多主权国家的禁用,其国际市场份额受到一定程度的压缩,放缓了华为国际化的战略布局速度。而相关的"华为概念股[①]",也受美国禁令的影响股价大跌。现阶段企业发展受制于国际环境,世界贸易在不同程度上受到行政干预,背离了自由经济的原则。

5. 国际直接投资活动低迷

2018 年全球外商直接投资(FDI)净流入额为 1.072 万亿美元,比 2017 年下降了 48%,连续第三年出现下滑。FDI 流入额下降主要是由于发达经济体吸引的外商直接投资大幅下降所引起的,2018 年流入发达经济体的 FDI 总额较 2017 年减少 27%,降至 2004 年以来的最低。流入发展中经济体的外商直接投资相对稳定,增幅为 2%。发展中经济体 FDI 流入额占全球比重达到 54%,比 2017 年提高了 7 个百分点。全球投资政策表现出发展中国家更倾向于促进投资,而发达国家更倾向于限制投资的特点。

改革开放四十年,伴随着外商直接投资(FDI)的大量流入,我国经济取得了举世瞩目的成就。FDI 是我国经济增长的催化剂之一,加速了国内经济部门的跨越式增长。根据相关实证研究,FDI 对上市公司绩效具有显著正向的促进作用[②]。国际直接投资活动低迷,对我国上市公司的发展无疑是一种沉重的打击,需要上市公司在新的环境中重新调整战略重心。

[①] 相关信息来源于同花顺财经 http://stock.10jqka.com.cn/20190516/c611427493.shtml
[②] 踪家峰,李宁. 外商直接投资是否影响本土上市公司绩效——基于 A 股市场的实证检验[J]. 现代财经(天津财经大学学报),2014,34(04):88-100.

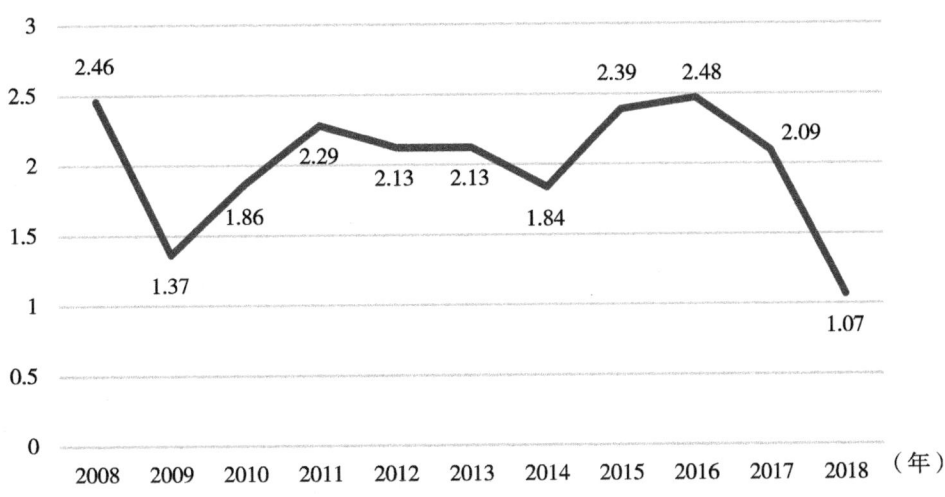

图 1-6 2008—2018 年外国直接投资净流入（万亿美元）

数据来源：世界银行（World Bank）

6. 全球债务水平继续上升

2018 年全球债务升至 244 万亿美元，为全球 GDP 的 318%，只略微低于 2016 年中期创下的历史高点 320%。2018 年全球政府债务仍处于较高水平，发达经济体政府总债务与 GDP 之比从 2017 年的 104.5% 轻微下降至 2018 的 103.8%，新兴市场与中等收入经济体总债务与 GDP 之比从 2017 年的 48.7% 上升到 2018 年的 50.7%，低收入发展中国家的政府总债务与 GDP 之比从 2017 年的 42.8% 上升到 2018 年的 44.1%。全球债务总水平的持续攀升，正在威胁全球经济稳定，债台高筑易引发全球系统性风险，世界范围内的债务危机或将卷土重来。

全球债务水平的持续攀升，会导致企业面临更大的违约概率和风险敞口。2018 年作为全球次贷危机十周年的关键节点，关于爆发全球性经济危机的论调又重新增多，这需要上市公司提前做好应对"灰犀牛"[①] 的准备。

---

① 所谓"灰犀牛"，是一个比喻，灰犀牛体态臃肿行动温顺缓慢，它站在不远处，人们对它们的存在习以为常，但它们在很罕见的情况下，会冲向人类，成为危险。源自米歇尔·渥克撰写的《灰犀牛：如何应对大概率危机》一书。

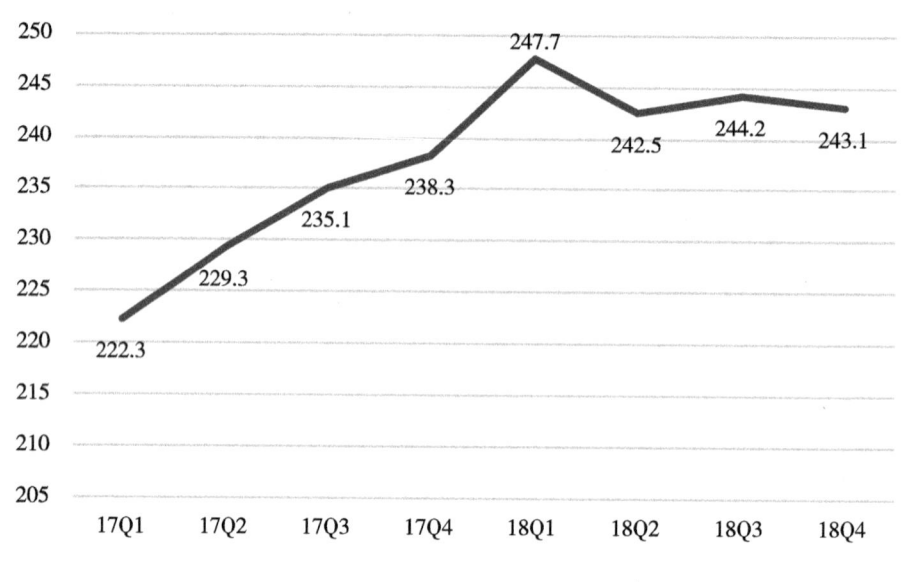

图 1-7　17Q1-18Q4 全球债务数量（万亿美元）

数据来源：世界银行（World Bank）

（二）全球股市发展

2018 年全球股票市场经历了"滚动熊市"，几乎没有任何指数实现稳定上涨。2018 年金融市场主要呈现两大特征：一是全球股市震荡，二是美元持续升值和其他货币不同程度的贬值。截至 2018 年 12 月 21 日，以摩根士丹利资本国际公司编制的明晟指数（MSCI 指数[①]）来衡量，全球股指从 2018 年年初以来下跌了 13.3%，其中新兴市场股市指数下跌 17.4%，发达市场股市指数下跌 12.8%。全球股票价格震荡与世界经济中隐含的风险有密切关联。2018 年美联储已经四次加息，欧洲中央银行和日本银行仍然维持负利率环境，美元升值明显，世界其余主要货币均有不同程度的贬值。随着全球经济一体化进程加快，中国金融市场与发达国家股市以及新兴经济体国家股市的相关性正逐步提高。根据股市联动效应[②]，全球金融市场的动荡，对中国股市的平

---

① MSCI 最早是指投资银行摩根士丹利所编制的一系列股价指数，涵盖不同的行业、国家以及区域。MSCI 指数是在投资界最为广泛使用的用以代表各国家、地区资本市场表现的参考指数。

② 在不同的股票市场之间的收益率以及市场的极端波动存在一定的相关性，股票市场、行业板块以及个股存在类似的运动趋势或者是相互制约的现象，称为股票市场的联动效应。

稳发展将是一个巨大的考验。

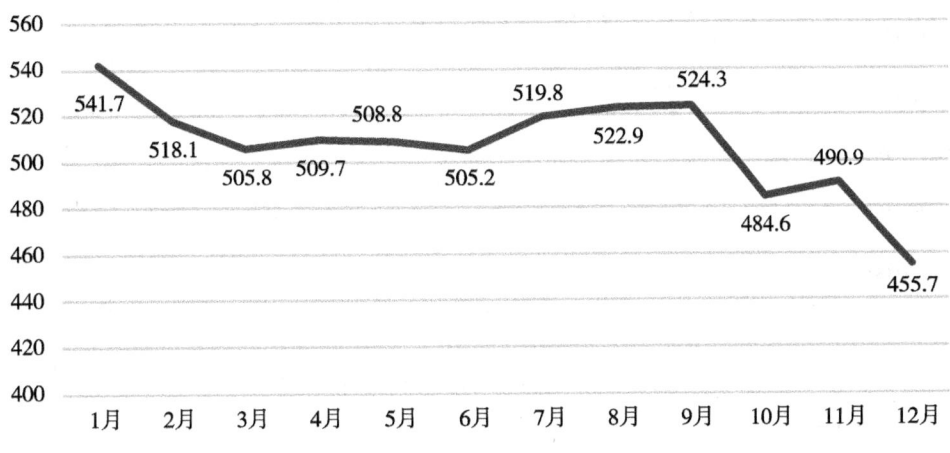

图 1-8　2018 年 MSCI 全球指数

数据来源：Wind

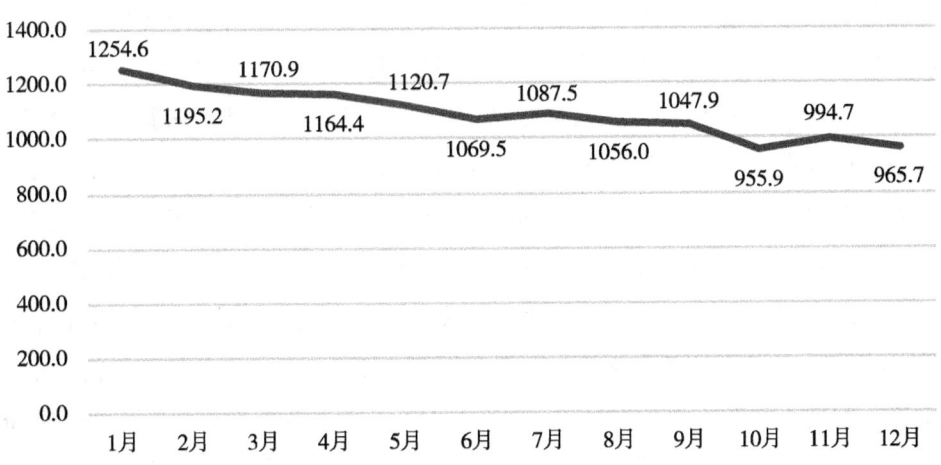

图 1-9　2018 年 MSCI 新兴市场指数

数据来源：Wind

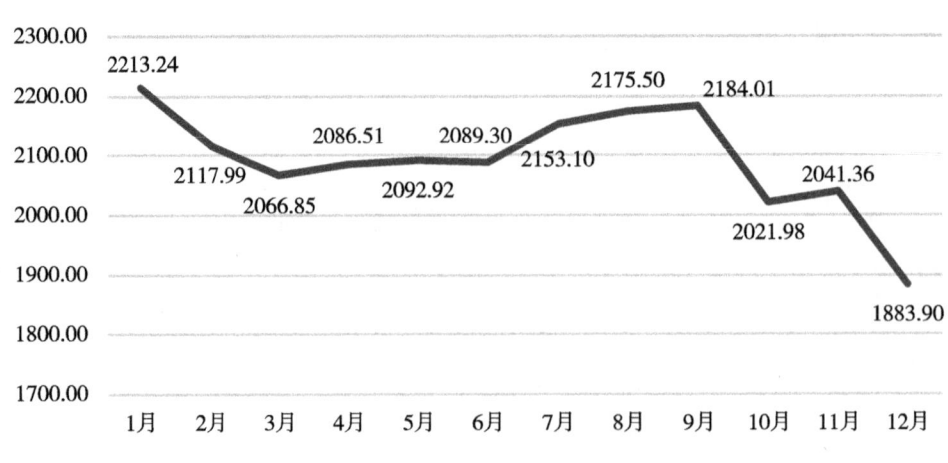

图 1-10　2018 年 MSCI 发达市场指数

数据来源：Wind

1. 美股市场

2018年美股经历了从大喜到大悲的极限转换。自2018年8月23日收盘，始于2009年3月9日的牛市（3400多天）已经成功超越20世纪末期的牛市，成为美股历史上最长的牛市。但是美股同样也经历了数次创纪录的大跌，导致市场信心动摇；截至2018年12月25日，道琼斯指数报21792.2点，创近16个月以来新低；标普500指数报2351.1点，创20个月以来新低；纳斯达克综合指数报6192.92点，创17个月以来新低，美国遭遇了"最惨平安夜"，当天，美股市值暴跌约8500亿美元，约合人民币6万亿元。美国三大股指皆进入了"技术性熊市"，8年牛市的雪球渐渐失控，泡沫最终发生了爆裂。

上市公司在美股的成长中发挥了巨大的作用。在过去的10年时间内，随着Facebook、苹果、亚马逊、奈飞和谷歌母公司Alphabet等大型科技股的产品和服务越来越融入人们的日常生活，这些公司逐渐成为美国经济的重要推动器。即使经历了四季度的大跌，这五大科技股的总市值累计仍为26792.68亿美元，约合18.45万亿元人民币，超越英国2017年的GDP（2.62万亿美元）。彭博终端汇编数据显示，自2009年3月9日至2018年12月20日收盘，仅苹果公司一家就为标普500指数的走牛贡献了6.12%。排在之后的依次为微软（4.8%）、亚马逊（3.43%）、摩根大通（2.22%）、Alphabet（2.21%）

和强生（1.88%）等。就本轮长牛而言，科技股无疑是最大贡献者，该板块为标普500的走牛贡献了22.3%的涨幅，其次为非必需消费品（16%）、金融（13%）和医疗保健（12.6%）等。通过以上数据可以清晰地显示，上市公司在创造财富方面的作用非凡，而高科技企业则是上市公司的领头羊。

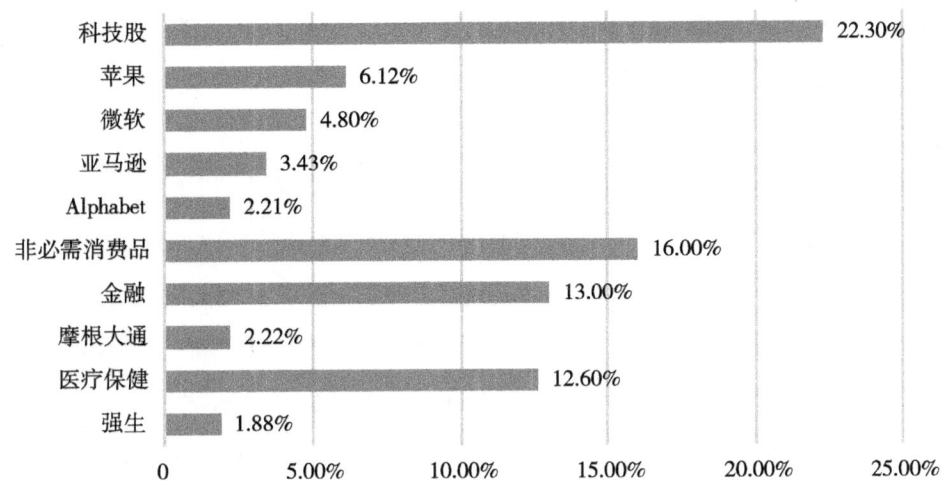

图1-11 标普500指数走牛贡献度

数据来源：彭博（Bloomberg）

2. 亚洲市场

随着2018年最后一个交易日的结束，亚洲股市全年总计损失约5万亿美元，创下自2011年以来最大年度跌幅。亚洲主要股票市场2018年跌幅超过20%，其中，日本以及中国香港和上海等主要市场表现更差。中国股市位列跌幅榜榜首，沪指、深成指、创业板这三大股指分别下跌了24.59%、34.42%、28.65%。

2018年亚洲股市外资流出规模创下七年之最，受中美贸易战以及经济增长降速等问题，整体市场情绪负面。中国台湾股市资金外流在亚洲居于首位，2018年净流出117亿美元。其次是泰国和韩国分别净流出89亿美元和56亿美元，2018年外资净流动情况三年来首次变成净流出。

在整体市场悲观的背景下，我们也要看到一些亚太市场股票的强势表现。

受益于全球蓬勃发展的在线零售市场对包装的需求，印尼纸业巨头 Pabrik Kertas Tjiwi Kimia Tbk 全年涨幅达 280%；印尼纸业公司 PT Indah Kiat Pulp & Paper Corp 涨幅约 114%；第三季度营业利润同比翻番的韩国著名运动品牌斐乐（Fila）涨幅高达 228%。海底捞的子公司颐海国际受益于其母公司 2018 年的亮眼表现，涨幅达 156%。即使在宏观环境恶化的背景下，以上公司通过挖掘独特的市场需求和自身独特的竞争优势仍然获得了飞跃式的发展，这无疑为中国上市公司上了生动的一课。

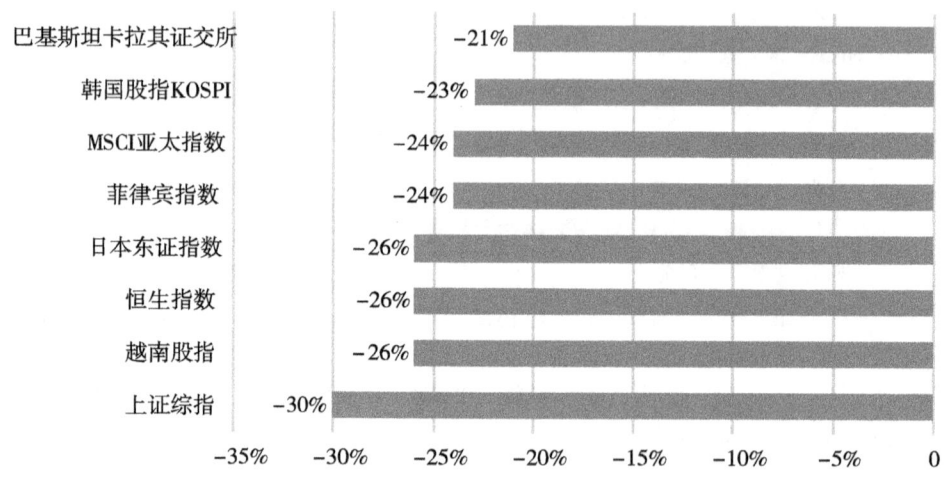

图 1-12　2018 年亚洲主要股票市场表现

数据来源：彭博（Bloomberg）

3. 欧洲市场

根据 Wind 数据显示，英国富时 100 指数 2018 年全年约下跌 12.22%，触及 1999 年的位置。意大利指数下跌 16.97%，德国 DAX10 指数下跌 17.97%，法国 CAC40 指数下跌 14.48%，西班牙 IBEX35 指数下跌 18.42%。在欧洲主要国家股指出现两位数跌幅的同时，欧洲蓝筹股也成为暴跌的主力。由欧盟成员国法国、德国等 12 国资本市场上市的 50 只超级蓝筹股组成的欧洲斯托克 50 指数表现来看，2018 年该指数下跌了 10.98%，距离 2000 年 2 月的历史高点 5219 点，已经跌去 46%。股票市场一片惨淡。

而作为欧洲经济领头羊的德国，其股市表现也不容乐观。德国蓝筹股指DAX 的 30 家上市公司中，有 17 家公司在三季度出现经营利润下滑，其中 1 家出现亏损，大众、德意志银行、宝马、戴姆勒奔驰、西门子、巴斯夫等德国著名品牌上市公司的股价，跌幅都在两位数以上，这也从侧面反映了德国经济基本面恶化的趋势。德国上市公司的惨淡"成绩单"进一步让欧洲市场雪上加霜。

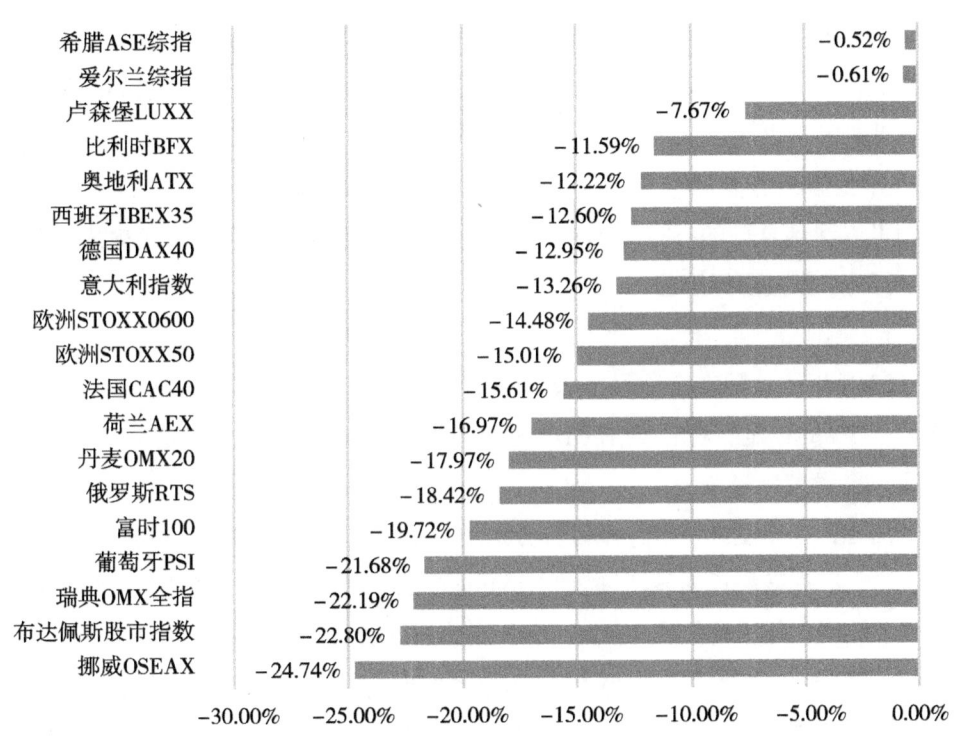

图 1-13　2018 年欧洲股票市场概况

数据来源：Wind

4. 幸存市场

在全球股票市场"一片狼藉"的惨象下，几个异常上涨的股票市场令人瞩目。

巴西圣保罗成为美洲唯一实际上涨的股市，全年上涨约 15%。而上涨的原因主要是巴西新政府所提出的一系列符合市场偏好的经济改革方案,巴西股市在政策利好的背景下创出高位。

在亚太方面,印度和新西兰股市顽强屹立,成为亚太地区最神奇的存在。2018年印度股市上涨5.93%。据Wind统计,自2008年金融危机后印度股市开启了近十年的上涨周期,十年来印度股市涨幅达4倍左右,这背后的深层原因是印度大力支持制造业以及科技行业,加之印度股市的外资成分占到了整个股市资本的15%,融资来源的广泛性也在一定程度上促进了印度股市的繁荣;新西兰股市2018年上涨4.59%,上涨原因在于新西兰市场以机构投资者为主,较为理性,因此不容易发生羊群效应①,也不容易发生操纵市场行为。此外,新西兰股市上市公司中公共事业公司占了大部分市值,所以即使2018年全球经济萎靡、股市大起大落,也丝毫没影响到新西兰股市。由此,我们可以看到合理的行业结构和理性的投资者会为资本市场带来正效应。

(三) 各主要经济体

1. 美国

2018年,美国在全球经济表现中一枝独秀,全年经济增速达到了2.9%,略低于3%的预定目标;美国GDP总量首次突破20万亿美元,达到20.5万亿美元,稳居世界第一。

美国四个季度经济按年率计算分别增长2.2%、4.2%、3.5%和2.6%。其中一、二、三季度增长明显超过2017年同期的1.2%、3.0%和2.8%,但四季度经济增长放缓,低于前值的3.4%。2018年前三季度,美国制造业采购经理人指数(PMI)均值为58.7,非制造业PMI均值为58.6,均远高于50的荣枯线,显示经济处于较快扩张区间。但四季度以来美国经济放缓趋势明显,11月CPI同比增长2.2%,与预期值2.2%持平,前值为2.5%。这也说明,继美国PPI大幅下跌后,CPI增幅也明显放缓,为2018年1月以来的最低水平。

宏观政策层面,美国在2018年实施了紧缩性的货币政策与扩张性的财政政策,同时选择实施保护主义贸易政策。自2018年2月以来,美联储延续渐进加息政策,2018年全年共加息4次,截至2018年12月,联邦基金利率区

---

① 在资本市场上,"羊群效应"是指在一个投资群体中,单个投资者总是根据其他同类投资者的行动而行动,在他人买入时买入,在他人卖出时卖出。

间上界达到 2.5%。同时，2018 年底美联储总资产规模相比年初缩减 0.37 万亿美元，资产总计为 4.08 万亿美元。总体而言，美国货币政策依然在逐渐收紧，但同时，美国财政政策整体却呈扩张态势。自特朗普上台以来，政府总支出规模稳步攀升，且政府预算赤字也大幅攀升。宽松的财政政策与紧缩的货币政策存在某种程度上的冲突，可能导致美国经济短期过热，长期来看不利于经济与金融稳定。而在对外贸易政策方面，自 2017 年以来，美国的贸易政策体现出了强烈的贸易保护主义。美国对来自中国、日本、欧盟、加拿大、墨西哥等经济体的部分产品采取了增加关税的措施，同时美国排斥 WTO 等多边贸易体系，并通过谈判的方式不断施压。总体而言，阻碍以中国为代表的新兴经济体的发展已经成为美国的国家战略。在未来相当长的一段时间内，全球局势将因美国对外政策的不稳定性而变得更加难以预测。

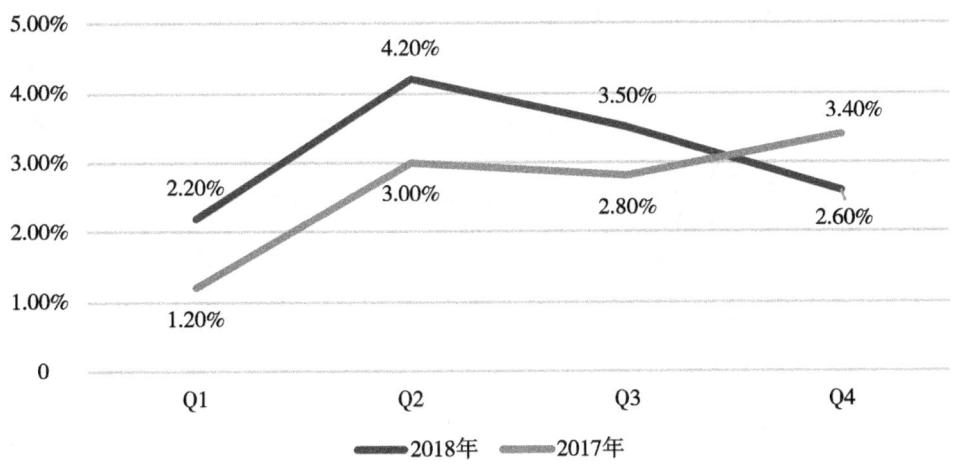

图 1-14 美国 2018 年经济增长率（%）

数据来源：世界银行（World Bank）

2. 日本

日本作为世界第三大经济体，2018 年虽然暂时性地出现了经济回升的迹象，但经济下行压力增大。2018 年 GDP 总量为 4.97 万亿美元，经济增长继续低迷，全年实际 GDP 同比仅增长 0.7%，增幅较上年下滑 1.22 个百分点。

日本为了走出通货紧缩的泥潭，央行设定了年度CPI增长2%的"价格稳定性目标"。2018年8月日本CPI同比增长1.3%，价格水平有所回升，但离目标仍存在距离。日本政府债务占GDP比重全球最高，达到了238%，虽然短期内看似不会爆发风险，但长远来看依旧是一个危险的信号。

宏观政策方面，自2017年后，日本持续加大货币政策的宽松度，这一态势维持至2018年仍未改变。在未来的一段时间内，日本的经济增长态势会不够稳定，时刻存在着衰退的可能。贸易保护主义的发展与全球货币政策的分歧使得日元的稳定性受到影响；中美等国家的贸易战如果继续发展也会对日本外向型的经济产生巨大打击；同时日本国内老龄化等社会问题会对经济增长的根本持续产生消极影响。而对外贸易方面，日本与周边国家的合作关系也会成为影响经济发展的一个重点。中日关系虽然可能走向下一个"蜜月期"，但日美贸易的发展方向必定会使得日本在中美关系上持暧昧态度，因此中日合作的前景仍存在巨大的不确定性。

图1-15 日本2018年GDP增速及规模

数据来源：世界银行（World Bank）

3. 欧洲

2018年欧盟GDP增幅为1.9%，就业率增长1.3%；欧元区GDP增长率为1.8%，就业率增长1.4%。2017年欧元区GDP增速达到近十年的最高点，但2018年开始回落，复苏势头放缓。欧元区2018年四个季度GDP同比实际增速分别为2.4%、2.2%、1.6%和1.2%，整体呈现明显下降趋势，其中几大经济体——德国、法国、意大利、英国的经济增速较同期均有所下降。

PMI更为直观地反映了2018年的经济发展趋势，由于出口受到保护主义政策的影响出现下滑，导致订单数量下降，整体上欧元区复苏动能不足。在失业率方面，欧洲和全球趋势相同，创近十年失业率新低，欧元区失业率已降至8.1%，较2017年同期的8.9%，降低0.8个百分点。

贸易摩擦是欧元区经济承压的主要因素之一，对欧洲影响巨大。对外贸易同比增长趋缓，欧元区对外贸易同比增幅下降，2018年1月至10月，出口同比增速的最高和最低值相差14.6个百分点。这种波动造成制造业订单也出现震荡，德国在欧盟中受美国的关税政策影响最大，使其经济增长承受较大压力。

欧元区各项经济指标中，通胀水平对欧洲央行进行货币政策调整的影响较大。在2017年通胀水平逐渐增长的基础上，随着国际油价的逐渐回升，2018年欧元区的通胀水平继续保持稳步上升的态势。

总体来看，欧洲经济仍然乱象丛生，而导致这一结果的一个重要原因是欧盟国家发展不平衡，而经济失衡也直接导致了欧洲主权债务危机的爆发。伴随着欧洲经济的不景气，英国脱欧、难民问题、政党右翼化、地区保护主义、民粹主义等问题也随之产生，欧盟的未来前景充满了不确定性。整个2018年，欧洲很多国家经历了社会动荡，其中包括意大利执政联盟与欧盟之间关于财政赤字的争论、法国的"黄背心"运动等，这些争执背后的本质是欧洲高福利水平与经济增长放缓之间的矛盾，而且这种矛盾一直没有得到有效解决。

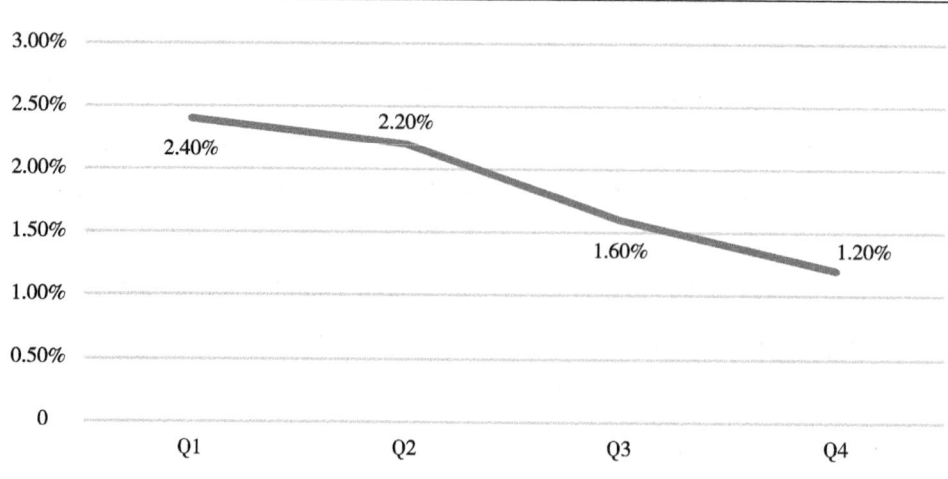

图 1-16　2018 年四季度欧元区 GDP 同比增长（%）

数据来源：世界银行（World Bank）

4. 拉美地区

2018 年，拉美和加勒比地区整体经济增长约为 1.45%，没有达到预期。其中拉美前两大经济体——巴西和墨西哥经济分别增长约 1.1% 和 2%，与各自年初 3% 和 2.5% 的目标差距较大。这两个"龙头"国家经济表现不佳是整个拉美经济复苏势头减缓的主要原因，这压制了拉美自 2017 年来的经济回升势头。除了增长速度减缓外，拉美还面临着通胀上升、经常账户与初级财政赤字增大、货币波动猛烈与存在贬值倾向等问题，再加上美国加速加息的限制，拉美国家的财政政策与货币政策可操作空间严重缩小。

由此可见，2019 年及以后拉美的经济增长依旧会面临巨大压力，充满了不确定性。与中国的合作深化或许会成为拉美经济增长的重要推动力，这是拉美经济的机遇之一。但是拉美地区目前仍存在许多经济缺陷：过于依赖"龙头"国家拉动发展；外部依赖性强；存在着一定程度的贸易保护倾向。

总体而言，拉美地区的投资环境还有着提升的可能和必要。巴西和墨西哥是拉美地区的"龙头"，两者贡献了中拉一半的贸易额，且分别在美洲南北拉动拉美经济发展，对拉美经济有着极大的影响力。次级梯队包括智利、秘鲁、阿根廷和乌拉圭，它们也是拉美经济发展的中坚。这些国家集中了拉美的大多数大城市，产生了很大的聚集力，主导着拉美产业格局的变化。受制于拉美以出口为主、欧美外资依赖性强的经济结构，拉美国家普遍有着较强的经济外部依赖性，这使得国际经济波动和需求变化对拉美的冲击会更加强烈。

5. 新兴经济体

近年来，国际经济政治格局日益复杂化，发达国家在国际体系内的整体主导地位日益退化，正在从主动引导国际合作向"被动化"的合作模式转变，它们开始抱团取暖、对抗政治经济格局的变迁，国际制度体系亟待改变。在2008年的全球经济危机与2012年全球经济"二次探底"后，新兴经济体实现了整体性的崛起，在世界经济比重与全球经济增长中越发占据重要地位，其在未来的全球化进程中必将发挥重大作用，领导全球经济治理格局的变迁与制度的改革，成为世界经济发展的重要推动力。

以新兴经济体11国（E11）[①]为例，2018年E11的经济增长略微放缓。根据国际基金货币组织IMF的估计数据加权计算，2018年E11的GDP增长率约为5.1%，略低于上年的5.2%。就业方面，E11多数国家就业人数增加，就业结构有所改善，失业率呈持平或下降趋势，人均收入水平出现改善势头。其次，2018年，多数E11国家通货膨胀率出现上升。此外，2017年E11对外贸易总体增速大幅反弹，并在2018年上半年保持较高增速。货物贸易总额加速上涨，同比增长14.6%，比同期世界货物贸易增长率高0.7个百分点；外商直接投资逆势增长，大宗商品价格冲高回落，债务水平总体上升，金融市场波动加剧。

基于对2018年E11总体经济整体运行和影响未来发展趋势的因素分析，E11总体经济增速大幅波动可能性较小，但仍面临较大的下行压力。考虑到各国将加强运用政策手段应对经济下行风险，2019年E11经济增速与2018年基本持平的可能性较大。2019年各新兴经济体之间仍需深化合作，为世界经济增长提供更多的动力。

[①] E11即新兴经济体11国：包括G20国当中的阿根廷、巴西、中国、印度、印尼、韩国、墨西哥、俄罗斯、沙特阿拉伯、南非和土耳其共11个国家。

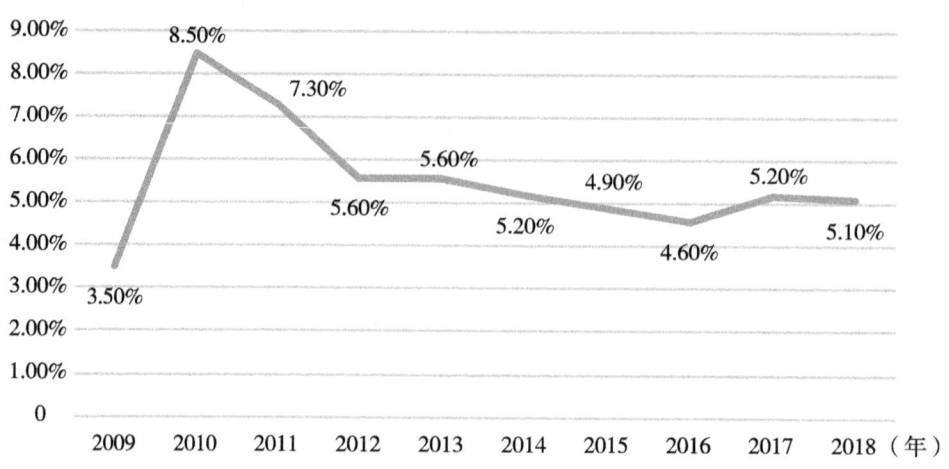

图1-17　2009—2018年主要国家集团的经济增长率

数据来源：《博鳌亚洲论坛新兴经济体发展2018年度报告》

（四）企业未来发展

外部经济形势是企业经营的风向标，经济形势差，企业发展也难以顺利；而企业的经营情况也会直接影响外部经济环境。二者相互交融、相互影响，共同构成世界经济有机体。总体而言，2019年下半年及未来的世界宏观经济形势是疲软的、不确定的，这对世界上所有企业的发展或多或少都有着负面影响，这一点无可辩驳。在宏观形势整体不佳的情况下，企业除关注自身内部管理之外，更需要对世界形势有着更准确的理解和判断，顺风而走、打破困局。

1. 抓住新的经济机遇，谋求新的经济发展

世界经济形势整体不振是对企业经营最大的打击。世界宏观经济环境可以直接影响到企业所处行业，如果企业所处行业不景气，公司在正常情况下也会不景气。2008年全球金融危机爆发以来，发达国家整体经济疲软，内外需不足，就业水平勉强维持；新兴国家增长势头减缓，无法继续成为世界经济发展的"助推器"；而这也直接导致逆全球化思想和贸易保护主义日益抬头。这种宏观经济环境对企业经营活动乃至经营信心都有着明显的负面作用，这是未来企业需要面对的逆境。

近年来，中国政府依靠与有关国家既有的双多边机制，借助既有的、行之有效的区域合作平台，高举和平发展的旗帜，积极发展与沿线国家的经济合作伙伴关系，共同打造政治互信、经济融合、文化包容的利益共同体、命运共同体和责任共同体。"一带一路"已成为开放包容的国际合作平台和广受欢迎的全球公共产品，促进了全球共同发展繁荣。

在整体"东风"不足和世界经济大变革的趋势下，企业应该抓住新的机遇，转变发展思维。改变旧有的以发达国家市场为核心的经营理念，将目光转至以中国为核心的新兴发展中国家市场，把握"一带一路"、亚投行等新的发展机会，积极成长为新时代的优秀企业。

2. 关注国际政治环境，积极调整经营策略

新的时代背景下，越来越多的企业走出国门，参与到国际大市场的竞争之中。这种变化需要企业面临不同文化背景、不同法律环境和不同政治制度的挑战。

从地缘政治联系来看，目前，中美关系无疑是未来世界环境变化最重要的因素之一。中美两国未来的主基调很可能是竞争大于合作。这也对中国企业提出了新的挑战，除了国际贸易素有的关税、补贴问题外，知识产权保护、国际企业补助、企业技术转让等问题也成为企业未来要考虑的战略重点，这对很多企业的现行经营与未来战略都有着根本性的影响。

除去中美关系外，中欧、中俄、中日等周边国际关系也是我国未来地缘政治的重点。中俄如今虽然是"历史上最好关系"，但是国家之间只有永恒的利益，这种环境对参与"一带一路"的企业来说是一种不稳定的变量；中欧之间现在虽然依旧以合作为主，但是欧洲内部针对中国的贸易保护主义日渐抬头，再加上欧洲政局的不稳定，很多与欧洲联系紧密的企业也需要多加注意；中日关系最近正步入正常时期，但日本与美国密切的联系会让日本在中美之间举棋不定、踌躇不前。总之，中国在未来必将面临更加复杂的国际关系。在经济全球化的背景下，良好的国别关系是企业生产经营的基础，这需要企业时刻关注国际环境的变化，及时调整经营战略。

3. 提升企业竞争效率，挖掘全球市场空白

根据《财富》杂志公布的2019年度世界500强企业排行榜，中国上榜企

业数量达到 129 家，这是一个历史性的进步，说明了中国企业整体规模的扩大和综合实力的提升。这个成绩是好的，但是比起成绩我们应该更重视其中暴露出的问题。总体来看，中国企业"大而不强"的老问题没有得到解决。《财富》杂志数据显示，此次上榜的世界 500 强平均利润为 43 亿美元，而其中中国企业的平均利润是 35 亿美元，即中国上榜企业的盈利能力并没有达到世界 500 强的平均水平；如果排除榜单中的银行类企业，中国企业的利润水平更是只有美国企业的约三分之一。所以，效率的提高是中国企业在未来需要重点努力的方向。

此外，在增加效率的基础之上，相关企业还需要积极挖掘"蓝海"，寻找市场的空白领域。根据《财富》的排名，中国作为一个人口老龄化严重的国家，在此次榜单的健康、休闲等行业中却几乎没有相关中国企业的身影，这或许是一个中国企业未来可以重点关注的发展方向。

二、国内经济形势

(一) 经济运行状况

1. 经济平稳增长，产业结构改良

根据国家统计局数据，近十年来，我国国内生产总值（GDP）一直保持着稳步增长的态势，每年的同比增长比率均保持在 6% 以上。2018 年，我国 GDP 首次突破 90 万亿元，以可比价格[①]计算同比增长 6.6%。经济总体保持了增长态势并实现了预期发展目标，稳中有进。然而 GDP 增速创 1990 年以来的新低，经济增长"进中有忧"，下行压力明显。

---

① 可比价格（又称可比价值），是指计算各种总量指标所采用的扣除了价格变动因素的价格，可以消除价格变动因素的影响，便于对不同时期进行历史对比，以观察国民经济的发展情况。

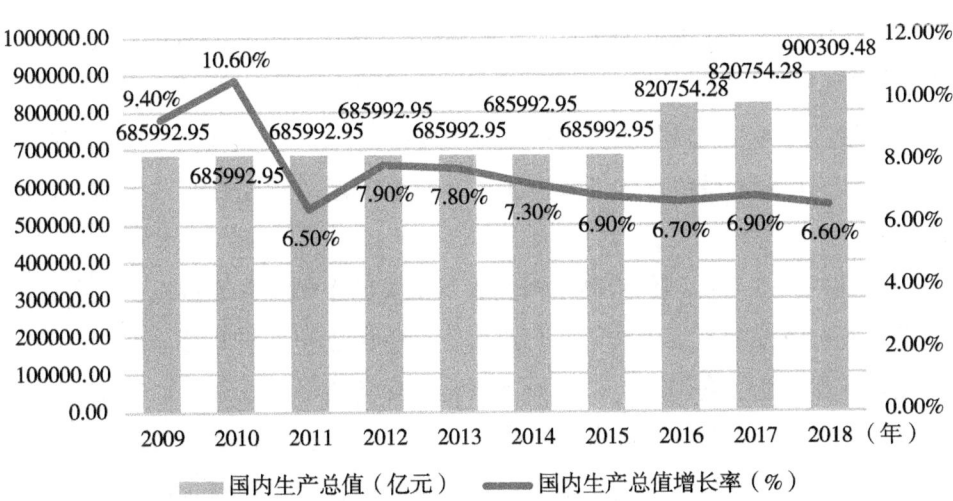

图 1-18 GDP 及增长率数据（2009—2018）

数据来源：国家统计局

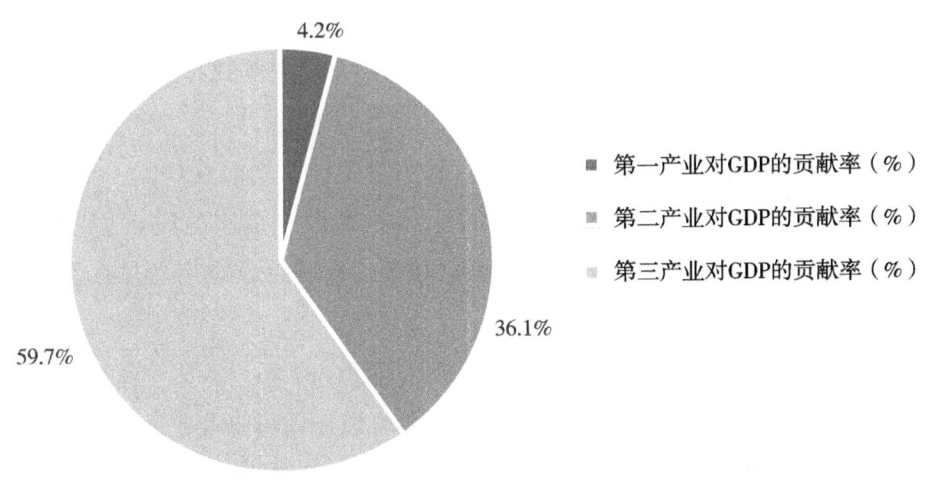

图 1-19 2018 年三大产业对 GDP 贡献率

数据来源：国家统计局

2018 年，我国第一产业增加值为 64734 亿元，对 GDP 增长的贡献率较上年下降 0.6 个百分点；第二产业增加值 366001 亿元，对 GDP 增长的贡献率较上年略有提升；第三产业增加值 469575 亿元，对 GDP 增长的贡献率基本同上年持平。因此总体来看，我国三大产业在 2018 年均保持平稳增长，农业生产形势较为稳定；工业生产运行总体平稳，工业企业利润保持较快增长；第三产业也继续保持快速增长态势，新动能发展壮大，对 GDP 增长的贡献率持续上升。第三产业的持续高速增长展示了我国在不断改善经济结构方面取得的积极成果。

同时，2018 年我国供给侧结构性改革相关工作仍在扎实推进，主要目标在于通过财政政策、货币政策、产业政策等手段进一步淘汰落后产能，解决重复建设和产能过剩问题，扶持新兴产业、高新技术产业等附加值较高的产业成长，加快创新和技术进步，从资本、劳动要素驱动向创新驱动转变。

整体来看，我国经济正面临降速增长，但相较其他国家，我国经济当前增长的速度仍维持在较高水平，这一进中有忧的外部经济环境对于各大上市公司来说是机遇与风险并存。产业结构的不断优化及供给侧结构改革政策对于着重技术创新的企业，尤其是着重打造新型智能服务的企业来说极为利好，但对传统制造及建筑企业提出较大挑战。特别是对房地产业上市公司来说，推进公司转型、加快技术创新及建设新型服务应是公司发展的当务之急。

2. 居民收入增高，消费势头强劲

国家统计数据显示，2018 年，我国居民消费价格指数（CPI）同比上涨 2.1%，涨幅较上年扩大 0.5 个百分点，延续了 2012 年以来温和上涨的态势。其中，受雨雪灾害等影响，食品 CPI 涨幅较大，并成为 2018 年总 CPI 涨幅扩大的主要原因。

2018 年的全年全国居民人均可支配收入达到 28228 元，比上年名义增长 8.7%，增速有所放缓。按常住地看，2018 年城镇居民可支配收入及农村居民可支配收入的增速均较上年有所下降。城镇居民可支配收入增速下降幅度更大，且整体上低于农村居民可支配收入增速水平。

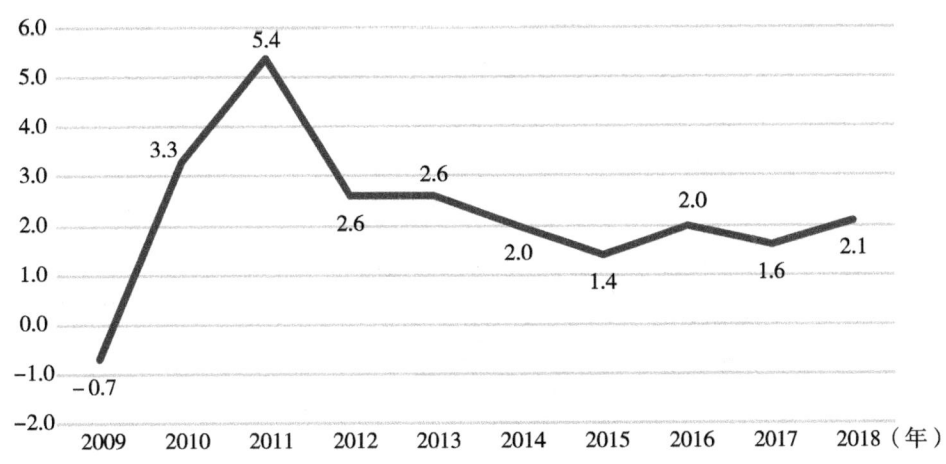

图 1-20 CPI 同比增速变化（2009—2018）

数据来源：国家统计局

与此同时，2018 年居民消费升级的势头不减。全国居民恩格尔系数①为 28.4%，比上年下降了 0.9 个百分点。全年全国居民人均消费支出 19853 元，扣除价格因素实际增长 6.2%，比上年增加 0.8 个百分点。同时，2018 年全国实现社会消费品零售总额 38.1 万亿元，同比增长 9%。最终消费支出对经济增长的贡献率达到 76.2%，高于去年同期 18.6 个百分点。此外，居民消费出现了结构性变化，时尚、品质、节能及智能等升级类产品受到市场欢迎，旅游、文化、教育及养老等服务消费发展迅速。

根据居民收入及消费结构相关数据，我国居民人均可支配收入的稳步增长与消费升级的趋势为身处各产业的上市公司提供了良好的营收环境，也为各公司扩大生产、刺激消费提供了信心保障。但由此而来的市场竞争也将越发激烈，结合我国居民对品质、节能、智能产品及服务消费的偏好，各上市公司应踏实做好技术与服务创新工作，把握政策及市场方向，努力以更好的产品赢得更多的客户。

---

① 恩格尔系数指的是食品支出总额占个人消费支出总额的比重，是衡量一个家庭或一个国家富裕程度的主要标准之一。一般来说，恩格尔系数越大，一个国家或家庭生活越贫困；反之，恩格尔系数越小，生活越富裕。

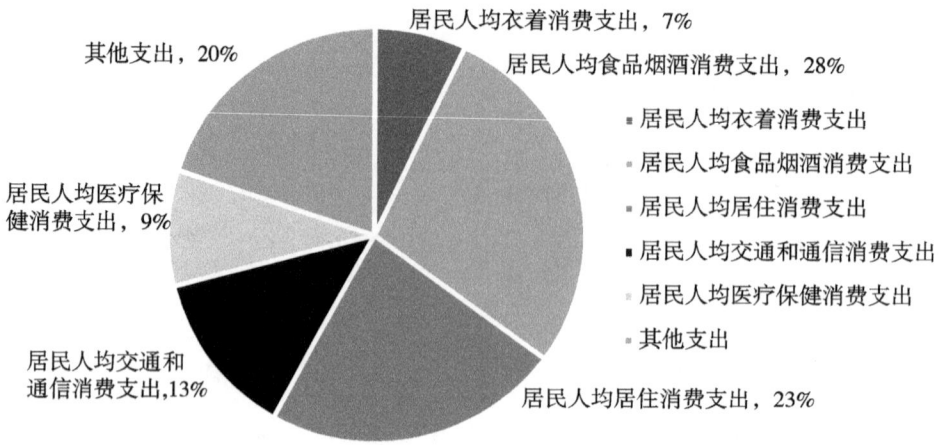

图 1-21　全国居民人均各类消费支出占比（2018）

数据来源：国家统计局

3. 人口老龄化加剧就业形势稳定

根据国家统计局发布的 2018 年人口数据，2018 年末，我国总人口达到近 14 亿人，人口自然增长率为 3.81‰，65 周岁及以上人口有 16658 万，占总人口的 11.9%，人口老龄化程度在未来将持续加剧。

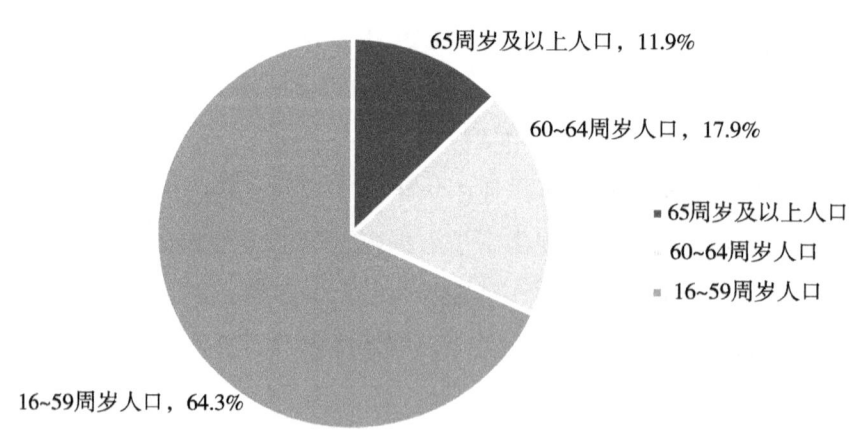

图 1-22　劳动年龄人口与非劳动年龄人口比例关系（2018）

数据来源：国家统计局

就业方面，2018年我国全年城镇新增就业1361万人，连续6年保持在1300万人以上，完成全年目标的123.7%。2018年年末，全国城镇调查失业率为4.9%，为近年来最低，但城镇调查失业率的样本占总就业人数的比例较小，抽样率较低，且对农民工群体代表性不足、抽样框老化，因此我们对这一数字应持相对谨慎态度。不过总体来看，我国就业形势仍保持良好，一方面受益于经济的平稳增长，发展质量效益的进一步提升；另一方面，也得益于国务院针对就业工作进行的各项决策部署，坚持实施就业优先战略和更加积极的就业政策，稳就业、促就业政策的持续发力为实现就业预期目标创造了良好条件。

4. 民间投资劲增，贸易顺差收窄

根据国家统计局及华经产业研究院发布的数据来看，2018年，我国固定资产投资增速略有回落，其中基础设施建设投资增速大幅下滑。全国固定资产投资63.6万亿元，比上年增长5.9%。受相关部门激发民间投资活力的政策措施带动，2018年民间投资近40万亿元，增长8.7%，比上年加快2.7个百分点。其中，第一产业的投资增长最高，达12.9%，超过其余两个产业的投资增长率之和。高技术及装备制造业的投资增长率大大超出制造业整体投资增长水平。总体来看，2018年，我国房地产开发投资增速有所加快；基础设施建设投资增速大幅下滑，四季度以来逐步趋稳；制造业投资增速明显加快，其中高技术制造业、装备制造业投资增速较快。

2018年，国际环境错综复杂，金融市场、大宗商品价格剧烈波动、全球贸易保护主义及单边主义盛行，国内长期积累的结构性矛盾不断凸显。在此背景下，我国全年货物进出口总额超过30.5万亿元，虽创历史新高，但进出口增速明显放缓，贸易顺差持续收窄。其中，出口164177亿元，增长7.1%；进口140874亿元，增长12.9%。我国进出口增速的下降主要有以下几方面原因：一是全球经济增速放缓导致外需持续减弱，影响出口；二是内需放缓影响进口需求，同时主要大宗商品及工业品价格涨少跌多，价格因素对我国进口增速的支撑作用也相应减弱；三是受到上年同期高基数的影响。

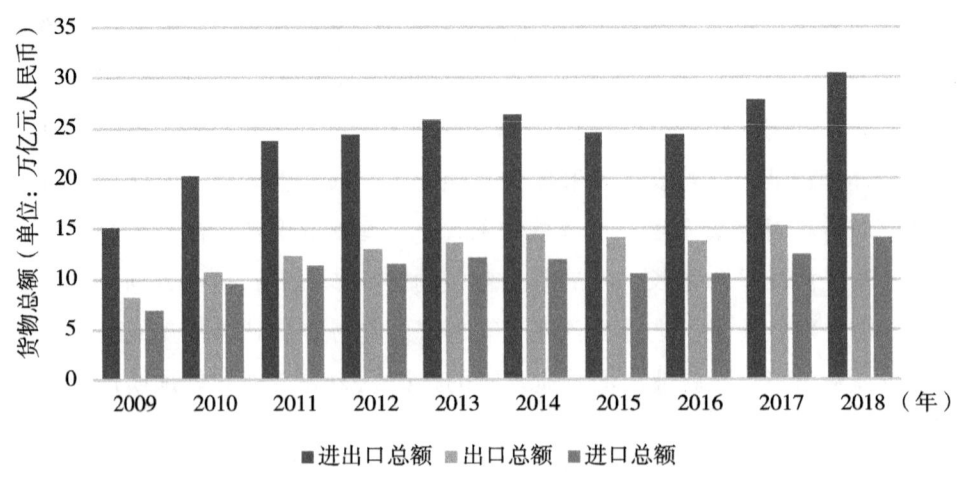

图 1-23　全国货物进出口总额（2009—2018）

数据来源：国家统计局

投资及进出口增速的下降对于上市公司来说意味着发展后劲的不足，但目前投资本身仍保持着较高速的上涨，对于大部分公司来说还正是发展的好时机。投资作为公司经营发展的重要源泉，如何更好地吸纳高质量投资是每个上市公司应重点关注的课题。同时，因上市公司的发展与经济形势息息相关，而经济形势又受到国际贸易的巨大影响，因此，各公司也应密切关注国际局势走向，做好顺势而为调整战略方向的准备。

总体来看，我国上市公司正面临一个较为优越的外部经济环境，虽然各项指标增速略有下降，但不论是 GDP、人均可支配收入抑或是投资，我国目前基本均保持了相对较高的增长水平。未来上市公司的机会将更多地集中在新科技、新服务、新制造以及三者有机结合的领域之中，而最大的不确定因素便是当下诡谲不定的国际局势。在这样的背景下，各上市公司应依据自身情况，顺应时代需求加大相应技术投入，并在经营活动中多加规范，以法商的思维迎接未来。

（二）宏观经济政策

1. 财政政策

2018 年，我国继续推行积极的财政政策，具体包括大规模减税降费、调整优化财政支出结构、大力推动地方政府证券发行、推进并规范政府和社会资本合作模式发展等领域，为实体经济稳定增长创造条件。

(1) 财政支出再创新高，三大攻坚力度加大

三大攻坚战是防范化解重大风险、精准脱贫和污染防治的别称，这三大领域一直是财政政策聚焦的关键环节。2018年，全国扶贫支出增长46.6%，污染防治及生态环境保护资金增长13.9%，其中大气、水、土壤污染防治投入力度均为近年来最大。

值得关注的是，三大攻坚战中的"防范化解重大风险"一项涉及"去杠杆"和审慎投资扩产等内容，这些措施虽然具有降低上市公司重大风险的作用，但同时也可能对企业营收和股价表现产生负面影响。

(2) "开前门"债券融资，"堵后门"风险防范

2018年，为缓解地方政府融资压力，财政部等相关部门出台多项政策推动地方政府债券发行，同时继续通过"堵后门"加强政府性债务风险管控。

在推动地方政府债券发行方面，财政部、住房和城乡建设部等相关部门先后发布《试点发行地方政府棚户区改造专项债券管理办法》《关于做好2018年地方政府债券发行工作的意见》和《关于做好地方政府专项债券发行工作的意见》等指导文件。截至2018年末，全国发行地方政府债券41652亿元，地方政府债券发行进度、债券发行市场化水平、债券发行程序和债券信息披露流程等环节均得到优化。

在加强政府性债务风险管控方面，财政部等部门陆续发布多项措施防范政府债务风险，包括明确保险资金投向涉及地方政府举债融资行为的政策边界、要求国有金融企业仅可以通过购买地方政府债券为地方政府及其部门提供融资等。同时，还有12个省市如火如荼地组织开展了政府性债务清理核查工作，进一步规范地方政府融资行为。

(3) 拓展PPP项目领域，规范PPP模式发展

PPP (Public-Private Partnership) 模式，即政府和社会资本合作模式，最初的PPP模式主要应用于政府和私人组织合作建设城市基础设施项目。2018年，我国政府继续出台政策，将PPP模式的应用范围拓展至旅游、文化领域，同时加强项目管理和PPP风险防范，包括严禁借PPP名义变相举债等，在扩

大 PPP 范围的同时提升模式质量。

PPP 模式下，上市公司相比于一般民营企业具有天然优势。无论是基础设施建设、打造景区旅游项目还是文化领域建设，都具有投入资金大、资金周转漫长和运营成本高的问题，而上市公司具有多种融资手段和融资渠道，除去内部融资手段外还拥有定向增发股票等途径，因而具有一般民营企业所不具备的资金竞争优势。通过 2018 年的 PPP 政策调整，上市公司将获得与政府合作进军基础设施建设、旅游项目和文化领域建设的机遇。但是，PPP 项目资金风险极高，动辄需要几十亿元的建设资金，这就需要上市公司努力健全自身的风险管控和监督机制，时刻洞察潜在风险。

总体来说，2018 年的财政政策变动对我国上市公司既是机遇也是挑战。机遇是指上市公司可能享受到丰厚的减税优惠，提高其盈利能力；可能获得更多的 PPP 项目竞标机会，甚至可以在财力雄厚的国企或央企面前抢一杯羹。而挑战则囊括了"去杠杆"大背景下上市公司可能面临的股价下跌和资金链断裂问题，以及因自身风险管控和监管机制不力造成难以负担 PPP 项目高额的资金压力等问题。

2. 货币政策

2018 年，央行继续实施稳健中性的货币政策，合理搭配货币政策工具，加强政策性预判和提前微调，实现了全年市场流动性合理充裕的目标。同时，市场利率和社会融资规模速率呈小幅下行趋势，狭义货币（M1）和广义货币（M2）数量仍保持增加，但增速稍有下降。具体来说，2018 年度货币政策的实施情况如下：

（1）多项公开市场操作，保障市场流动性

2018 年，由于美联储开展资产负债表缩减和加息计划，中美两国经济政治关系不确定因素较多，央行较有前瞻性地先后四次实施定向降准[①]，共计向市场投放基础货币约 3.65 万亿元，较大力度地保障了市场流动性[②]。同时，

---

① 定向降准即央行针对金融领域或行业进行的货币政策调整，目标在于降低存款准备金率。
② 市场流动性是指资产在没有发生重大损失的情况下以合理价格变现的能力，是衡量市场状态是否良好的重要指标。

央行开展多种公开市场操作①，综合运用逆回购和中期借贷便利（MLF）等工具适当加大中长期流动性投放力度。但是，新增的金融监管政策，例如银行理财新规等导致我国狭义货币（M1）和广义货币（M2）增速略显降缓。

定向降准虽对整个股市具有一定影响，但从过去几次降准的结果来看，上市公司中受影响最大的为地产公司和上市银行。对地产公司来说，过去的三次降准周期均提高了地产行业的销售额，此次降准背景下地产行业仍有较大可能受益；对上市银行来说，降准使得央行降低法定存款准备金率，上市银行的存款准备金得以释放用于发放贷款或创造存款，使得上市银行利润上涨。

（2）社会融资规模增长，宽货币紧信用未变

2018年，新增人民币贷款占社会融资规模的比重（81.4%）较上年（71.2%）明显增加，可见人民币贷款仍为社会融资主要融资方式；由于表外融资不在资产负债表上体现，掩盖了企业重要财务信息，在严金融监管的态势下各类表外融资难以进行，因此2018年表外融资规模大幅度收缩或持续回归传统渠道。在2018年度内，央行除了降准之外还参照市场流动性通过公开市场操作向商业银行提供资金，而实体经济融资却是完全相反的一幅景象。由此可见，我国"宽银行货币，紧实体经济信用"的大环境没有发生变化。

关于"宽货币，紧信用"态势对股市乃至上市公司的影响，市场多持较为乐观或中性的态度，认为股市下行的可能性较小。从"宽货币"角度来看，历史上几次"宽货币"态势下的股市或猛增或横盘②，唯独没有出现过大跌的情况；"紧信用"虽然容易引发市场对中国经济的担忧，但是随着政策口径的变化，股市未必会对"紧信用"持以消极的态度。因此总体来看，"宽货币，紧信用"格局对上市公司以及股市更可能产生较为积极的影响。

（3）多项举措稳汇率，汇率总体有回落

2018年，由于中美贸易摩擦和四次定向降准操作，人民币汇率贬值的压力一直较大。后由于央行上调远期售汇业务的外汇风险准备金率等措施，人

---

① 公开市场操作又名公开市场业务，是指中央银行通过进行有价证券和外汇交易吞吐基础货币，是调节市场流动性的货币政策工具之一。

② 横盘是股价小幅波动的态势，即股价无明显的上升或下降趋势。

民币汇率的稳定受到一定积极影响,最终从全年趋势来看,人民币汇率总体有所回落。

一般来说,汇率的变化主要会对进行出口贸易的上市公司业绩产生影响,影响体现在三个方面:首先,人民币汇率贬值会使上市公司出口产品的价格竞争力相对提高,从而提升上市公司出口额和营收;其次,随着我国汇率贬值,上市公司出口得到的外币货币将可以产生汇兑收益;最后,如果上市公司的综合外币负债额高于综合外币资产额,反而会产生汇兑损失。

从货币政策角度来看,货币政策变动的方方面面对上市公司影响巨大,但总体或表现为积极影响。细分上市公司类型来看,地产类上市公司以及上市银行均可能因降准及公开市场操作而获益,业务中较大比重为出口贸易的上市公司产品竞争力提高,出口额和营收随之增加,汇兑收益和汇兑损失的可能性并存,盈亏情况还需要依据具体的上市公司情况而定。

3. 经济改革政策

2018年,监管层出台多项涉及供给侧改革、优化营商环境、国企改革、试验区改革创新、区域协调发展等方面的政策措施,不仅增强了供给侧和需求侧的匹配度,还激发了国企、中微企业和试验区的经济活力,引导经济结构向更高质量发展。

(1) 持续出台相关措施,深化供给侧结构性改革

在"三去一降一补"任务已经取得了阶段性成果的情况下,我国政府继续主张深化供给侧结构性改革并出台各项政策。2018年,国家发改委等部委先后三次联合发布《关于市场化银行债权转股权实施中有关具体政策问题的通知》《2018年降低企业杠杆率工作要点的通知》《关于保持基础设施领域补短板力度的指导意见》等文件,主张在推进"去杠杆"任务的同时鼓励民间投资和地方政府专项债券发行,并且大力投资脱贫攻坚、生态环保和民生重点领域,提升供给侧质量和投资。

供给侧改革的原因在于:由于消费者需求与时俱进不断升级,供给侧和需求侧出现脱节。因此,通过合理的供给侧改革将实现企业供给与市场需求的匹配,达到企业和消费者的双赢局面。自供给侧结构改革伊始,上市公司便是这一浪潮的"排头兵",这同时也意味着上市公司将得到优先获利的

机会。

(2) 六向发力，优化营商环境

优化营商环境主要包含简化企业登记注册和审批、营收流程简化和公开透明、"证照分离"改革、实施市场准入负面清单制度等六项内容，旨在简化各类流程。

随着各地优化营商环境政策的推行，营商效率和政务服务透明度得到极大的提高，上市公司迁入意愿增强，同时当地良好的营商环境又方便了上市公司业务的开展，实属互利互惠的措施。以深圳为例，优化营商政策仅推行了三个月，便有北讯集团股份有限公司在内的多家上市公司迁入。可见，随着优化营商政策的推行，上市公司将更倾向于向政策开放、政务效率高的区域迁移。

(3) 推进国企改革，激发国企活力

2018年的国有企业改革大致分两方面展开，一方面是明晰国企的内部机制和外部机制；另一方面则是挑选一批国企"领头羊"进行关键环节的改革突破。2018年7月和9月，国务院和国资委等相关部门先后印发《关于推进国有资本投资、运营公司改革试点的实施意见》《中央企业违规经营投资责任追究实施办法（试行）》《关于加强国有企业资产负债约束的指导意见》，进一步明确了国有企业功能定位以及监督机制等方面的内容，尤其关注了国企资产负债自我约束机制和外部约束机制。同年8月，国企改革"双百行动"启动。该项改革计划在国企国资系统选择一批有代表性的基层企业，在改革的重点领域率先突破。

在"双百行动"名单中，有接近二分之一的上市公司，包括中航电子、中航机电等多家国有企业。经过此次混改、资本管理和市值管理等多项改革，这批上市公司的员工积极性和企业内生动力将得到激发，公司效率将显著提高。

(4) 试验区改革创新，培育壮大新动能

2018年试验区改革创新针对自贸试验区和创新改革试验区两种类型分别展开，试验区的改革目的有二：一是实验和培育新型区域模式，寻找经济发展新动能；二是为其他区域起到示范带动作用，"以新带旧"共同发展。

在自贸试验区方面，国务院先后印发《关于在自由贸易试验区暂时调整有关行政法规、国务院文件和经国务院批准的部门规章规定的决定》《关于支持自由贸易试验区深化改革创新若干措施的通知》等文件，决定在11个省市自由贸易区内暂停多种行政法规，鼓励自贸试验区建立独特的管理制度。

创新改革试验区方面的改革主要是围绕知识产权保护展开，改革措施包括知识产权保护改革成果的复制推广，为中小科技企业包括轻资产、未盈利企业开拓融资渠道等，根本目的还是鼓励试验区重视科技创新导向。

从两类试验区改革目的出发延伸至对上市公司影响，可以推测这一改革举措会产生两种影响：首先，自贸试验区和创新改革试验区内的上市公司会受益于行政命令放宽和科技创新环境改良；其次，其他区域的上市公司虽然不能享受到相同的行政待遇，但是可以借鉴和模仿试验区内的上市公司研发模式，提升自身科技创新能力。

（5）推进乡村振兴，促进区域协调发展

此类改革的本质是通过支持乡村振兴缩小城乡差距、实现城乡融合甚至实现区域协调发展，具体措施包含了深化农业供给侧结构性改革、基本公共服务均等化等。乡村振兴作为国家重大战略，必然会有土地和税收等一系列政策的支持，上市公司会抓住相应商业或投资机会，提前实施产业布局。

总体来讲，2018年的经济改革政策对上市公司几乎全部呈现积极效应，包括优先进行供给侧改革，部分国有上市企业优先进行混改和市值管理，可以借鉴试验区内科技公司的研发经验等。同时，由于国家重大战略的倾斜，上市公司很有可能会向试验区、乡村和优化营商环境政策推行地投资或迁入。

三、中国上市公司的发展概况

（一）现代上市公司的发展历程

我国现代上市公司产生较晚，从形成至今仅有约四十年历史，受我国经济体制和市场环境的影响，上市公司产生和发展与我国经济体制变革的特殊历史背景呈现高度相关性。总体来说，上市公司发展可以划分为以下几个阶段：

1. 第一阶段（1978—1992 年）

随着改革开放的推进，我国经济体制从计划经济逐步向市场经济转型，在这种背景下经济发展加速，需要更多的资金支持，证券市场开始发育。20世纪80年代初，以国债发行为先导，继而内部集资并逐渐促成股票市场的发育。起初，一些国有企业为了解决资金问题，便通过发行股票来募集资金，形成了自发的交易市场，此时市场还很不规范。随后，国务院在上海、深圳等地开展试点工作。1984年11月，中国第一股"上海飞乐音响股份有限公司"成立；1985年1月，上海延中实业有限公司成立，并全部以股票形式向社会募资，成为第一家公开向社会发行股票的集体所有制企业；1990年，新中国第一家证券交易所——上海证券交易所成立；1991年，深圳证券交易所成立。以上证、深证成立为标志，中国股票市场发展历程正式拉开帷幕，成为中国经济的重要组成部分。这一时期，证券市场没有专门的机构进行统一管理，仅是上海、深圳两地地方政府充当了主要管理者的角色，两地人民银行分行相继出台了一些证券监管的法规政策，对证券市场进行了初步规范。

2. 第二阶段（1992—2003 年）

1992年，我国经济体制改革步伐稳步加快，随着股票市场的兴起和股份公司的增加，一系列违规操作、市场混乱的问题相继出现。为了解决上述问题，国务院决定成立专门的证券市场监管机构——成立国务院证券委员会（1992年），负责制定有关证券市场发展的重大政策和拟定相关规章制度，同年中国证券监督管理委员会成立，标志着中国证券市场进入全国统一管理时期。随后发布了一系列法律法规，如《股票发行与交易管理暂行条例》（1993）、《证券交易所管理暂行办法》（1993）及《中华人民共和国证券法》（1998）等。这些法律法规在推进公司治理结构改善、机构投资者教育以及股票发行和交易制度的完善方面发挥了重要作用，为促进证券市场的规范发展提供了法律保障。

3. 第三阶段（2004 年至今）

2004年5月，为了打破经济体制转轨时期中小企业普遍面临的"融资难"的发展困境，深圳证券交易所在主板市场之外设立中小企业板块，这是中国证券市场制度创新的一大举措。2009年中国证监会为解决创业型企业、高科技产业企业的融资需求推出了创业板,标志着我国多层次资本市场体系框架基本建成。2013年11月中国证监会发布《关于进一步推进新股发行体制改革的意见》,新一轮新股发行制度的改革正式启动。同年12月份,新三板准入条件进一步放开,新三板市场在全国范围内扩展开来。随着多层次资本市场体系的建立和完善、新股发行体制改革的深化及新三板、股指期货等制度创新和产品创新的推进,我国证券市场逐步走向成熟,企业融资渠道不断丰富。

基于上述对中国上市公司发展阶段的梳理,可总结以下几点:

首先,上市公司形成最初的动因在于经济体制改革和国有企业的股份制改造,可以说股份制是股市产生和发展的基础。证券市场,尤其是股票市场的产生为改革提供资金支持,一方面拓宽了国有企业的融资渠道,迅速为企业发展募集大量资金;另一方面又增强了上市公司的市场监管,促进企业的治理结构优化,提高上市公司的质量,并符合当时的"三公"建设。

其次,我国上市公司的监管体系正在不断完善且逐渐成熟,同时有关部门对上市公司的监管重点随着时间发展呈现出一定的变化:

在证券市场成立早期,监管重点主要是上市公司人员的独立性,同时对投资管理、对外担保管理、内部治理和信息披露等多个层面作出了基本规定。在2005—2006年针对股权分置改革出台了大量管理文件,指导、监督上市公司完成股权分置改革,优化我国证券市场结构。2007年之后,上市公司的并购重组开始成为证监会的监管重点,并一直持续至今。在2008年前后,受次贷危机影响,中国证监会侧重于对上市公司股票交易的规范性进行管理。从2012年开始,中国证监会将企业上市过程的规范性纳入重点管理。除了对上述这些方面有较为明显的管理侧重外,公司治理、投资规范等方面的管理则是一直是中国证监会的管理工作,不断提高管理要求、拓宽管理范围,以达到更好的管理目标。从中国证监会发布的监管文件可以看出,中国证监会对上市公司监管的要求在不断提高,并且越来越多的要求成为法规式的硬性规定。这意味着上市公司一旦规范性不足,不仅会影响本企业运营效率,还会面临大量的行政处罚,公司违规成本越来越高,合规性逐渐成为上市公司管理的一个重要方面。监管要求愈加严格,一方面能从法规上明确规定企业在各方面应该履行的义务和禁止事项，提高企业运行效率、把控企业风险；另一方面督促企业与投资者进行充分信息交流，保护投资者权益、维护经济环境稳定。将监管要求以管理规定形式颁布有助于加强对企业的威慑性和统一管理，达到更好的管理目标，使市场整体情况更加可控，有利于我国证券市场长期健康、可持续发展。

再次，中小板、创业板、新三板，乃至2018年刚刚设立的"科创板"都是中国证券市场制度创新之举，其目的在于降低股市准入门槛，帮助中小企业特别是高新技术产业企业解决融资问题，这同时也标志着我国风险投资体系在逐渐形成。一方面，中小板和创业板等板块为我国中小企业提供了通过资本市场进行融资的途径；另一方面也为风险投资提供了一条顺利退出的渠道。这一系列的举措营造了比较良好的企业创新市场氛围，推动了企业创新意愿和创新能力的提升。

最后，值得一提的是，在上市公司发展历程中隐含着一条耐人寻味的脉络思路，其成立之初的动因在于国有企业的股份制改造，需要通过上市融资提供经济支持，关注焦点在于融资，即"经济价值"；随着股市的发展壮大，各类问题逐渐暴露显现，监管制度不断出台，因此，上市公司不得不关注其治理合规性问题，即"治理价值"；与此同时，为了迎合资本市场多元化的需求，必须建立多层次资本市场体系，中小板、创业板等板块应运而生，促使企业有能力有动力开展创新活动，进而实现企业的长期永续发展，即"发展价值"。虽然这三个阶段并非完全泾渭分明，三种价值在不同阶段也是交叉存在，但整体看来仍有所偏重，呈现出从"经济"到"治理"再到"发展"的趋势，值得进一步的探究。

（二）上年度上市公司总体情况

1. 2018年中国上市公司成就

总体来看，2018年中国A股上市公司的境遇无疑是惨淡的，在公司数量增长的情况下市值缩减了三成以上，价值跳水严重。诚然，公司市值的缩水并不一定代表着经营的失败，更大程度上体现的是市场宏观经济环境、市场参与者的选择和投资人的信心，整个A股市场的跳水展现出的更多可能是中国乃至全世界的宏观经济环境衰退而非所有上市公司的整体经营失败。

在宏观经济萎靡的背景下,受多重因素影响,2018年上市公司整体经营仍保持稳中有增,盈利稳中有变,业绩强者恒强,中小型企业业绩则波动较大。

根据Wind数据,3584家上市公司共实现营业收入45.45万亿元,净利润3.39万亿元。净资产收益率为9.37%,实现每股收益0.52元。总体看,近90%的上市公司实现了盈利,其中近千家公司盈利增幅在30%以上。受到投资者关注的现金分红规模较为稳定,截至4月底,共有2362家上市推出派现方案,预计现金分红合计1.1万亿元,金额同比上升2.64%。预计分红平均股息率2.30%,分红金额占净利润的32.43%。其中,416家企业分红金额占净利润50%以上。所以,2018年中国上市公司的业绩整体而言是比较优秀的,在监管趋严的背景下,稳中有增,给市场交出了较为优秀的答卷。

2018年,上市公司中强者更强的特点突出,业绩表现最为亮眼的公司几乎全为千亿级营收及百亿级净利润的上市公司,这些公司受到各大投资机构追捧;中小创中的权重股业绩也显示出高增长的头部示范作用。例如,"创收大户"中石化与中石油2018年分别实现营业收入2.89万亿元及2.35万亿元,在营业收入排名靠前的同时能保持两位数的增长率,分别为22.5%与16.75%。2018年营收破千亿元的64家上市公司中,有62家实现正增长,增速达到两位数的公司有35家,占比超过一半。在净利润方面,2018年沪深两市净利润超过百亿元的50家上市公司中,九成净利润出现正增长,其中过半增长率达到两位数,中石油净利润增长同比翻倍。中小创权重股中,头部示范作用得到了很好的体现,如中小板指数成份股中,权重合计占比超过50%的21家公司净利润同比增长17%;创业板中权重合计占比超过50%的18家公司净利润同比增长8.3%。

总之,在宏观经济低迷、投资者信心不稳、国际治理格局动荡的境况下,中国上市公司于2018年依旧创造了不俗的成绩,在满足了投资者基本期望的基础上鼓舞了市场的信心。但是,未来的经济运行依然会存在不少问题,外部环境日趋紧张、国内经济下行压力仍旧严重,这对所有企业的未来发展都有着消极影响。中国上市公司能否在2019年及以后继续保持较高的增长态势、维持市场稳定、拉动国民经济增长,则需要公司在长期经营战略与日常经营活动中作出进一步努力。

2. 中国上市公司的问题与困境

（1）不稳定的政治形势与企业的战略选择

在中美贸易战的背景下，美国拿中兴、华为开刀，瞄准中国尚未发展起来的高端制造业，尤其将《中国制造2025》这一纲领中所大力支持的一系列科技制造领域作为主要打击对象。美国商务部前后对中兴和华为发布多项禁令，最终在中兴向美支付近14亿美元的罚款和保证金后取消其禁令，而面对华为却主动发布了延期许可。

对比中兴和华为两方，中兴在2018年终亏损近90亿元，而华为却在2018年创营业利润新高。华为总裁任正非甚至直言："华为已经适应了遭美国敌视的新时代，这些封锁对华为没有影响。"为什么中兴和华为面对相似的事件，企业的发展成果却截然不同呢？我们认为，关键在于两个企业不同的发展定位和战略选择。

首先，中兴的基本发展战略是深度绑定美国、重视美国市场；而问题更大之处在于其科技研发绕过了企业产品的核心竞争力，关键的芯片制造技术严重依赖国外，缺少自主研发及自主生产能力，结果就是如今公司官网上的八个大字："痛定思痛，再踏征程"。对比之下，华为一直根植中国本土市场，其忧患意识也渗透到企业的研发工作之中，坚持自主创新和对人才的培养，在2018年创下WIPO历史上由一家公司提交的国际专利申请量的最高纪录，甚至早在2012年便开始研发安卓系统的替代品，更是在5G的研发成果上取得了巨大的领先优势。在这种未雨绸缪和技术自立的战略下，华为实现了企业自立。

（2）治理过程中的风险控制

影视行业企业继某女演员偷税漏税罚款近9亿元后，深陷补税风波。当代东方（000673）、ST中南（002445）、唐德影视（300426）及慈文传媒（002343）2018年下半年股价发生腰斩，大量影视股杀跌严重。影视工作室签订大小合同、偷税漏税等违法行为已成行业内心照不宣的秘密，但是这种钻法律空子的高风险行为没有及时得到改革治理，因此愈演愈烈，继而当东窗事发时，没有一家企业可以逃脱。这告诉我们，钻空子、走钢丝式的盈利行为在短期内给企业带来极大利益的同时，也为企业未来的发展埋下深深的隐患。

在野蛮生长的共享单车竞争中，曾经热得"发烫"的共享单车终于在2019年的夏天"退烧"了，千万用户排队申请退还押金，共享单车企业经营越发困难。一些城市相继开展专项治理，向违规投放、废弃车辆等乱象开刀，使得共享单车走上了"先铺摊子后治理"的弯路。其实，早在共享单车这一行业诞生之初，便有人提出过很多相关的治理问题，但没有一家企业能提出行之有效的解决方案，导致很多企业将错就错，最终想要亡羊补牢却为时晚矣。

（3）企业高管的个人行为与企业形象

企业形象会受到企业高管个人行为的影响。受京东董事局主席负面消息的影响，京东公司的股价一度暴跌至事件发生前的三分之二，市值短期内蒸发约148亿美元。这一事件从侧面反映出了京东在公司权力的分配上还未能呈现出现代企业应该具有的平衡状态，京东治理架构改革的迫切性已经暴露。

从长期来看，企业高管个人行为的不当未必会影响企业的长期经营战略与公司业绩，但在一定时间内，这种不良行为一定会对公司形象与短期业绩造成损害。所以，对企业高管个人行为的规制应当成为公司治理体系中亟须弥补的环节。

（4）问题总结

难以长久高质量发展是中国企业普遍存在的问题，仅追求短期内"活下去"，也即短期盈利，对企业长期发展而言远远不够。上市公司受高层人员形象、经营合规程度、国际形势、国家政策、行业变化及科技创新等因素影响很大，在竞争不断加剧、未来更加不确定的今天，企业文化都可能会影响着一个公司的前途命运。

因此，除单纯关注公司的经济价值外，对公司的治理和未来发展层面进行科学合理的评价也十分重要。治理和发展价值评价体系的建立将在很大程度上引导着企业形成更加健康持续的经营战略，从而实现永续经营。在努力实现公司经济价值的基础上，重视治理价值、提升发展价值，能够避免公司走向短暂的灿烂，帮助公司实现基业长青。

(三) 上市公司之于中国经济

在发达国家，股票市场较为成熟，往往被视为国家宏观经济的"晴雨表"，亦被称为宏观经济运行的指示器。然而中国股市起步较晚，仍处于发展阶段，股票市场仅仅是几千家上市公司业绩的集中体现，在整个经济中尚未占据主导作用。从绝对数量上来说，2018年中国境内上市公司仅有3584家，与全国1800多万家企业法人单位相比微不足道。虽然上市公司不能代表中国整体经济发展形势，但随着资本市场扩容，其对整体经济的影响力与日俱增，分析上市公司及其价值评价势在必行。

1. 上市公司业绩平淡暗合经济运行周期

首先，截至2018年底，有105家新公司加入到上市公司行列，而2017年新增上市公司数量为433个，增长速度下降。同时，2018年A股上市公司年度股票筹资总额为11378亿元，同比下降26.76%；上市公司市价总值为434924亿元，相较于2017年下降23.31%；此外，股市年度成交总额、上证收盘指数及深证收盘指数等与2017年对比均呈现颓势，出现较大幅度的下滑。与之相对应的，国家整体经济形势也较为低落，GDP增速明显放缓。2018年GDP增速仅为6.6%，低于2017年增速6.8%；国民总收入增长率仅为6.3%，远低于2017年的7.1%。正如党的十九大报告指出，我国经济发展已由高速增长阶段转向高质量发展阶段，经济增速从过去9%左右的高速增长逐步下降到目前6%左右的增长，经济发展进入新常态。上市公司业绩取决于宏观经济运行的变化，同时股票市场运行变化对宏观经济运行也会产生反作用。因此，从上市公司2018年运行状态中可以看出，中国经济处于经济周期中的衰退阶段，特别是中美贸易摩擦带来较多不利因素，经济整体上呈现萧条低迷的状态。

2. 大型企业收入下滑体现国有企业发展困境

国有企业在中国上市公司中占据着重要位置，尤其是中央企业。全部上市公司收入中约有80%来自国企，但国企的利润水平在近些年来没有与其规模和垄断地位相称，呈逐年下滑之势。2018年部分上市公司表现出的收入下降、利润下滑等趋势，实际上反映了整体国有企业当下的改革困境。因此，国企未来发展方向是经济发展的重要议题，其改革指向何处仍需进一步探究。

3. 上市公司积极创新预示经济转型趋势

2018年A股上市公司总研发投入达7410亿元,同比增长23%,其中,19家公司的研发投入超过50亿元(如图1-24所示)。可以看出,在A股上市公司中,研发投入费用排名靠前的公司大部分为国有企业。国有企业是国民经济的支柱,在国民经济发展过程中起主导作用,其对研发投入的重视能够在资本市场中释放积极信号,引导更多的资本投入技术要素。因此,此类上市公司在客观上可对产业结构的转型起到促进作用,推动我国供给侧改革。

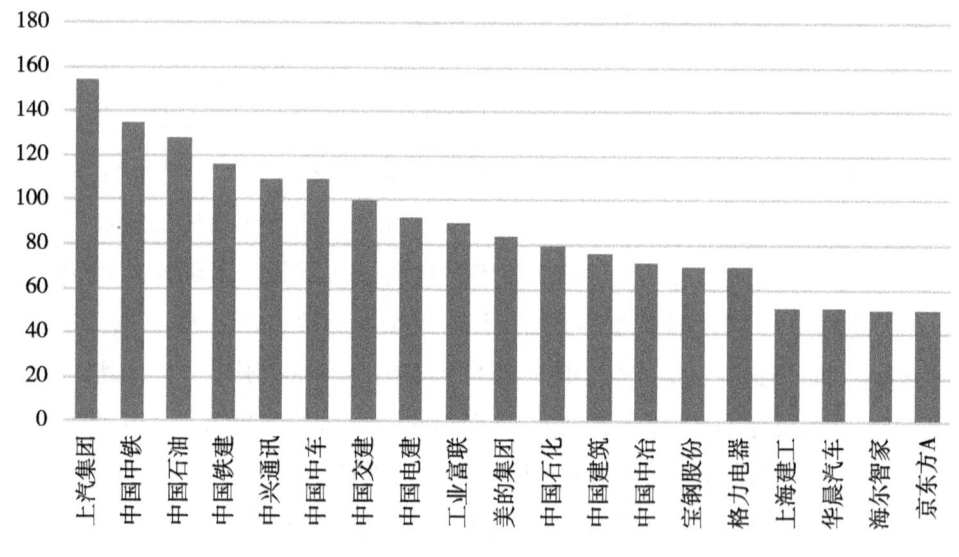

图1-24　2018年A股上市公司研发费用(单位:亿元)

数据来源:Wind

同时,在2018年资本市场总体表现疲软的背景下,深交所创业板市场的表现可圈可点。根据Wind提供的数据,2018年新增29家公司寻求创业板IPO,总共融资将近300亿元。截止到2018年年底,累计有780家创业板上市公司,数量上是十年前深交所创业板上市公司的28倍。资本市场中上市公司的积极创新与不俗业绩,体现了在创新驱动战略背景下我国经济转型势在必行的。

第二章　基于法商管理的上市公司法商价值评价体系

一、公司价值评估回顾

一个主权国家的市场经济体制成长状况往往取决于生产要素市场，而非终端产品市场的成长状况。而资本市场作为最稀缺的生产要素市场，其成熟过程所面临的风险将远远大于其他一般要素市场，这种风险主要源于交易双方复杂的心理动机和交易过程中的信息不对称性。作为资本市场中的特殊商品——企业，其价值如何评估以及评估方法是否准确是资本市场持续关注的一个重要课题。

从企业自身角度出发，企业决策者必须关注重大决策对企业价值的影响，以便随时调整战略决策，使企业能够实现健康持续发展。从投资者角度出发，投资者必须分析其投资的企业的价格是否偏离价值以及企业未来的上升空间等，从而寻找适当的投资机会，选择正确的投资策略。从金融机构角度出发，银行必须评估企业价值从而确信其对企业的信贷支持是否合理，以保证贷款能够如期偿还等。从以上各方面来看，无论是企业自身还是外部利益相关者，都需要对企业真实价值做出准确的判断和衡量，一旦对企业真实价值衡量有所偏颇，势必对整体经济产生一定程度的影响。

上市公司评价是由专门的评价机构根据上市公司提供的有关资料，由专门人员进行调查、分析和预测，对上市公司的质量、信用及风险作出客观、及时、准确的评价、评分、评级的金融服务活动。公司价值评估是市场经济和现代企业制度相结合的产物，其作用不仅突出表现在为投资者投资决策建议，同时也在提高企业核心竞争能力、提高金融机构社会信用和知名度、提高政府部门获取经济信息的全面性等方面发挥越来越重要的作用。美国是世界上最早进行上市公司评价的国家，随着金融、信用交易的不断发展，上市公司评价制度在日本、加拿大、澳大利亚等部分市场经济发达国家也得到了较大发展。到目前为止，美国仍然是世界上评级制度最为规范、研究最为深入、评级业务开展最为广泛的国家。中国在这方面的研究是相对落后的，其对实际操作的指导作用也相对较弱。

随着社会的发展，国内外采用的上市公司评价体系逐步完善，虽然研究角度各有不同，但是从整体来看，上市公司评价体系在不同时期呈现出不同的侧重方面，具有一定规律性。

（一）财务分析视角下企业价值评估及有限拓展

企业价值评估最初是在并购浪潮中孕育而生的，美国历史上第一次并购高峰期是在1898年至1903年，当时主要采取的并购形式是横向并购，即对生产同种产品的企业进行并购，并购有许多是在股票市场上通过收购完成的。这个时期工业股票的上市、投行的投资决策以及经纪人的收购行为都对企业的价值评估产生了需求，人们开始关注企业价值的大小。在企业并购活动中，被购企业的价格是一个核心的问题，唯有确定一个买卖双方都能接受的价格，并购活动才能完成。并购需要的价格实质上依赖于买卖双方对企业价值的估计，这就促使了企业价值评估理论的创设。1906年，美国经济学家 Irving Fisher 在《资本与收入》一书中第一次提出了企业价值评估的思想，形成了资本价值理论，认为企业的价值就是企业所能带来的未来收入流量的现值。但企业价值评估理论的发展却很缓慢，主要原因在于 Fisher 的资本价值评估思想与实践脱节，很难应用于实践之中，受到企业产权交易实践的极大挑战。由于这一时期企业价值评估主要服务于企业的兼并收购或者股权转让，因此企业价值表现为企业的交换价值或公允市场价值。评估方法主要是加和法①，将构成企业的各种要素资产的评估值加总求得企业整体价值，一般以已确定的资产价值，诸如市场价值、账面价值、原始成本等为基础。

20世纪50年代，金融创新在英、美等国先后开展，逐渐出现了由经济货币化向经济金融化过渡②的趋势。在工业化时期，是否拥有先进固定资产、是否能够生产出大量质优价廉产品成为衡量优秀企业的标准。但随着经济金融化的发展，企业管理者所控制的资源往往是已经完全证券化的资产和负债，如股票和债券。同时，随着投资者数量的日益增多，上市公司的经营行为和财务状况往往体现在公司股票价格上，因此公司股价的变化直接导致了相关投资者财富的增减。这一时期人们对企业价值有了新的认识，投资获利水平不是取决于企业在以往时期里所获得的收益，而是取决于企业在未来时期里可能获得的收益。人们逐渐认识到利润最大化并不是一个有意义、界定清晰的概念，现金流量反而成为价值的衡量尺度。

1958年，著名经济学家Modigliani和Miller发表了影响深远、给理财学研究带来重大变革的学术论文——《资本成本、公司理财与投资理论》，深入讨论了在完美市场且不考虑税收情况下，投资决策、融资决策与企业价值之间的相关性。他们指出公司价值的大小主要取决于投资决策，而与融资决策无关，进而指出任何企业的市场价值与资本结构都是不相关的，而是等于与之风险程度相适合的折现率对预期盈利进行贴现的资本化价值。这一研究结论被称作MM理论③，为企业价值研究提供了方法论，开创了对企业价值进行规范研究的先河。其在Fisher的研究基础上，推导出完美市场中企业价值评估的现金流贴现模型（DCF）。DCF模型的建立标志着企业价值评估进入了定量化阶段。

---

① 加和法属于企业价值评估方法的一种，是指将企业视为一个生产要素的组合体，以各单项可确指资产价值的总和来定义企业价值，用公式表示就是企业总体资产价值=∑（各单项可确指资产的价值）。

② 即可以用金融工具或金融资产与国民财富（有形资产价值）的比率来度量经济金融化的程度。

③ "MM理论"由美国的Modigliani和Miller教授（故而理论简称为"MM理论"）于1958年提出，该理论的前提假设是不考虑公司所得税，且企业经营风险相同而只有资本结构不同。在这样的假设前提下，两位教授认为公司的资本结构与市场价值无关。

此后，国外学者大多数从现金流折现的角度评估企业价值。1963年马尔基尔（Cf. Malkiel）提出了自由现金流量价值评估模型，这一模型以资本预算方法作为理论基础，建立一个价值评估分析框架，研究实现企业价值增值目标的方法途径。与之相似的，拉帕波特（Alfred Rappaport）在其专著《创造股东价值（Creating Shareholder Value）》中提出了一个能够在计算机上使用的企业价值评估模型，并提出五种价值驱动因素，同时指出企业的估值应该在持续经营观点的基础上合理的预测其未来收益。1964年，由美国学者William Sharpe、John Lintner、Jack Treynor和Jan Mossin等人提出资本资产定价模型（CAPM）[1]，探求风险资产收益与风险的数量关系，从而提供了风险分类与风险测度衡量方法，在公司价值评估领域成为具有划时代意义的成果。而1973年，Fisher Black与Myron Scholes创立期权定价模型[2]，给公司进行价值评估提供了另外一个视角，丰富了价值评估的方法，在一定程度上提供了衡量不确定因素的方法，使未来的现金流量的预测比以前更为科学。梅耶斯（Mayers，1974）提出了衡量企业价值的调整现值方法（APV），该方法通过对企业资产的分解，体现各部分资产对企业整体价值的贡献，被称为DCF的替代方法。1990年，Stewart提出了经济附加值（EVA）[3]概念，该理论认为一个公司的经济增加值是该公司的资本收益和资本成本之间的差额，由总部设在纽约的Stern Stewart咨询公司[4]将该方法引入价值评估领域，使企业价值评估理论达到一个新的高峰。

总而言之，企业价值评估建立之初，国内外学者始终围绕企业盈利能力进行价值评估，从最初仅仅关注企业当前投资获利水平，到同时关注过往收益和未来潜在收益，再到将风险因素引入未来收益评估体系中，再到进一步

---

[1] 资本资产定价模型的具体内容是单个证券的期望收益率由无风险利率和风险补偿溢价两个部分组成，其中风险补偿溢价和系统性风险呈正相关关系，即风险越高，投资者获得的补偿报酬也越高。
[2] 期权定价模型（OPM）是一种为股票、货币、债券等衍生金融工具定价的复杂模型，模型表明期权价格的影响因素众多，包括合约期限、交割价格和股票现价等多方面因素。
[3] Economic Value Added（简称EVA）可由扣除税费后的营业净利润与全部投入资本成本（涵盖股权和债务）作差而得，公司的经济增加值以此类推也可以得到相应的结论。
[4] 思腾思特（Stern Stewart）是世界知名的管理咨询公司，该公司有自己的一套独立的企业价值管理体系，而这套体系正是构建在经济增加值理论之上。思腾思特管理咨询公司同样也是企业经济增加值管理体系的创立者和商标所有者。

研究风险分类及风险测量使企业价值评估渐趋科学化,以及后来提出期权定价和 EVA 相关理论等。这一系列的理论发展从客观上促进了企业价值评估理论体系的完善,但始终未能跳出以财务指标为核心的研究范畴,理论拓展作用十分有限。

随着社会发展,此类评价体系的局限性日益暴露出来。20 世纪 80 年代高科技革命开始兴起,大批具有极大发展潜力的高科技企业崛起,随着工业时代向信息时代的过渡,已有的财务评价工具已无法满足组织发展的需求,甚至限制了企业发展。这是由于传统的财务指标是为考核而设定的,难以通过考核已经发生的经营状况来提高企业未来的业绩,进而改善经营。同时,单纯的财务评价工具对企业价值的评价注重于企业内部的管理水平和生产效率,而忽视了企业的外在因素,如产品的市场份额、竞争对手的状况、客户对企业产品和服务的要求、企业的创新能力等。这种忽略企业非财务因素(如人力资源、科研能力、商誉等无形资产)价值的评价方法,因为过分重视取得和维持短期财务成果,导致企业短期化行为倾向。

由于上述种种缺陷,管理者发现单纯依靠财务方式难以实现对企业经营的有效管理和对发展的有效指引。哈佛大学商学院教授 Michael E. Porter 于 1985 年提出"价值链"[①]的概念,认为应依靠价值链工具评估、确定企业价值,即企业价值既包括内部因素也包括外部因素,既有战略性因素又包含财务性因素等。在此之后,国内外大批学者开始对于价值链下企业非财务因素对其价值的影响进行研究,得出某些非财务因素在影响企业价值方面起决定性作用,并以实证进行了检验。

(二) 委托代理理论视角下企业价值评估及有限拓展

新古典经济学的古典管家理论认为所有者和经营者之间是一种无私的信托关系,企业的经营者只是一个按照所有者的命令行事的管家,经营者不可能违背委托人的意愿去管理企业,也就是说不存在任何代理问题。然而,随着信息经济学的发展,越来越多的研究者对古典管家理论提出了质疑。一是

---

① 价值链理论由"竞争战略之父"迈克尔·波特提出,该理论认为企业价值由基本活动(包括内部后勤、市场销售和服务等)和辅助活动(包括采购和企业基础设施等)创造,这些动态的经营活动可被一条链状过程连接,这便是价值链。

由于经营者对自身利益的追求,没有任何理由或证据可以表明他们是无私的,因此无法证明他们与股东的利益是一致的;二是信息完全的假设背离了客观事实,因为信息不可能是完全的。

20世纪30年代,出于对以上两个问题的修正,美国经济学家Bede and Means提出"委托代理理论"。委托—代理问题的存在影响了公司本身的价值创造以及对未来盈利的预期,良好的公司治理机制是吸引投资者、改善公司运营状况和增强公司价值创造能力的关键环节。公司治理的"保健机制"是通过权力制约实现对代理人的监督控制,以防止其机会主义行为,损害公司利益;"激励机制"则是通过激励相容的报偿机制,实现代理人企业家精神的积极发挥,以提高公司价值。因此,从公司治理角度综合研究上市公司价值创造能力的影响因素,对进一步完善公司治理结构和提高上市公司价值创造能力具有较强的理论及现实意义。

国内外学者的研究结论为以"公司治理"为核心的价值评价体系提供了大量佐证。Bennedsen(2000)、Maury(2005)等学者认为对控股股东的股权制衡行为会对公司价值产生积极作用;Claessens(2002)发现当实际控制人私有收益侵占共有收益时就会发生现金流权与控制权的偏离,随之产生了控股股东对外部股东的利益侵害,并且这种偏离程度与公司绩效的负相关,会导致公司财务绩效变差和公司价值创造能力降低。

20世纪80年代前,对公司治理的研究更多地致力于公司内部,尤其是董、监、高的治理,但此后盛行的利益相关者理论[①]则认为,公司的经济本质是"相关利益者的一组契约"。所谓相关利益者,是指所有受公司经营活动影响或影响公司经营活动的自然人或社会团体,包括投资者、债权人、管理者、企业员工、顾客、供应商、政府监管部门等,所有这些在企业的财富创造活动中做出贡献的主体都会影响到企业价值。以此理论为指导构建的公司治理结构改变了传统的"单边治理"模式,强调了一种利益相关者广泛参与的"共同治理"的模式。

---

① 利益相关者理论挑战了旧有的"公司的所有权归持有公司普通股的个人和集体所有"的股东至上理念,开创性地认为公司的发展得益于各个利益相关者的贡献,企业追求的应当是利益相关者的整体利益。其中,利益相关者包括股东、企业员工、供应商和消费者等多种主体。

南开大学公司治理研究中心课题组（2004）从公司治理实务需求的角度出发，提出了中国公司治理环境的公司治理评价指标，包括股东权益与控股股东、董事与董事会、经理层、监视与监事会、信息披露、利益相关者六大目标层。李维安、姜涛（2007）认为，股东行为治理良好、高效的董事会运作、良好的信息披露机制、利益相关者治理、监事会治理都能够对公司价值的提高产生积极作用。

上市公司评价体系中加入公司治理评价不仅可以降低企业融资成本，使企业得到投资者的认同，正如麦肯锡公司董事 Paul Coombes 指出，"不能实行公司治理改革的公司在吸引资本时会发现面临竞争劣势，高水平的公司治理对企业在全球化的资本市场上吸引和留住投资者是最基本的"；而且可以作为投资决策的重要依据，确保企业在法制和商业信用约束下，为增加其股东价值而持续稳健经营。根据法商领道研究院调研在投资者做出投资决策时，公司治理水平至少与财务表现同样重要。因此，企业价值中公司治理能力所占比重也在逐渐加大。

（三）平衡记分卡视角下的企业价值评估的延伸

进入20世纪90年代，随着经济环境的变化，金融市场的不断完善，企业外部融资行为的日趋复杂化，管理者对企业价值的认识也在不断加深。它们所追求的企业价值最大化，不仅仅只是企业未来自由现金流所折现的价值，而拓展到企业的外部因素和内部非财务指标带来的价值。在20世纪80年代后期，出现了很多对企业价值评估的新的研究。

哈佛大学商学院 Robert S. Kaplan 教授和波士顿咨询公司诺顿 David P. Norton 顾问于1992年发表《平衡记分卡——驱动绩效的评价指标体系》一文，指出传统财务业绩考核方法已经落后于时代，实物资产相对重要性降低，并正式提出平衡记分卡的概念。平衡记分卡包括四个维度——财务、客户、内部经营过程、学习和成长，用以综合全面的评价企业绩效。这四个指标构成企业内部与外部、结果与驱动因素、长期与短期、定性与定量等多种平衡，从而为企业绩效评测管理提供立体评测依据。同时，传统的财务评价体系只关注企业的实物资产，而平衡记分卡在关注实物资产的同时，更加关注公司的无形资产（人力资本、组织资本和信息资本）。平衡积分卡产生之初是作为企业经营业绩的评价工具，随着理论的发展越来越多的学者将其用于企业价值评估中。正确厘清企业业绩评估与企业价值评估的关系，明确企业价值评估是业绩评估的扩展，既包括反映企业过去、现在的获利信息，更包括反映企业未来的获利能力（唐广，2006），才能充分理解平衡积分卡的历史作用。我国国内关于平衡记分卡的研究是结合我国企业使用平衡记分卡的实践展开的。孙永玲博士和 Irv Beiman 博士合著《平衡记分卡中国战略实践》（2005年），阐述了在实践过程中，指标没有与战略结合导致纵向不一致，难以改善公司整体绩效的问题。国内的企业还未意识到平衡记分卡是一个战略管理工具，而仅将其作为一项人力资源系统来实施。在之后的研究和实践中，平衡记分卡的战略管理功能得到更多的关注，为企业的经营管理提供参考并具有预警作用。张川、潘飞、John Robinson（2006），侯秦（2007）都是用实证研究证明，非财务指标是反映被评价单位战略动因的指标，可以反映公司未来的发展，是领先指标。这种向战略方向的转移体现了平衡记分卡对于企业价值评价的延伸趋势。王乃静（2005）将价值链理论和价值分析理论结合起来，提出了"全面价值管理"的概念，并设计了"现代制造业中的价值创造型企业"的框架。该框架不仅单纯地强调经济价值，而且也聚焦于顾客价值和社会价值。同时，有丰富的文献探讨了财务指标和非财务指标在价值创造过程中所作贡献的差异（Cuellar-Fernandez，2011；Singh，2013），代表学者已经注意到非财务指标的作用。张红（2013）在对房地产进行价值评估时同时采用四个评价维度——经营规模、财富创造能力、投资价值、财务稳健型，此外，也将运作效率、财务风险（净负债率，现金比率）、盈利能力、成长能力（营业收入增长，存货增长）、社会贡献和市场认同（总市值增长率，托宾q值，机构关注度）纳入整体评价体系。宣晓、段文奇（2018）对此进行了理论探索，基于价值创造视角，同时考虑财务绩效和非财务绩效两个维度，通过效率、锁定、互补和创新四个关键渠道，从运营、盈利、成长、用户、协同、管理六个能力维度出发，搭建了互联网平台企业价值创造的整体概念框架，进而构建起集成财务指标和非财务指标的企业价值评估整合模型。这些都体现出我国企业价值评估体系的日趋成熟。

(四) 小结

通过对公司价值评估发展历程的回顾，不难发现价值评估的发展具有以下特征：

1. 价值评估发展具有渐进式特征，经济环境的变化导致新的价值评估的需求

价值评估发展的动因是不断满足经济环境变化所导致的对评估信息的需求，新的价值评价思想总是发端于原有的思想，并且在原有的基础上继续演变。

2. 价值评估发展的过程就是人们对企业价值含义认知不断扩大的过程

早期人们只关注企业的交换价值，后来人们将可持续发展因素和风险因素归入了企业价值的考虑范畴，之后企业潜在的获利机会也纳入了企业价值的评价范围。这一方面标志着价值评估理论的成熟和完善；另一方面也反映出企业价值越来越受到多因素的影响，价值评估技术面临着更严峻的考验。

3. 企业价值评估理论存在的问题

（1）忽视企业未来发展潜力

虽然在平衡记分卡等工具的影响下，现有企业价值评估开始将非财务因素纳入评估范围之内，但整体上仍然偏重于对现有盈利能力特别是经营业绩的反映上。然而企业价值不仅仅体现在现有盈利水平，更重要的是未来企业价值增长的潜力，因而现有评估理论中缺乏对企业保持竞争优势、决定未来盈利潜力的核心能力的研究分析。

（2）忽视外部环境因素分析

基于"资源基础论"和"产业基础论"等理论基础，多数企业价值评估理论将视野局限于企业内部，注意深入挖掘企业内部资源或组织带来的价值增长。但企业价值不仅由企业内部因素决定，其在很大程度上受到外部环境因素的推动或制约。因此，价值评估必须关注外部环境特别是宏观环境、产业环境等的变化趋势，也必须关注包括政府、联盟者在内的外部利益相关者。

（3）缺乏价值评估理论系统整合

现有企业价值评估理论经过长达百年的发展日趋丰富，但整体来看仍然相对杂乱，缺乏从全局角度进行系统化的整合，缺乏清晰明确的理论逻辑。

此外，现存研究仅仅关注"评估理论"或者"评估体系"中的一方，没有将两者进行有机结合，尚没有形成"理论指导建立指标体系"的常态化模式。

综上所述，上市公司尚缺少一个可以立体感知、动态把握、真正具有战略领导力的价值评估体系。法商价值评估体系的产生恰好弥补了这一理论的不足，它首次明确提出了系统化的法商价值理论及分析框架，提出了以经济价值、治理价值、发展价值有机组合的法商价值内涵，同时依据理论指导，完整构建了多维度、全方位的法商价值评价体系。

二、国内外主流公司评价指标比较

尽管公司价值评估理论已经过较长时间的发展，公司价值评估涉及的指标也越来越丰富，但目前国内外影响力较大的各类企业排行榜所使用的仍是较为单薄的、多以财务数据为主的评价指标。这类榜单在制定时较为简单易行，但其缺陷是往往难以对一个企业的真实价值作出准确衡量。

比如，美国的《财富》世界500强是目前世界范围内影响力最大的企业实力排行榜，对于符合其数据透明度及治理独立性要求的企业按照营业收入进行排名，将公司的成功与营收规模画上等号。诚然，以收入来衡量企业的增长与实力具备较强的说服力，但仅以收入来评价一家公司的成功的确有失偏颇。这样的评价办法会使一些大而不强的公司错误地走入公众视野，如国内特定领域的垄断国企，而许多真正具备高价值的企业却难以得到公正的评价。因此，每年《财富》世界500强公布榜单时，总会出现一定舆论上的争议。

与《财富》相似，美国《商业周刊》杂志每年也会与Interbrand咨询公司合作发布全球最佳品牌100强，这一榜单以品牌价值对公司营收贡献为评价指标对企业进行排名，而其对公司品牌价值的计算仍主要基于财务业绩指标，对企业市值之外的价值则衡量不多。

相较而言，《福布斯》杂志每年发布的全球上市公司2000强榜单使用的评价指标稍多一些，其将企业的营收、利润、资产和市值作为指标，按照一定方法计算后对企业进行排序，尽管使用了更多的指标，但这样的评价体系仍没有逃脱以财务为主的单一评价维度。

国际上公司评估指标的单薄也影响到了国内的企业评价活动。当前在我国企业评价领域具备较大影响力的是由中国企业联合会及中国企业家协会评选发布的中国企业500强榜单。这一榜单使用的评价指标同《财富》500强一致，也以营业收入作为评价指标，评选出了一大批规模较大，但未必具备强核心竞争力的中国企业。这样的主流评价结果也引起了国家有关部门的注意。

2019年3月，国务院国资委公布了创建世界一流企业的三大标准，明确提出世界一流企业的标准应是一个综合的标准，而并非一味参照500强企业以营收规模排序的评价标准，同时指出只有以中央要求的做强、做优、做大三者相统一的原则开展工作，才能真正落实党的十九大提出的培育具有全球竞争力的世界一流企业精神。

国资委提出，一流企业分别应在三个方面实现领先，分别是创新驱动方面、高质量发展方面以及践行新发展理念方面。其中，创新驱动希望企业能够重视技术投入及创新，努力在推动本行业的全球技术发展方面成为领军企业；高质量发展则需要企业除营收规模外更多地关注净资产收益率、营收利润率及研发投入等数据，在规模、质量及效益上都能做到领先；践行新发展理念要求企业履行共商共建共享的发展理念，做任何事情都遵守法律、合规守信，同时履行必要的社会责任。而这三大标准恰好与法商思维、法商评价企业的三大维度不谋而合。

中国上市公司法商价值报告依托孙选中教授提出的法商管理思想，从经济、治理及发展三个方面对企业进行评价，涵盖共117个四级评价指标。其中，经济指标包含了包括净资产收益率、销售净利率及资产负债率等数十个财务相关指标，充分衡量企业有效利用资源创富并抵御管控风险的能力，与国家对企业高质量发展的要求高度吻合；治理指标则从治理的合规性、效率性与公平性入手，衡量企业在发展及日常管理中是否能够既符合规定（遵纪守法）又符合规律（兼顾效率与公平），恰好对应着一流企业应践行的新发展理念；而最后的发展指标则通过R&D（科学研究与试验发展）经费占营收比率增长率及社会捐赠额等指标对企业的创新发展能力及社会责任履行程度进行衡量，再次与国家提出的典范企业标准不谋而合。

综上所述，法商价值报告从衡量企业健康持续创富着手，以法商思想为指导提出的指标确实能够科学有效地对企业价值进行评价，填补了市场对企业综合价值评价领域的空白。通过本报告评价体系筛选出的高法商价值上市公司应是真正的符合国家与社会期待的一流公司，也是未来更有希望实现长远发展、为社会创造更多价值的新商业文明领袖公司。

三、法商管理与法商价值的意义

（一）法商管理对经典管理的超越

企业运营的最终目的是盈利，因此近百年来的管理思想和理论体系都围绕着"效率"而发展的。自 Frederick W. Taylor 将工人的劳动进行标准化、科学化，开创了科学管理时代之后，管理学家们纷纷就如何提高效率展开了系列研究，Frederick W. Taylor 和 Heinz Weihrich 认为，"管理就是设计和保持一种良好环境，使人在群体里高效率地完成既定目标"。Stephen P. Robbins 也认为，"管理就是指同别人一起，或通过别人使活动完成得更有效的过程"。这些在现有管理学中被广泛认同的有关"管理"的内涵研究被认为是经典管理中的代表，可以看出经典管理认为管理就是高效率地工作，从而实现最终价值——盈利。

20世纪中叶，德鲁克提出管理者"有效性"问题，认为随着企业员工从体力工作者主导转变为知识工作者主导，企业管理者需要将管理目标从追求"效率"转变为追求"有效性"，对传统管理理论当中"唯效率至上主义"产生冲击。

1994年，孙选中教授认为在中国市场经济环境下企业经营活动不能再单纯以"极致效率"为导向，还需要关注"规则边界"，从而提出了"法商管理"，经过二十余年的实践与磨砺，法商管理理论逐步完善，并形成以法商管理教育、法商管理指数、法商管理案例等为核心内容的法商管理体系设计。经过多次对法商管理核心内涵的雕琢，孙选中教授最终将其核心内涵界定为"基于效率与公平均衡的价值观和方法论进行有效的主体权益安排，以实现组织健康持续增长的目标"[①]。2016年哈佛大学Oliver Hart和麻省理工Bengt Holmstrom凭借"契约理论"获得诺贝尔经济学奖。研究特定交易环境下不同合同人之间的经济行为与结果的契约理论发现，在交易行为当中契约作为一种强大的工具而存在所有商业行为当中，现代经济即是由无数契约关系构成的。契约理论在一定程度上和法商管理理论形成了交叉验证，都共同关注交易行为当中交易主体权益均衡问题。

法商管理把管理过程的效率与公平有机结合，有助于实现理论和实践中的管理方法与目标价值统一。其中"公平"是以管理学和法学交叉的视角使支配企业资源和经济活动的"责权利"进行公平配置，因此，在法商管理视野下的有效管理过程不是在"效率"或"公平"两个极端来回跳跃，而是要实现效率与公平的相对均衡。

法商管理追求实现主体权益均衡发展的管理过程，从本质上重新界定了管理决策应该以"主体权益为本"。这里所确定的"权"，既有法律意义上的基本权利，也包括管理学意义上的尊重、选择、影响力等权力因素；而"益"则主要是管理学和经济学意义上的收益、报酬、升迁、发展等价值因素。如果我们仅从字面上看，"法商"与"权益"存在着完美的对称的关系：即"法"主要对应"权"，"商"主要对应"益"；则"法商"对应"权益"。通常情况下，人们会自然而然地把解决"益"的问题归之于企业管理的商事活动，而把解决"权"的问题归之于法律人士的法务活动。当把管理者应尽的"权益"责任分离开来，必然使企业管理过程出现许多纠缠不清的矛盾或冲突。

法商管理强调实现组织健康持续增长，从决策思维上将构建企业实现基业长青的战略架构。根据系统理论对组织系统的运行分析可以知道，一个组织是通过"输入→系统处理→输出"的有机循环保持其持续运行。法商管理所界定的企业"健康持续增长"对应系统论的三个环节就是"战略资源（输入）→经营模式（系统处理）→企业价值（输出）"的有机循环不断发展。

---

① "法商管理"的概念最早被界定为"在经商和法治的价值观及方法论的相互作用下，合理实现企业目标的管理过程"（参见《法商管理评论》第一辑，经济管理出版社2015年5月版，第3页）。之后修改过几次，现在的定义更全面、完整地表达了"法商管理"思想。

具体而言，可以从三个环节保证企业健康持续增长：健康的战略资源，持续的商业模式，以及增长的企业价值。其中企业价值不再仅仅是企业自身所创造的物质财富这种显性价值，也包括企业的所作所为所减少的负外部性①这种隐性价值。

（二）集大成者——法商价值

关于企业价值的认识正在不断深化发展，其视角已经从管理学和经济学延伸到社会学、文化学、政治学、历史学等学科。经过前文所梳理的企业价值评价维度，以及法商管理所蕴含的"效率与公平""权益"及其所定义的企业价值，我们认为法商价值由三部分有机组成，即经济价值、治理价值和发展价值，三者均衡从而实现企业健康持续创富。

从企业形态演变的进程来看，其呈现出一条由"仅追求利润最大化"到"关注内部治理结构"再到"追求长久发展、永续经营"的清晰脉络。

早在自然经济向市场经济的过渡时期，企业的萌芽形态就已经产生。到11世纪，最早的企业形态——古典企业在欧洲集中产生，其主要形态包括家庭企业（Domestic system）、行会等联合组织、包买商企业（Putting-out system）等。在家庭作坊形式的企业中，独立的小企业主使用自己拥有的生产工具，在家庭小作坊里进行生产，并雇用他们的家庭成员或一两个学徒作为帮手，规模稍大一点的作坊可能还要雇用帮工。由于家庭企业规模较小，其面临的市场环境难以把控，行会作为提高市场风险应对能力的制度设计应运而生，其本质仍然是小商品生产方式的手工业作坊的联合体。随着手工业技术的发展和小商品市场的扩展，包买商企业逐渐兴起，其可以视为家庭企业在农村的高级形式，集生产、销售为一体，是一种销售体制乃至组织体制上的创新。在这一阶段的企业形式下，售卖产品获取利润是企业经营运作的唯一目标：一方面，从产权关系的角度来看，企业主拥有企业的全部产权，因此产权利益的实现过程完全服从企业主的意志和要求，企业主追求财富的内在冲动和面对着竞争对手的压力迫使他必须把追求利润最大化作为企业的目标；另一方面，这一时期的国家政府基本上不干预经济活动，缺失管控使得企业

---

① 负外部性是指某个体或群体因自身决策和行动的不当而使其他个体或社会蒙受损失，且决策主体自身没有为此付出成本的情况，企业产生的负外部性往往是由于排污等行为给社会带来了额外成本。

家可以毫无顾忌地追求利润最大化，完全忽视环境污染、生态失衡等负外部性效应。可以说在此阶段，人们对企业的认知十分有限，都将企业视为完全的经济组织，对企业的价值评价仅仅停留在"经济价值"单一维度上。

随着企业规模的扩大以及科学技术的变革发展，企业形态逐渐演变成与规模化生产方式相适应，以实行产权分离和科层管理为主要特征的现代企业形式，即企业所有权和经营权分属多人。然而在传统的新古典微观经济学中，企业被简化为一个假设，即"使利润最大化"，其本身是一个"黑匣子"，其内部如何运行却无人问津。著名经济学家科斯（Coase）于1937年发表经典论文——《企业的性质》，首次打开"企业"这个"黑匣子"，随后越来越多的学者开始关注企业内部组织形式和治理结构。钱德勒在《看得见的手》中提出了现代企业的概念，即"由一组支薪的中、高层经理人员所管理的多单位企业即可适当地称为现代企业"。芮明杰、袁安照（2005）在《现代企业理论与运行》一书中将现代企业定义为"起源于资本密集型技术，与规模化生产方式相适应，以实行产销结合和科层管理为主要特征，在法律上以现代公司制为标志的企业形态"。现代企业形态中，企业实现了经营权和治理权的分离，建立了完善的法人治理结构，通过股东会、董事会、监事会、经营人员等形式，形成了决策、监督、执行相互联系、相互制约的治理结构。因此，企业不仅需要考虑如何获取经济利益，也必须考虑如何有效分配、规范组织内各成员的权利义务。企业目标的确立也发生了变化，必须同时考虑股东、债权人以及职员等多个利益主体的诉求，在各种利益博弈均衡的基础上，才能形成彼此都能接受的企业目标。企业并非直接放弃逐利，而是将利润作为间接目标"退居二线"，进而追求企业价值最大化。例如，美国默克公司的创始人乔治·默克表达的企业目标就充分说明了这一点——"我们应该牢记，药物旨在救人，不在求利，但利润会随之而来，如果我们记住了这一点，就绝对不会没有利润，我们记得越清楚，利润就会越大。"与之相应，企业价值的内涵进行了扩展，既包含由直接经营活动产生的"经济价值"，也包含由于优化调配各种资源使得组织效率提升间接产生的"治理价值"。

同时，人们对企业的认识逐渐完善，愈加认识到企业不仅仅是赚钱的工具，是单纯的经济组织，同时还产生社会效益。企业在治理过程中形成的规则意识、有形秩序，不仅使企业高效有序地运转，创造了新的价值，同时也改变人的行为和意识，企业成为继家庭、学校之外新的培养人的组织，是具有广泛社会效益的组织。除此之外，优良企业的持续发展可以极大地节省社会资源，降低社会成本，使得整个社会尽可能地以最低成本的运行，尽可能地达到帕累托最优。

从单个企业的成长历程来看，法商价值理论体系中的三个子价值在企业成长不同阶段的价值评价中分别发挥了举足轻重的作用。在企业成立之初，其关注的主要问题是如何生存下去，即"活得了"的问题；当企业解决这一生存问题之后，才会逐渐考虑将视野转向如何扩大规模、治理有序等，即"活得好"的问题；随着企业不断成长，又会面临如何持续发展、传承规划等问题，即"活得久"的问题。这与马斯诺需要层次理论[①]亦存在异曲同工之妙。单个企业如同个人，最低层次的需求是"生存"需求，当满足这一需求之后就会产生对"安全"的需求，进而满足之后又会有"自我价值实现"的需求。

经典管理建构了企业创造财富的价值观念，而法商管理的企业价值观将拓展企业价值要素和重构企业价值体系，沿袭历史轨迹，承接时代的发展，通过经济价值、治理价值、发展价值构成新的企业价值评价体系，以实现企业法商价值的不断增长。

[①] 马斯洛需求层次理论将人的需求类型由低级到高级依次排列为五种类型：生理需求、安全需求、社交需求、尊重需求和自我实现需求，有部分观点认为，在自我实现需求之上还有自我超越需求的存在。马斯洛需求理论认为，人的需求是一个从基础向高等晋升的过程，当人的低级需求得到满足时，相应的高级需求才会出现。

第三章 法商价值综合指标体系构建

法商价值评价体系是以法商理论为基础，对上市公司经济、治理、发展价值进行综合评判的指标体系。该体系建立在科学、全面、客观、可比较、可验证的基础上，通过数理统计分析对上市公司进行法商价值的综合评价。

一、构建原则

（一）整体性和系统性

对上市公司的法商价值进行综合评价时，首先要坚持整体性与系统性原则。法商价值指标的设计要能对企业的经济价值、治理价值及发展价值进行综合评价，在整体上考虑各指标之间的关系，做到不重不漏。同时，为保证综合指标的完整性，指标在时间维度、空间维度、处理方法方面均应有所联系，互为补充。法商价值体系分为四个层级，每一层级的各个指标都有明确的含义，有利于全面清晰地分析上市公司的法商价值。同时，归属于同一上层指标的下层指标间联系密切又相互补充，并且能全面客观地反映上层指标的含义。

企业拥有许多的共性，但也有不同的特点和属性。在设计评价指标时还要将法商价值作为一个系统来考量。所选取的指标必须是所有企业共有的，并且所有指标的集合能够全面系统地反映法商价值各个维度的信息。

(二) 可操作性

在选定法商价值体系的指标时，还要遵循可操作性的原则，使指标可收集、可量化。法商价值评价体系建立在完善、科学、严谨的理论基础上，同时又有很强的可操作性。法商价值体系的指标都有确切的定义，并有明确评价标准，保证其可以进行定量分析。同时划定了指标含义的边界，以便后续的数据收集。法商价值体系的指标不涉及太过复杂、难以收集的数据，所有指标值可以通过上市公司公开披露的相关信息直接查到或通过计算得到，保证了数据的可获得性。

(三) 科学性

在考虑数据资料可获得性的同时，科学的综合评价指标体系需要全面涵盖法商价值的内涵与特点。从指标选取、数据收集和整理到指标权重系数确定、模型的选择和应用都要确保科学性，避免体系中出现指标的重叠和简单罗列。同时，遵循定性指标与定量指标相结合的科学评价方法。在对不同维度的定性分析基础上，选取具有代表性的指标定量化处理。

法商价值评价指标的设计，不仅要让同一家公司中不同维度的指标可以比较，还要能将各类型上市公司之间的法商价值进行比较。在设计指标内容、评价标准与权重计算方法时应充分考虑到该性质，并且要保证数据时间的一致性，避免企业处在不同外部制度与经济环境中。

(四) 创新性

法商价值评价体系的构建秉承创新的原则。其创新性主要体现在两个方面：一是评价体系的创新性，二是指标选择的创新性。

法商价值是企业的经济价值、治理价值和发展价值的综合体。以往对上市公司的评价体系多关注于企业的经济价值，通过财务指标评判上市公司的发展水平和经营状况。近些年来，学者、公众对公司的治理情况和所承担的社会责任也逐渐重视起来，通过对上市公司相关指标的表现对上市公司进行评判。而法商价值评价不仅仅考虑企业在财务报表上的表现，更是关注企业的治理水平和发展能力。法商价值体系承接了前人对企业经济价值的研究，囊括了公司治理的相关理论，延伸了治理价值的内涵，并开拓性地提出企业的发展价值，探究其边界与含义。

法商价值体系的创新性还体现在具体指标的选择。法商研究团队不仅对已有研究的指标进行整合、取舍，更是基于法商价值的理论内涵，通过广泛的调研、缜密的分析，创造性地提出新指标来评价企业的经济、治理、发展价值。同时，指标的选择是在数据可得性的基础上开展的，但是并不受现有数据库已有指标的限制。该体系构建了科学、综合、全面、有理可依的指标体系，并对上市公司的年报、社会责任报告和其他公开信息进行整理，实现所需指标数据的收集。

（五）问题导向

法商价值指标的选取是以问题为导向的。法商研究团队根据近年来上市公司频发的问题，结合公众关注的时事热点，提炼相关指标，以引导上市公司行为。

举例来说，研究团队整理企业内控管理相关问题，提炼治理相关指标。2018年12月15日，同仁堂子公司同仁堂蜂业被曝将过期蜂蜜回收送入原料库，引发各界广泛关注，北京市大兴区食药监管局就此展开调查。2019年春节过后，经滨海县市场监管局调查认定，同仁堂蜂业生产时存在用回收蜂蜜作为原料、标注虚假生产日期的行为。为此同仁堂付出了高昂的代价：多名高管被问责，累计罚款1420万元，净利润减少约5778万元。同时，同仁堂被撤销中国质量奖的称号，品牌声誉大大受损。"过期蜂蜜事件"不仅背离了同仁堂"品味虽贵，必不敢减物力；炮制虽繁，必不敢省人工"的初心，更是违反了《中华人民共和国食品安全法》，触及了食品安全的红线。该事件不仅暴露了其对子公司的监管不力，更折射出同仁堂自身管控体系的问题。法商价值体系引入三级指标"治理合规性"来评价公司内部管控，希望帮助企业提前发现内控管理问题，引导上市公司合规合法经营。

2018年还有多家公司因违规被罚。2018年8月，国农科技因在调查中提供虚假材料被深圳证监局从重处罚58万元；10月，中兵红箭因虚构利润被湖南证监局罚款30万元；12月，融钰集团因信披违规、涉嫌误导投资者被吉林证监局罚款50万元。针对这些事件，法商调研团队添加了四级指标"上市公司违规情况"，对涉嫌违规的上市公司调低其法商价值评价。

一直以来，A股市场存在任性停牌、长期停牌的乱象。多家上市公司滥用停牌权,损害了投资者的合法权益。2018年2月,新海宜未达标准任意停牌被深交所责令整改;6月,誉衡药业因被质疑无故拖延复牌时间收到深交所的《关注函》。2018年11月起,证监会、上交所、深交所发布停复牌新指引,规范上市公司相关行为。据此,法商价值体系引入了四级指标"个股停牌日",来评估上市公司的相关风险。

近年来,社会各界对企业有了更高的要求:企业不仅要追求经济效益,更要履行社会责任,保障员工权益,保护环境。上交所、深交所也纷纷发布披露指引,鼓励、引导上市公司发布年度社会责任报告。法商价值体系也囊括了社会捐赠额、纳税额、员工保险缴纳额、女性高管比例等指标评价上市公司所承担的社会责任。

二、综合指标体系构建

(一) 经济价值评价指标体系

在法商价值体系中,经济价值衡量的是企业有效利用资源创造财富,同时抵御及管控风险的能力。这一定义指导了本部分对上市公司从三个关键方面进行评价,分别是资源、效率、风险。在法商看来,衡量一个公司的经济价值不仅要看其目前占有了多少资源,还要看其对所占资源的利用效率以及对资源风险的控制程度。为了更好地量化经济价值,本部分将经济价值拆解为包含42个底层指标的三大维度,即资源占有量、资源利用率以及资源可控性,分别对应着资源、效率与风险三个方面。

在选取底层指标时,本部分较多地参考了一些目前已较为成熟的财务分析体系,借助财务分析的办法筛选了上市公司在财务年报中披露的部分财务数据,以对其经济价值进行较为科学的评价与判断。下文将对所参考的分析体系以及财务分析整体的历史沿革进行简单梳理,之后对本次报告使用的经济价值指标体系进行介绍。

1. 经济价值体系概述

随着资本主义经济的逐步发展,企业财务分析应运而生,其起源最早可追溯到19世纪末20世纪初美国银行家率先对企业开展的信用评价,这类评价的最初目的是为了确保贷款发放的可靠性与安全性。1910年左右，美国的杜邦公司设计并使用了一个财务比率分析的综合模型，将净资产报酬率层层分解成数个评价企业经营效率和盈利能力的财务指标，以此揭示企业利润、资产与销售的关系。这一分析模型被称为"杜邦分析法"，其体系的简化版如图3-1所示。

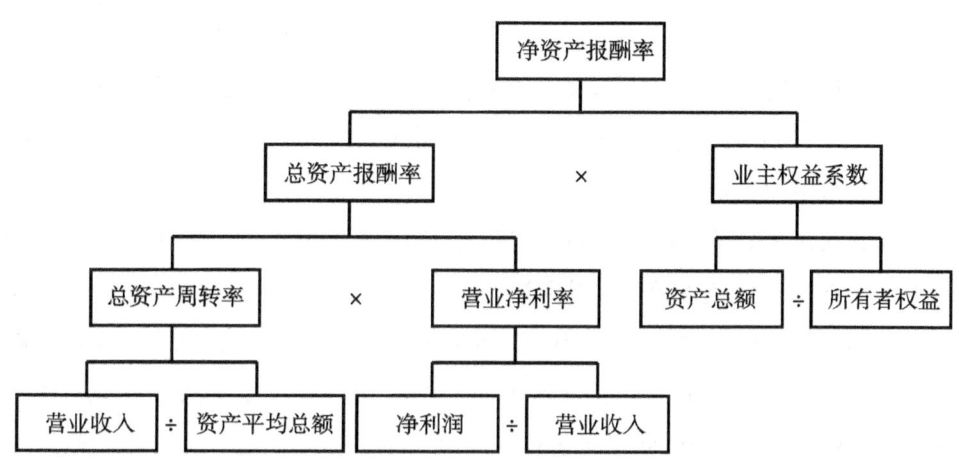

图 3-1　杜邦分析法

杜邦模型一经提出便被引为财务评价经典模型，原因在于其围绕的净资产报酬率等指标是财务评价中兼具综合性与代表性的比率。然而，此体系的局限性也较为突出，它仅仅分析了净资产报酬率及对其有不同程度影响的少数几项指标，缺乏对企业进行综合及全面评价的能力。

在1928年，美国银行家亚历山大·沃尔提出了被后人称为"沃尔评分法"的比率分析体系，以评价企业的信用水平。这一体系对财务分析领域的意义十分深远，并在其提出后的几十年里于世界范围内被广泛应用，这也使得沃尔成为财务综合评价最具影响力的先驱之一。其具体体系构成如表3-1所示。

表 3-1　　　　　　　　　　　　沃尔评分法

财务比率	流动比率	权益乘数	资产/固定资产	存货周转率	应收账款周转率	固定资产周转率	净资产周转率	合计
权重（%）	25	25	15	10	10	10	5	100

沃尔的创新性在于提出了信用能力指数的概念，将七项财务比率用线性关系结合并分别赋予权重，之后通过与标准比率的比较，确定各项指标的得分及总体指标的累计得分，从而对企业的信用水平做出评价。但此体系的缺点十分明显，主要体现在其主观性太强，构成体系的指标过少，具体权重的确定没有给出充足依据。

受到沃尔评分法的影响，我国财政部于 1995 年出台过一份仅包含十个指标的《企业经济效益评价指标体系》，并为各指标赋予权重。之后，为适应经济社会的发展，该体系在 1997 年和 1999 年由多部委联合策划进行过两次修改，将原文件更名后分为两份文件发布。而后又历经三年实践及改革，最终形成了 2002 年的《企业效绩评价操作细则（修订）》，这一文件由财政部等多部委联合发布，并被作为企业经济效率评价的国家标准一直沿用至今。此后发表的企业财务评价相关论文以及政府部门出台的分类企业效绩评价文件大多建立在此基础之上，包括 2006 年国务院国有资产监督管理委员会发布并使用至今的《中央企业综合绩效评价实施细则》，在财务绩效指标结构及细节权重上几乎与 2002 年的文件如出一辙。

《企业效绩评价操作细则（修订）》（以下简称《细则》）中使用的指标分为三层共 28 小项，其中 20 项为财务绩效定量考核指标，8 项为管理绩效定性考核指标。其中，财务指标又分为财务效益状况、资产营运状况、偿债能力状况和发展能力状况四个类别。虽然《细则》在沃尔评分法的基础上已经做了较大改进，基本上可以实现全面、客观地对一个企业的经济效率进行评价，然而后续有研究指出其不足之处在于未考虑企业的现金流量能力，不能正确评价企业当下及未来的偿债与支付能力[①]，而这一信息对于企业的债权人

---

① 黎春. 中国上市公司财务指数研究 [D]. 西南财经大学，2010.

来说至关重要，并基于此提出了在《细则》基础上添加包含营业收入现金比率等细分指标的现金流量能力类别[①]。

会计界的其他学者也普遍认同可反映现金能力的指标对企业财务评价的重要性，财务专家陈希圣（2009）在《企业财务分析》中单独拿出一个章节对现金流量进行分析阐述，国内财务报表分析领域带头人张新民（2017）亦多次强调现金流量表相关分析对企业财务评价的重要意义。因此，经过大量的文献研读，充分综合国家标准与学界思想后，本部分从既有体系中选择了数十个重复频率较高的底层比率指标纳入资源利用率与资源可控性两大维度，并从这些指标中提炼出重要资产指标构成资源占有量，以此三方面对我国上市公司的经济价值进行全面衡量。

经济价值体系在底层指标的选取上与既有体系较为相似，然而其与传统的财务评价存在本质差别。一方面，两者的出发点不同，传统的财务评价体系大多是为投资者或监管部门服务，而本书中的经济价值与治理及发展价值相互协同，是为了帮助上市公司在健康持续经营方面进行自检；另一方面，两者所代表的含义不同，在经典管理学中，传统的财务评价几乎即是对一个公司整体价值的评价，且十分重视短期财务结果，而本书的经济价值只是作为公司整体价值评价的一部分存在，并通过纳入长期财务指标协助判断一家上市公司是否符合法商健康可持续经营的标准。本体系包含的具体指标如表3-2所示，针对各指标衡量角度的解释将在接下来的部分详细展开。

表 3-2　　　　　　　　　　经济价值指标体系

三级指标	四级指标
资源占有量	总资产 经营性资产 长期投资 无形资产 固定资产

[①] 赵德武，马永强，黎春. 中国上市公司财务指数编制：意义、思路与实现路径［J］. 会计研究，2012（12）：3-11+94.

续表

三级指标	四级指标
资源利用率	总资产报酬率
	净资产收益率
	成本费用净利率
	销售净利率
	资本收益率
	毛利率
	核心利润率
	经营性资产报酬率
	盈余现金保障倍数
	资产现金回收率
	经营性资产现金回收比率
	营业现金比率
	再投资比率
	每股收益
	总资产周转率
	流动资产周转率
	固定资产周转率
	存货周转率
	经营性资产周转率
	应收账款周转率
	商业债权周转率
	总资产增长率
	营业收入增长率
	营业利润增长率
	经营现金流量增长率
	三年资本平均增长率
资源可控性	资产负债率
	流动比率
	速动比率
	现金流动负债比率
	金融性负债率
	权益乘数
	已获利息倍数
	有形资产负债率
	产权比率
	长期资产与长期资本比率
	现金与负债总额比率

2. 资源占有量

本部分衡量的是上市公司对资产的绝对占有数量，公司所占资产数目越大，其在此部分得分越高。选取指标时，首先考虑的是企业资产的自有分类，一个企业的资产依照流动性可分为流动资产与非流动资产，这两类资产又可依照资产的不同特点分成若干小类，例如，非流动资产便可分为固定资产与无形资产等。对资产做进一步分类筛选时，为使整体指标更好地反映上市公司的经济价值，此处结合下一维度中的重要周转率指标进行了均衡考虑。例如，固定资产周转率是以营业收入与固定资产值做比，用以衡量每一单位的固定资产能为公司带来多少营收，因此，在同等营收下，固定资产值越大的公司此项得分便越低。若仅使用此项指标评判经济价值，对于重资产企业来说未免有失偏颇，因此，本部分选用了固定资产单独指标对此比率进行均衡，以期两者结合筛选出既具备高资产价值，亦拥有高周转效率的企业。

依此逻辑，本部分综合资产本身及部分重要周转率指标对资产项进行了再分类，选定了五项底层指标，具体如表 3-3 所示。

表 3-3　　　　　　　　　　资源占有量四级指标

四级指标	计算方式
总资产	年报获取
经营性资产	货币资金+应收账款+预付账款+其他应收款+存货
长期投资	持有至到期投资+可供出售金融资产+投资性房地产+长期股权投资+长期应收款
无形资产	年报获取
固定资产	年报获取

（1）总资产

总资产指的是一个企业拥有或控制的能为企业带来经济利益的全部资产，反映在资产负债表上即是"资产总计"这一项。一个企业的此项指标数值越高，即表示该企业占有的可产生经济利益的资源体量越大，维持其他变量不变时，其所对应的经济价值便越大。

(2) 经营性资产

经营性资产指的是在生产和流通中能够为社会提供商品或劳务的资产，其运营以追求经济效益为原则。从会计角度看，经营性资产指的是企业因盈利目的持有且实际具备盈利能力的资产。本部分的经营性资产更准确地说是经营性流动资产，其由五类主要的流动资产构成，分别是货币资金（承兑汇票等融资保证金除外）、应收账款、预付账款、其他应收款（企业间拆借资金除外）以及存货。一个企业的此项指标数值越大，则其可用来产生效益的资产数量越多，这一项所对应的经济价值也就越高。

(3) 长期投资

长期投资指的是企业不准备在一年或长于一年的经营周期之内转变为现金的对外投资，包括股票投资、债券投资和其他投资等，企业取得长期投资的目的在于持有而非出售。此处的长期投资指标主要由五类非流动资产构成，分别是持有至到期投资、可供出售金融资产、投资性房地产、长期股权投资以及长期应收款。一个企业的此项指标数值越大，其将来可变换成资金的资产数目越多，此项对应的经济价值便越高。

(4) 无形资产

无形资产指的是企业拥有或控制的、没有实物形态的、很可能为企业带来经济利益且能被可以计量成本的非货币性资产。本部分使用的无形资产为狭义的无形资产，即资产负债表上体现的包括专利权、商标权等的无形资产项。一个企业的此项指标数值越大，其潜在的可带来经济收益的资产数目越多，此项对应的经济价值便越高。

(5) 固定资产

固定资产指的是企业为生产产品、提供劳务、出租或者经营管理而持有的、使用时间超过12个月的、价值达到一定标准的、很可能为企业带来经济利益且能被可以计量成本的非货币性资产，其包括房屋、设备、运输工具及其他与生产经营活动有关的工具等。固定资产是企业赖以生产经营的主要资产，因此，一个企业的此项指标数值越大，其可以用来进行生产活动并产生经济效益的资产数目越多，此项对应的经济价值便越高。

3. 资源利用率

如前文所述，在法商管理思想中，经济价值不再是衡量企业价值的唯一标尺，但不可否认的是，经济价值仍作为企业经营绩效评价的基础存在，意义重大。而在经济价值的评估中，企业利用资源创收的效率又作为基础的基础，占据着十分重要的位置。为对企业利用资源创造价值的效率进行全面衡量，本部分从三个方面选取指标。

第一个方面是企业创造利润的能力。企业作为营利性组织，其存在的基本价值就是创造经济效益，而作为经济效益最直接的体现，利润理所当然地成为企业利益相关方都瞩目的核心问题。财务专家陈希圣（2009）提出，企业从事生产经营活动的根本目的是能持续、稳定地取得可观的利润，而利润指的是企业全部收入抵补全部成本费用后的盈余。利润不仅是投资者获得投资收益及债权人收取本息的资金来源，是职工福利的保障，也是经营者经营业绩和管理效率的集中体现，对企业未来的发展有着较好的预测作用。因此，企业创造利润的能力作为整体经济价值分析的一部分存在，其意义至关重要。

同时，为丰富对企业创利能力及上部分对资源风险把控程度的衡量，利润部分又增添了数个以经营现金净流量为衡量核心的指标。作为偿还各类债务的直接物质保障，充足的现金对企业来说必不可缺，同时，获得现金的多少又可以成为衡量企业盈利能力及资产运营效率的评价，因此，这部分指标不仅是对企业自身获取及保有现金能力的衡量，也是对上下文中提到的多方面能力的补充及再评价。关于这点，国内学者也有相似看法，黎春（2010）认为，企业创造现金流量的能力对于企业评价至关重要，因为它既可以帮助企业利益相关方判断企业当前及未来的偿债及支付能力，发现企业在财务方面存在的问题，又可以帮助评价企业当期及以前各期取得利润的质量。因此，本部分在指标上选取了包括财政部《细则》部分核心指标在内的8个最具代表性利润指标，并综合创利、资产及偿债等评价方面增添了以盈余现金保障倍数为核心的5项现金指标。

第二个方面是企业利用资产创收的能力，更准确地说是企业将自身拥有的各项资产通过各种经营管理办法有效地转化为营业收入及货币资金的能力。资产与利润的密切关系使得资产的规模、结构及使用状况等受到了企业利益相关方的高度关注。而这一部分所衡量的核心与既有体系中被称为营运能力的部分核心相似，因此，本部分在指标选取上较多地参考了现有体系的营运能力指标，也即主要围绕各类资产的周转速度展开。

在对选取的周转率指标重要度进行打分时，本部分着重参考了以下三位学者的研究意见。其中，财务专家陈希圣（2009）认为，营运能力是通过企业生产经营资金周转速度有关指标所反映出来的企业资金利用的效率，以及企业管理人员经营管理和运用资金的能力，其在书中用大量的篇幅分析讨论了应收账款周转率和存货周转率在衡量流动资产利用效率乃至整体营运能力中的重要地位。而另外一位学者黎春（2010）通过专家调查法也得出应收账款周转率和存货周转率被普遍认为是衡量营运能力最重要的两个指标，其次是流动资产周转率与总资产周转率。此外，财务报表分析领域带头人张新民对企业资产质量的考察也从资产本身的角度给本部分的指标搭建提供了启发。张新民（2019）认为，企业资产的质量应从整体质量、结构质量、个体质量三个方面来考察，其中在结构与个体质量部分提出存货周转速度与变现能力以及债券的可回收性等是衡量资产质量应特别注意的问题。最终，本书选取了以存货周转率为代表的七大周转率指标对企业的资产变现能力进行多方面衡量。

第三个方面是围绕企业投入要素和经营成果的发展速度展开，也即围绕企业资产、资本与利润的增长速度展开，用以衡量企业利用现有资源创造新资源扩大经营成果的能力。此处在指标选取上参考了财政部在《细则》中提出的包括总资产增长率及营业收入增长率等几大核心考察指标，以期对上市公司资源的增长能力进行科学有效的衡量。

综上，本部分所有指标的含义及计算方式如表3-4所示。

表 3-4　　资源利用率四级指标

四级指标	计算方式
总资产报酬率	（利润总额+利息支出）/平均资产总额×100%
净资产收益率	净利润/平均净资产×100%
成本费用净利率	净利润/成本费用总额×100%
销售净利率	净利润/营业收入×100%
资本收益率	净利润/平均资本×100%
毛利率	（营业收入-营业成本）/营业收入×100%
核心利润率	核心利润/营业收入×100%
经营性资产报酬率	核心利润/平均经营性资产×100%
盈余现金保障倍数	经营现金净流量/|净利润|
资产现金回收率	经营现金净流量/平均资产总额×100%
经营性资产现金回收比率	经营现金净流量/平均经营性资产×100%
营业现金比率	经营现金净流量/营业收入×100%
再投资比率	经营现金净流量/资本性支出×100%
每股收益	可供普通的股东分配的净收益/发行在外的普通加权平均数
总资产周转率	主营业务收入净额/平均资产总额×100%
流动资产周转率	主营业务收入净额/平均流动资产总额×100%
固定资产周转率	营业收入/平均固定资产原值×100%
存货周转率	主营业务成本/存货平均余额×100%
经营性资产周转率	营业收入/平均经营性资产×100%
应收账款周转率	主营业务收入净额/应收账款平均余额×100%
商业债权周转率	主营业务收入净额/（平均应收账款+平均应收票据）×100%
总资产增长率	本年总资产增长额/年初资产总额×100%
营业收入增长率	本年营业收入增长额/上年营业收入总额×100%
营业利润增长率	本年营业利润增长额/上年营业利润总额×100%
经营现金流量增长率	本年经营现金净流量增长额/|上年经营现金净流量|×100%
三年资本平均增长率	三年资本平均增长率 $=\left(\sqrt[3]{\dfrac{\text{年末所有者权益总额}}{\text{三年前年末所有者权益总额}}}-1\right)\times 100\%$

(1) 总资产报酬率

计算公式：总资产报酬率＝（利润总额＋利息支出）/平均资产总额×100%

其中，平均资产总额由年初资产总额加年末资产总额除以2得到，资产由借贷资本和股权资本投资构成。总资产报酬率是一个较为全面的指标，旨在衡量企业全部经济资源综合利用的效益，一个企业的此项指标比率越高，即表示该企业资产利用的效率越高，在开源节流方面做得越好。

(2) 净资产收益率

计算公式：净资产收益率＝净利润/平均净资产×100%

其中，平均净资产由年初所有者权益加年末所有者权益除以2得到，也可以称其为平均业主权益。这一指标是指净利润与所有者权益之间的比率，反映企业所有者投资的获利能力。与总资产报酬率从所有者和债权人两方面来考察企业整体盈利水平不同，净资产报酬率仅从所有者角度来考察企业盈利水平的高低。这项比率越高，则代表其所衡量的企业所有作者投资收益水平越高，盈利能力越强。

(3) 成本费用净利率

计算公式：成本费用净利率＝净利润/成本费用总额×100%

其中，成本费用由营业成本、经营费用、管理费用以及财务费用构成。这一指标用来反映利润表营业收入中消耗的成本费用与取得的净收益之间的关系。这项比率越高，即表示企业付出单位成本费用所收获的利润越高，也即企业节约开支、创造收益的综合能力更强。

(4) 销售净利率

计算公式：销售净利率＝净利润/营业收入×100%

这一指标是评价企业综合盈利能力的重要指标，用来衡量企业的营业收入最终给企业带来盈利的能力。如果此指标数值较低，则代表企业的管理者未能实现充足的营业收入或是未能合理控制成本导致净利润不足。一般来说，销售净利率越高，相应企业的最终获利能力越强，其总体经营管理水平越高。当然，这一数值也并非越高越好，当销售净利率过大时，可能存在的情况是企业净利润中与本期营业收入无关的项目（如投资收益）金额过大，导致本比率失去意义。因此，本比率应结合企业实际情况使用。

（5）资本收益率

计算公式：资本收益率＝净利润/平均资本×100%

其中，平均资本由年初实收资本加年初资本公积加年末实收资本加年末资本公积的和除以2得到。这一指标可以反映企业运用资本获得收益的能力。具体地说，资本收益率不仅可以检查并判定投资效益，还可以检查评价企业管理者经营管理工作的好坏以及其效率的高低。资本收益率作为投资者考核检查其资本增保值的主要指标，其数值越高，说明企业自有投资的经济效益越好，投资者投入资本的获利能力越强、风险越小，相应企业的投资价值也就越高。

（6）毛利率

计算公式：毛利率＝（营业收入－营业成本）/营业收入×100%

毛利率是指毛利与营业收入间的比率，而毛利则是营业收入与营业成本间的差额。这一指标旨在对企业销售的初始获利能力进行衡量。对于许多企业来说，毛利率是评价企业经济效益的重要指标，只有当毛利率足够大时，可观的利润才可能会实现。换言之，当毛利本身足够大时，建立在毛利基础上的利润才会足够丰厚。企业单位收入的毛利越高，抵补经营支出的能力便越高，企业的获利能力也就越强。

（7）核心利润率

计算公式：核心利润率＝核心利润/营业收入×100%

核心利润是企业通过经营活动获取的经营成果，在计算时剔除了投资收益及营业外收入等与营业收入无关的部分。本比率通过将核心利润与营业收入进行比较，能够更客观地反映企业管理层在企业经营中的管理能力以及经营绩效。一个企业的核心利润率越高，则认为其进行经营活动的盈利能力越强。

（8）经营性资产报酬率

计算公式：经营性资产报酬率＝核心利润/平均经营性资产×100%

其中，平均经营性资产由年初经营性资产余额加年末经营性资产余额除以2得到。企业使用经营性资产进行自身的经营活动并创造核心利润，经营性资产报酬率是对企业经营活动获利能力的考察，可以反映出企业管理层的资产使用及创利能力。因此，这一指标的数值越高，则企业管理者利用经营性资产于经营活动中创造价值的能力便越强。

（9）盈余现金保障倍数

计算公式：盈余现金保障倍数＝经营现金净流量/｜净利润｜

本指标又名利润现金保障倍数，用以反映企业当期净利润中现金收益的保障程度，即企业当期净收益中有多少拥有现金保障，从而从现金流入及流出的动态角度评价了企业盈余的质量。一般而言，当企业当期净利润大于0时，盈余现金保障倍数应大于1，其指标数值越大，企业经营活动产生的净利润对现金的贡献越大，净利润的现金含量及可靠性越高，可供企业支配的货币量越充足，企业的支付能力越强，盈利质量也越高。

（10）资产现金回收率

计算公式：资产现金回收率＝经营现金净流量/平均资产总额×100%

这一指标衡量的是企业全部资产创造经营活动现金流量的能力，可用来评价企业获取现金能力的强弱和企业资产的利用效率。企业购置资产的目的即是为了带来现金流，企业所赚取的利润最终也将以收取现金来体现，因此，资产现金回收率数值越大，则企业资产利用效率越高，获取现金的能力越强。

（11）经营性资产现金回收比率

计算公式：经营性资产现金回收比率＝经营现金净流量/平均经营性资产×100%

这一指标反映了企业一定时期的经营性资产创造现金的能力。通常而言，此指标数值越大，则相应企业经营性资产整体获现的质量越好，其经营性资产带来现金流量的能力越强。

（12）营业现金比率

计算公式：营业现金比率＝经营现金净流量/营业收入×100%

这一指标旨在衡量企业营业收入的获现能力，可以大致反映企业的销售质量以及货款的回笼情况。通常而言，营业现金比率越大，则表示企业的收入质量越高，货款的回收速度越快，同时发生坏账损失的风险越小，相应企业对应收账款的管理能力也越强。

(13) 再投资比率

计算公式：再投资比率=经营现金净流量/资本性支出×100%

其中，资本性支出由固定资产投资加上长期投资再加上其他资产及运营资金等构成，此处运营资金指的是流动资产减去流动负债之后的余额。再投资比率可以衡量企业当期经营活动产生的现金净流量是否足以支付资本性支出所需的现金。通常这一比率越高，表明企业可用于再投资在各项资产的现金越多，企业的再投资能力越强。通常这一指标比率达到8%~10%时，即被认为是理想情况。

(14) 每股收益

计算公式：每股收益=可供普通股股东分配的净收益/发行在外的普通股加权平均数×100%

每股收益也称每股盈余或每股盈利，可以反映企业一定时期内对外发行的股份所享有的平均净利润。这一指标是普通股股东最为关注的指标之一，因为股利的支付要建立在足够的收益之上，每股收益的数值直接关乎企业支付给普通股的股利多寡。当利润质量较高时，这一指标的数值越大，股东的投资效益越好，获取较高股利的可能性越大。

(15) 总资产周转率

计算公式：总资产周转率=主营业务收入净额/平均资产总额×100%

这一指标又称投资周转率，是用来反映企业总资产周转情况的指标。一个企业总资产周转速度的快慢取决于该企业流动资产的周转速度以及流动资产占总资产的比重。这一指标比率越高，则企业投资效益越好，如比率较低，则企业在利用总资产方面效率较低，最终将影响企业盈利能力。

(16) 流动资产周转率

计算公式：流动资产周转率=主营业务收入净额/平均流动资产总额×100%

其中，平均流动资产总额由年初流动资产总额加上年末流动资产总额除以2得到。这一指标计算的是流动资产的平均占用额与流动资产在一定时期所完成的周转额之间的比率，可以反映企业生产经营过程中投入流动资产的周转速度以及生产经营过程中新创价值的情况。一定时期内的流动资产周转率越高，则相应公司以相同流动资产进行的周转额越高，其流动资产的利用效果就越好。

(17) 固定资产周转率

计算公式：固定资产周转率＝营业收入/平均固定资产原值×100%

其中，平均固定资产原值由年初固定资产原值加上年末固定资产原值除以2得到。本指标也称固定资产利用率，用来反映企业固定资产的周转情况，从而衡量企业对固定资产的利用效率。固定资产周转率高即表明企业能够充分地利用固定资产，同时也反映出企业的固定资产投资得当、结构合理，能够充分发挥效率。影响固定资产自身波动的因素较多，因此，本指标实际衡量起来也具有一定局限性。

(18) 存货周转率

计算公式：存货周转率＝主营业务成本/存货平均余额×100%

存货指的是企业日常持有以备出售的库存商品、仍在生产过程中的在产品以及在生产过程或提供劳务过程中耗用的材料和物料等，是大部分企业的重要资产。存货周转率是衡量企业销货能力和企业存货管理效率的重要依据。对一般企业来说，存货周转率越高，则意味着企业的销售效率越高，提升企业经济效益的力度越强。

(19) 经营性资产周转率

计算公式：经营性资产周转率＝营业收入/平均经营性资产×100%

其中，平均经营性资产由年初经营性资产余额加上年末经营性资产余额除以2得到。此处未选用总资产周转率，是考虑到只有经营性资产才能带来营业收入并创造核心利润，因此，对于部门对外投资额较大的企业来说，总资产周转率在衡量资产营运能力上意义甚微。而剔除了投资性资产干扰的本指标，则可以更客观直接地反映企业管理层在自身经营活动中对资产运营效率的管理能力。本指标比率越高，相应企业管理者的资产运营能力越强。

(20) 应收账款周转率

计算公式：应收账款周转率＝主营业务收入净额/应收账款平均余额×100%

其中，应收账款平均余额由年初应收账款余额加上年末应收账款余额除以 2 得到，而应收账款余额则由应收账款净额加上应收账款坏账准备计算而来。应收账款是企业因销售商品或提供劳务而形成的债权，而围绕此概念计算的应收账款周转率是反映企业赊销账款收现速度的指标，也是反映企业经营管理水平的重要指标。一定时期内应收账款周转率越高，则应收账款变现速度越快，企业管理工作效率越高。

（21）商业债权周转率

计算公式：商业债权周转率=主营业务收入净额/（平均应收账款+平均应收票据）×100%

这一比率是作为应收账款周转率的补充指标存在的。对部分企业来说，如果推动其营业收入的主要是应收票据而非应收账款，应收账款周转率在衡量企业回收账款速度上便不够客观。此时可将应收账款与应收票据相加作为分母来反映企业债权的一般回收状况。也即当商业债权周转率越高时，相应企业的管理效率越高。

（22）总资产增长率

计算公式：总资产增长率=本年总资产增长额/年初资产总额×100%

其中，本年总资产增长额由年末资产总额减去年初资产总额得到。本指标又称总资产扩张率，是分析企业当年资本积累能力和发展能力的主要指标，可用来反映企业本期资产规模的增长情况。总资产增长率越高，表明企业一定时期内资产经营规模扩张的速度越快。当然，评价时也应注意对企业资产质量的分析，如不良资产过多，则企业规模的扩张将无益企业效益的提升。

（23）营业收入增长率

计算公式：营业收入增长率=本年营业收入增长额/上年营业收入总额×100%

其中，本年营业收入增长额由本年营业收入总额减去上年营业收入总额得到。本指标用来表示与上年度相比的营业收入的增减变动情况，而营业收入的实现是经营活动创造现金流量的前提，营业额数值大小可直接反映出企业的经营实力，因此，本指标是评价企业经营绩效的重要指标。许多评选具备发展潜力公司的榜单即是以年营业收入增长率来进行排序的。

（24）营业利润增长率

计算公式：营业利润增长率＝本年营业利润增长额／上年营业利润总额×100%

其中，本年营业利润增长额由本年营业利润总额减去上年营业利润总额得到。本指标又称销售利润增长率，可以反映出企业营业利润的增减变动情况。与营收增长率类似，此比率也是衡量企业经营能力及发展潜力的重要指标，本指标比率越高，说明企业的盈利能力越强，利润的增长潜力越大。

（25）经营现金流量增长率

计算公式：经营现金流量增长率＝（本年经营现金净流量增长额／｜上年经营现金净流量｜）×100%

其中，本年经营现金净流量增长额由本年经营现金净流量减去上年经营现金净流量得到，而经营现金净流量指的是经营现金毛流量扣除经营运资本增加后企业可提供的现金流量。这一指标可用来衡量企业经营现金净流量的增减变动情况，指标比率越高，表明企业经营现金净流量的增长潜力越大。

（26）三年资本平均增长率

计算公式：三年资本平均增长率 $= \left(\sqrt[3]{\dfrac{年末所有者权益总额}{三年前年末所有者权益总额}} - 1 \right) \times 100\%$

本指标反映了企业资本连续三年的积累情况，在一定程度上展现了企业的持续发展水平和发展趋势。与一般增长率指标只反映当期情况不同，本指标可以反映出企业资本积累的历史发展状况以及企业发展的趋势。通常而言，该指标越高，表明企业所有者权益得到的保障程度越大，企业可以长期使用的资金越充足，其抗风险及持续发展的能力也就越强。

4. 资源可控性

资源可控性衡量的是上市公司对自身资产所附带风险的控制能力。通常而言，公司的资产有两种来源，即债权人借债或所有者投资，反映在会计上即是资产合计等于负债和股东权益总计。其中，负债具有固定的偿还期限，往往还伴随着利息，一旦企业出现资不抵债的情况，则将很可能面临破产风险。而股东权益无须在企业的经营期内偿还，只是股东享有债权人所不享有的参与企业经营管理及收益分配的权利。这两种资产来源间的区别使得负债为企业带来的资源风险要远远高于股东权益所带来的风险。因此在本部分中，我们将更多通过衡量企业到期偿还各种债务的能力来反映上市公司对资源风险的控制能力。

在正式进行衡量前，我们先介绍一下负债的准确定义。负债指的是企业在某特定时间承担的、由过去交易或事项形成的、预期会导致经济利益流出企业的现时义务。值得肯定的是，由于企业在经营活动中对资金的需求呈现动态变化，适度负债的存在有其必要性及充分的积极意义，但若到期负债的规模超过了企业支付的能力，则企业将面临破产风险。因此探讨资源可控性的意义在于衡量上市公司是否能将负债规模保持在可控范围内。

表 3-5　　　　　　　　　资源可控性四级指标

四级指标	计算方式
资产负债率	负债总额/资产总额×100%
流动比率	流动资产/流动负债×100%
速动比率	速动资产/流动负债×100%
现金流动负债比率	经营现金净流量/流动负债×100%
金融性负债率	金融性负债总额/资产总额×100%
权益乘数	资产总额/所有者权益总额
已获利息倍数	（利润总额+利息支出）/利息支出
有形资产负债率	负债总额/（资产总额-非有形资产）×100%
产权比率	负债总额/所有者权益总额×100%
长期资产与长期资本比率	（长期投资+固定资产）/（长期负债+所有者权益）×100%
现金与负债总额比率	经营现金净流量/负债总额×100%

本部分在底层指标选择上较多地参考了既有评价体系中的偿债能力部分，而通常偿债能力可分为短期偿债能力与长期偿债能力两方面。前者着重于偿还即将到期的债务（流动负债）的能力，后者针对的债务则偿还期限较长（长期负债），但往往金额也较大。出于对即时资源风险的关注，本指标体系将稍多侧重对企业短期偿债能力的评估。此外，张新民（2017）在其编著的《财务报表分析》（第四版）中特别提倡了一个评价企业偿债能力的实用指

标,即金融性负债率。这一指标旨在衡量有固定利息及还款日的债务对企业造成的偿付压力,与本部分衡量资源风险的内涵相符,因此,亦被收纳在下方指标体系之中。最终本部分共计选取了11个底层指标,以对上市公司控制自身资源风险的能力进行全面科学的衡量。

(1) 资产负债率

计算公式:资产负债率=负债总额/资产总额×100%

这一指标用来衡量企业在多大程度上利用债权人的资金来对其资产进行融通以展开生产经营活动,从资产与负债的依存关系角度反映债务的物质保障程度。资产负债率既表示企业偿还全部债务的能力,也反映企业利用债权人提供的资金进行经营活动的能力。一般而言,企业的资产负债率越低,其偿还债务的能力越强,债权人权益的保障就越充足,通常认为这一比值最优应保持在50%左右。

(2) 流动比率

计算公式:流动比率=流动资产/流动负债×100%

流动比率又称营运资本比率或真实比率,是各大财务分析理论体系中的重要指标。流动比率被用来反映企业在短期内用流动资产偿还到期流动负债的能力,即每一元流动负债有多少流动资产可作偿还保障。在一定范围内的流动比率越高,企业短期偿债能力越强,按西方经验来看,一般认为流动比率在2:1比较适宜,此时相应企业的短期偿债能力强,同时流动资产结构合理。

(3) 速动比率

计算公式:速动比率=速动资产/流动负债×100%

其中,速动资产为流动资产减去存货后的剩余。速动比率又称酸性测验比率,可作为流动比率的辅助指标来协同衡量企业的短期偿债能力,具体来说,速动比率衡量的是流动资产中可以立即用于偿付流动负债的能力。一般认为速动比率保持在1较为适宜,高于1过多,则企业偿还流动负债的能力充分,但资金利用效率不高;低于1过多,则企业偿债能力欠缺,面临较大风险。

(4) 现金流动负债比率

计算公式:现金流动负债比率=经营现金净流量/流动负债×100%

其中,经营现金净流量是指一定时期内,由企业经营活动所产生的现金及现金等价物流入与流出量的差额。这一指标是速动比率的进一步细化，它剔除了流动资金中的非现金与非等值现金，增强了偿还流动负债的稳定性与安全性。本指标从现金流入和流出的动态角度对企业实际偿债能力进行考察，反映出当期经营活动产生的现金净流量可以抵付流动负债的倍数。通常该指标应大于1，展示出企业偿还流动负债的可靠性。此项指标越大，则企业经营活动产生的现金净流量越多，企业按期偿还到期债务的保障越强。但如本指标数值过大，则表明相应企业的流动资金利用不充分，盈利能力不强。

（5）金融性负债率

计算公式：金融性负债率＝金融性负债总额/资产总额×100%

其中，金融性负债指的是企业直接从银行等金融机构取得的借款等有息负债，包括短/长期借款、一年内到期的非流动负债及长期应付款等。因金融性负债往往有固定的利息与确定还款日，因此对企业造成的偿债压力较大，所以这一指标数据越高，则企业面临的偿债压力及风险就越高。一般而言，本比值应保持在25%左右。

（6）权益乘数

计算公式：权益乘数＝资产总额/所有者权益总额×100%

权益乘数用来表示资产中股东权益的比例，可以反映企业由于举债而产生的财务杠杆效应的程度，以及企业管理层的经营理念与风险偏好程度。通常而言，本乘数在2左右较为适宜，较高权益乘数对应的企业财务风险也较大，而较低的权益乘数则意味着企业的资本结构和所有者对企业的控制权较稳固，债权人的利益较有保障，企业面临的偿债付息压力较小。

（7）已获利息倍数

计算公式：已获利息倍数＝（利润总额+利息支出）/利息支出×100%

这一指标又称利息保障倍数，是息税前利润与利息费用的比率，可以用来衡量债权人债权的安全程度。已获利息倍数越高，则企业收益能承受的债务费用越高。这一指标比率至少应大于1，否则说明企业息税前利润不足以偿付利息费用，而这一指标比率越高，相应企业的债务融资便越易进行。

（8）有形资产负债率

计算公式：有形资产负债率＝负债总额/（资产总额－非有形资产）×

100%

其中,非有形资产由预付款项、无形资产、长期待摊费用、开发支出、商誉、递延所得税资产及其他非流动资产组成。由于并非所有资产都可作为长短期债务的偿债物质保证,比如无形资产采用摊销形式收回价值,需依靠存货价值的实现来实现其摊销价值,因此不能直接作为偿债保证。此指标使用的有形资产是总资产剔除预付、无形、待摊等资产后的可以直接作为偿债的保证部分,能够更保守、稳健地衡量企业的偿债能力。这一比率越低,则企业有更多有形资产等来支持偿还长短期总债务,表明其偿债能力强且有可靠的物质保证,通常这一比值在60%左右较为适宜。

(9) 产权比率

计算公式:产权比率=负债总额/所有者权益总额×100%

这一指标用来表明由债权人提供的和由投资者投资的资金来源的相对关系,也表明债权人投入的资本受到企业投资者权益保障的程度。这一比率越低,表示企业的长期偿债能力越强,债权人权益的保障程度越高。通常认为将产权比率保持在1左右是一个较为适宜的状态。

(10) 长期资产与长期资本比率

计算公式:长期资产与长期资本比率=(长期投资+固定资产)/(长期负债+所有者权益)×100%

长期资产指的是企业在经营活动中长期持有的厂房设备等固定资产或对外长期投资,考虑到作为偿债保证的可靠性,此处的长期资产中没有纳入无形资产,但理论上也属于长期资产的部分。本指标可以用来衡量长期资产与长期资金来源的平衡性。通常本指标应小于1,此时相应企业的资本结构较为健全,资产及资金来源较为合理;如果比率大于1,则代表相应企业的资本结构面临较大财务风险。

(11) 现金与负债总额比率

计算公式:现金与负债总额比率=经营现金净流量/负债总额×100%

这一指标反映了企业依据自身创造现金的能力所能承担的债务规模大小。与现金流动负债比率只关注企业对流动负债的偿还能力不同,现金与负债总额比率考察了企业以在经营活动中创造的现金偿还全部债务的能力,更受长期债权人的关注。这一指标建立在以过去一年的现金流量估计未来一年现金流量的假设基础之上。通常而言,本指标比率越高的企业,以现金流量偿还债务的能力便越强,一般认为本比率数值在25%左右时较为适宜。

(二) 治理价值指标评价体系

如果说经济价值是一个企业存在的基础价值,那么治理就是企业保持经济能力、创造财富的保障机制。它是上市公司持续、健康、稳定发展的重要保障,是实现法商价值中权利公平配置与利用的手段。在以赚取利润为目标、以追求效率为准则的商业竞争中,治理价值可以引导企业创造一个相对公平、稳定的内、外部环境,使其更加安全、规范、健康地发展。本报告的治理价值指是企业在经营过程中合理运用各种直接或者间接影响企业成本和收益的相关规则所产生的价值[①],它表明治理价值就是合理运用规则所减少的隐形成本与增加的收益。上市公司法商价值中的治理价值有两层含义:一是"符合规定",即上市公司的治理状况应当符合现行法律法规的具体规定,不能违反相关规章制度的具体要求,例如《中国上市公司治理准则》;二是"符合规律",即上市公司的治理状况应当符合当前社会与市场经济的发展规律及商业规则,兼顾效率与公平,基于权益安排使企业能够实现多方参与和制衡。其中,符合规定是基本要求,符合规律是对符合规定的具体补充;符合规律要求上市公司在符合相关法律法规的基础之上,优化其管理能力。

提到治理价值,自然避不开公司治理,规则的制定与施行蕴含在高层决策的自始自终,它是上市公司规范运行的基本条件,公司治理机制的优劣影响着公司的运营与发展,合理的公司治理结构能够降低成本并提升公司绩效。自1932年,Berle和Mean在《现代公司和私有财产》中就正式提出了影响深远的现代公司治理问题,Jensen和Meckling(1976)在这一基础上提出把委托代理理论的研究框架应用到经理人与股东利益冲突的分析中,这成为公司治理学术研究开始的标志,自此开始形成了以"降低代理成本,关注经理人与股东代理冲突"为目标的"股东"中心的公司治理研究和实践范式。林毅夫(1997)认为,"公司治理是指关于所有者对一个企业的经营管理和绩效进

---

① 参见《法商管理解析——颠覆经典管理的思考》。

行配置和行使控制权、监督和评价董事会、经理人员和职工、设计和实施激励机制的一整套制度安排",传统意义上的公司治理的关键就是建立以股东为核心的董事会、监事会、经理层等各个利益相关者之间的相互制衡关系,使得各个利益相关者在权益和责任方面分配合理、对等公平,保障企业在健康的环境中平稳发展,持续创富。因此,要实现治理价值,首要任务就是要形成一个相对健全的公司内部治理结构与运行机制,使其符合《中华人民共和国公司法》(以下简称《公司法》)等强制性规定。

同时,仅仅满足于结构完整与"符合规定"远远不够,我国对于治理评价体系大都从分析公司治理结构入手,往往出现重"形式"轻"效果"的误区,这更需要我们从效率与公平的角度来理解公司治理的水平及治理价值的内涵,看企业是否符合发展的规律。最早 Berle 和 Means(1989)就开始研究董事会治理问题,董事会作为公司治理的核心组织,是连接股东大会和经理层的重要纽带,董事会要考虑多方利益作出决策,才会降低被管理层操纵风险进而减少不利于股东的决策。这表明董事会及经理层的尽职精神及工作效果将会直接影响到公司效率,进而影响上市公司的经营业绩。

而且,一个成功的组织结构意味着它能够有效合理地把成员组织起来,通过共同努力来实现组织目标及长期发展。以 Stislitz(1992)为代表的新兴经济发展理论代表者提出了利益相关者目标。利益相关者理论认为公司股东、公司员工、供应商与主要客户等机构都是公司的利益相关者,公司的持续经营少不了以上利益相关者的维护与支持,公司必须将利益相关者利益维护好,营造出和谐且稳定的发展环境,方可达到公司自身利益与长期发展的目标。据研究,组织公平感是知识型员工绩效的影响因素之一(Pierce 和 Dunham,1987),Admas(1965)认为,分配公平、程序公平以及互动公平是公平感的三大来源,公平感直接影响工作动机和行为。

综上所述,上市公司治理价值的指标体系由三部分组成:治理合规性、治理效率性和治理公平性。

表 3-6　　　　　　　　　治理价值指标体系

三级指标	四级指标
治理合规性	董事会会议召开情况
	监事会规模
	监事兼任董事、高管情况
	两职分离度
	年股东大会出席率
	同业竞争情况
	关联交易情况
	上市公司违规情况
	年报、中报、季报披露及时性
	诉讼仲裁事项
	风险管理
	审计意见类别
治理效率性	董事会培训情况
	董事在多家公司担任情况
	独立董事比例
	独立董事董事会实际出席率
	董事薪酬激励情况
	专门委员会设立个数
	高管层稳定性
	高管专业构成
	高管薪酬激励情况
	高管持股情况
	经理层多家企业任职情况
	公司财务弹性
	公司对外部资金依赖程度
治理公平性	监事会持股比例
	监事包含股东代表及职工代表情况
	外部监事比例
	实行累积投票制情况
	采用网络投票制情况
	股东现金分红情况
	公司员工参与度
	接待机构调研情况
	知信权获取度
	职位竞争程序公平性
	管理层职位开放度

1. 治理合规性

治理合规性指上市公司治理结构完整,董事会、监事会等能够根据公司和全体股东最大利益忠实、勤勉地履行职责,并且公司的运行符合法律法规的基本要求。在众多影响公司治理形成的因素中,股权结构被认为是极其重要的因素,Berle 和 Means(1932)、Jensen 和 Meckling(1976)、Fama 和 Jensen(1983)等学者认为,公司股权结构的高度分散使所有权与控制权相分离,从而所有者作为委托人与作为代理人的经理层之间形成了委托代理关系。代理理论学者认为,董事会的主要职能在于保护股东利益不受管理层的侵吞(Shleifer 和 Vishny,1997)。我国公司法规定董事会、监事会有勤勉义务,分别执行决策权与监督权。在代理理论的框架下,董事会最重要的职能在于监督和控制经理人的行为、任命和解雇总经理、激励和监督总经理以及决定公司重大事项,从而维护股东的最大化权益。而监事会是独立于董事会的,代替国家实施监督,并是在股份公司内部代表股东大会发挥着监视监督董事会总体业务执行的组织机构(Renaud,1875)。同时,公司的合规性也意味着要避免违法违规行为以降低成本,Zhou 等人(2013)认为,加强企业内部控制体系建设显然能够降低企业隐含风险从而抑制未来股价崩盘风险,因为全面的风险管理能够避免和消除内外部的各种不确定性对企业实现战略及经营目标的影响,企业要做到建立健全风险管理体系、在各个管理流程和环节中执行风险管理并培育良好的风险管理文化。治理合规性具体如表 3-7 所示:

表 3-7　　　　　　　　　治理合规性四级指标

四级指标	计算方式
董事会会议召开情况	每年董事会召开次数
监事会规模	监事会人数
监事兼任董事、高管情况	是否兼任董事、高管
两职分离情况	董事长是否兼任经理
年股东大会出席率	年出席股东大会的股东人数 / 股东总人数
年报、中报、季报披露及时性	是否按时披露年报、中报、季报

续表

四级指标	计算方式
同业竞争情况	上市公司与控股股东公司在主营业务上是否有交叉重叠
关联交易情况	披露的关联交易个数
上市公司违规情况	上市违规次数
诉讼仲裁事项	年诉讼仲裁事项次数
风险管理	定期公布内控评价报告等情况
审计意见类别	标准的无保留/带强调事项段的无保留/保留意见/否定意见/无法表示意见

(1) 董事会会议召开情况

董事会会议是指董事会在职责范围内研究决策公司重大事项和紧急事项而召开的会议，由董事长主持召开，根据议题可请有关部门及相关人员列席。董事会会议分为定期会议和临时会议或者普通会议和特别会议。根据我国《公司法》规定，董事会每年度至少召开2次会议，每次会议应当于会议召开10日以前通知全体董事。董事会召开临时会议，可以另定召集董事会的通知方式和通知时限。董事会会议，应由董事本人出席，董事因故不能出席，可以书面委托其他董事代为出席董事会，委托书中应载明授权范围。董事会会议次数是董事会行为特征的具体表现，能够在董事会层面反映公司的治理状况，对此，本文规定：A. 年董事会召开次数少于2次（0分）；B. 年董事会召开次数大于等于2次（1分）。

(2) 监事会规模

监事会规模是指从监事数量来考核监事会履行监督职能的人员规模。根据新《公司法》第一百一十八条规定，股份有限公司设监事会，其成员不得少于3人。考虑到本报告选取的样本均来自上市公司，对此，本文规定"监事会规模"评价标准如下：A. 少于3人（0分）；B. 大于等于3人（1分）。

(3) 监事会会议次数

监事会由股东大会选举的监事以及由公司职工民主选举的监事组成。监事会是股份公司法定的必备监督机关，是在股东大会领导下，与董事会并列设置,对董事会和总经理行政管理系统行使监督的内部组织。监事会会议次数主要考核监事会履行工作职能的情况。根据新《公司法》第一百一十九条规定,股份有限公司监事会每6个月至少召开1次会议,监事可以提议召开临时监事会会议。监事会会议次数是监事会治理的重要特征之一,反映了监事会的监督能力,因此,本文规定"监事会会议次数"指标为正向指标。

(4) 监事兼任董事、高管情况

根据《公司法》第五十一条、第一百一十七条规定,"董事、高级管理人员不得兼任监事"。即无论是有限公司还是股份公司,董事和高级管理人员均不得兼任监事。因此,本文规定"监事兼任董事、高管情况"评价标准如下:A. 公司监事不兼任董事和高级管理人员(1分);B. 公司监事兼任董事或高级管理人员(0分)。

(5) 两职分离情况

董事会与经理层的兼任,是董事会成员在公司中身兼两职或多职,即董事会成员除了在董事会任职外,还兼任公司的一项或多项高级经理层职责。尽管我国《公司法》第一百二十条规定,"公司董事会可以决定,由董事会成员兼任经理"。但相比较而言,董事长与总经理分立更有利于公司发展,董事会与经理层兼任,会影响到董事会职能的履行。随着董事会中兼任经理的董事比例提高,经理层就有更多的机会操纵董事会的议程、议案,兼任会对董事会治理的效率和效果产生重大影响,不利于公司的业绩和价值的实现。对此,本文规定评价标准如下:A. 两职分离(1分);B. 并未两职分离(0分)。

(6) 年度股东大会出席率

计算公式:出席率=年股东大会出席股东人数/股东总人数

股东大会是公司的最高权力机关,它由全体股东组成,对公司重大事项进行决策,有权选任和解除董事,并对公司的经营管理有广泛的决定权。股东大会既是一种定期或临时举行的由全体股东出席的会议,又是一种非常设的由全体股东所组成的公司制企业的最高权力机关。它是股东作为企业财产的所有者,对企业行使财产管理权的组织。企业一切重大的人事任免和重大的经营决策一般都需要股东大会认可和批准方才有效。根据《公司法》和

《上市公司股东大会规范意见》，股东大会分为年度股东大会和临时股东大会。年度股东大会每年召开一次，应当于上一会计年度结束后的 6 个月内举行。股东大会出席率反映了公司中最高权力机关的表决意愿真实性与准确性。当股东大会出席率较高时，所表决的事项更能反映其意愿以及代表公司的长远利益。当直接参与会议的股东人数较多时，更能表达股东各自的利益倾向，从而可以更好地调解股东各方利益，综合各方意见的会议结果也能更好地引导公司的经营方向，规避部分可避免的风险。

（7）年报、中报、季报披露及时性

及时性是指要求信息在规定的时间内披露，既不能延迟，也不能提前。及时性包括核算及时性和披露及时性两个层次。国际会计准则委员会将及时性定义为：信息的报告如果不适当地拖延，就可能失去其相关性，管理层可能需要权衡及时报告与提供可靠信息的相对优点，决定性问题是如何最佳地满足使用者的经济决策需要（IASC，2000）。根据《上市公司信息披露管理办法》第十九条和第二十条的规定：上市公司应当披露的定期报告包括年度报告、中期报告和季度报告。凡是对投资者作出投资决策有重大影响的信息，均应当披露。年度报告应当在每个会计年度结束之日起 4 个月内，中期报告应当在每个会计年度的上半年结束之日起 2 个月内，季度报告应当在每个会计年度第 3 个月、第 9 个月结束后的 1 个月内编制完成并披露。通过财务会计报告的及时披露，可以使上级主管部门了解企业的经营业绩，全面认识企业的财务状况和经营成果，以指导、帮助企业沿着正确的轨道发展；有助于投资者、债权人和潜在投资者对不同企业的经营业绩、财务实力进行比较分析，以确定其投资和贷款方向，减少投资风险，有利于保持国民经济的健康稳定发展与企业价值的实现。本文规定评价标准如下：A. 按照规定时间披露上述有关年报、中报、季报的信息（1 分）；B. 没有按照规定时间披露上述有关年报、中报、季报的信息（0 分）。

（8）同业竞争情况

该指标考核上市公司与控股股东公司在主营业务上是否有交叉重叠，防止公司与控股股东在业务、人员、资产、机构、财务等方面存在交叉而不能保证独立性和自主运营能力，本文规定评价标注如下：A. 不存在同业竞争情况（1分）；B. 存在同业竞争情况（0分）。

(9) 关联交易情况

关联交易就是企业关联方之间的交易，关联交易是公司运作中经常出现的而又易于发生不公平结果的交易。上市公司存在为大股东或其附属企业解决债务融资问题以上市公司名义为其贷款担保或通过垄断采购、销售渠道等方式进行利润操作等情况。根据《公司法》规定，关联交易活动应遵循商业原则，关联交易的价格原则上应不偏离市场独立第三方的价格或收费的标准。公司应对关联交易的定价依据予以充分披露，也应当将关联协议的订立、变更、终止及履行情况等事项按照有关规定予以披露。由于不能准确判断关联交易的实际情况，本文根据上市公司所披露的年报，选取关联交易的次数来负向衡量其交易状况。

(10) 上市公司违规情况

上市公司违规状况是上市公司违规行为的反映，作为上市公司监管机构的中国证监会及其下属证券交易所依据《公司法》《证券法》等相关法规和国务院的授权，对上市公司的违规行为立案调查，并向证券市场公开发布违规处罚公告。这些公开发布的违规处罚公告包含了上市公司违规行为涉及的法律条款、违规行为持续时间、被处罚对象及金额等，充分揭示了上市公司违规行为及其严重程度，有助于上市公司的利益相关者识别相关风险进而做出适当的决策[①]。

本指标将根据公司以下违规内容计其违规次数：虚构利润、虚列资产、虚假记载、推迟披露、重大遗漏、欺诈上市、出资违规、擅自改变资金用途、占用公司资产、内幕交易、违规买卖股票、操纵股价、违规担保、一般会计处理不当等。上市公司因违规而受到处罚的次数越少，说明其规范性越强，在追求经济效益的同时兼顾公平合理的规则，是其长远发展的保障。

(11) 诉讼仲裁事项次数

诉讼是指纠纷当事人通过向具有管辖权的法院起诉另一方当事人解决纠纷的形式，是人民或检察官请求司法官本着司法权作出裁判的行为。仲裁一

---

① 吕凡. 上市公司违规处罚公告的信息含量研究——基于独立审计师和投资者的视角 [D]. 武汉大学，2011.

般是当事人根据他们之间订立的仲裁协议,自愿将其争议提交由非司法机构的仲裁员组成的仲裁庭进行裁判,并受该裁判约束的一种制度。仲裁活动和法院的审判活动一样,关乎当事人的实体权益,是解决民事争议的方式之一。中国上市公司一般是由于经济纠纷,而且主要是由于公司或者控股股东为第三方提供担保和向金融机构借款逾期未还,发生诉讼、仲裁事项。诉讼、仲裁事项会给上市公司带来一定影响,尤其是当所涉金额较大时,该项诉讼或仲裁可能直接影响上市公司未来的财务状况和经营,而公司诉讼仲裁事项相对较少时,表明其行为基本符合法律法规的约束。若公司诉讼仲裁事项较多时,则会对利益相关者的行为产生一定影响,投资者可能会谨慎考虑其投资意愿,消费者会考虑公司信誉等;而公司诉讼仲裁事项相对较少时,表明其行为基本符合法律法规的约束。在信息不对称背景下,当上市公司有仲裁诉讼纠纷事项的时候,可能会因此陷入严峻的融资约束困境,这会制约上市公司自由组合资产进行投资的能力,并最终降低其投资效率。

(12) 风险管理

企业风险是指某一对企业目标的实现可能造成负面影响的事项发生的可能性,常见的企业经营风险主要有政策风险、市场风险、财务风险、法律风险以及运营风险等。风险管理衡量的是企业是否定期会公布内控报告等运用控制措施将风险控制在可承受范围内,以防范风险会给企业带来的巨大损失。本文规定评价标准如下:A. 企业披露了风险信息及内控评价报告(1分);B. 企业没有披露风险信息及内控评价报告(0分)。

(13) 审计意见类别

上市公司审计意见类别是投资者做出科学决策和监管部门进行有效监管所参考的重要会计信息[①]。审计意见是指审计师在完成审计工作后,对于鉴证对象是否符合鉴证标准而发表的意见。对于财务报表审计而言,则是对财务报表是否已按照适用的会计准则编制,以及财务报表是否在所有重大方面的公允,是反映被审计者的财务状况、经营成果和现金流量的意见。

财务报表审计的审计意见的类型分为五种,分别是:①标准的无保留意

---

① 刘霄仑,郝臣,褚玉萍. 公司治理对上市公司审计意见类型影响的研究——基于2007—2011年中国民营上市公司的面板数据[J]. 审计研究,2012,(05):51-57.

见；说明审计师认为被审计者编制的财务报表已按照适用的会计准则的规定编制并在所有重大方面公允反映了被审计者的财务状况、经营成果和现金流量；②带强调事项段的无保留意见：说明审计师认为被审计者编制的财务报表符合相关会计准则的要求并在所有重大方面公允反映了被审计者的财务状况、经营成果和现金流量，但是存在需要说明的事项，如对持续经营能力产生重大疑虑及重大不确定事项等；③保留意见：说明审计师认为财务报表整体是公允的，但是存在影响重大的错报；④否定意见：说明审计师认为财务报表整体是不公允的或没有按照适用的会计准则的规定编制；⑤无法表示意见：说明审计师的审计范围受到了限制，且其可能产生的影响是重大而广泛的，审计师不能获取充分的审计证据。

2. 治理效率性

治理效率性是指决策主体增强其专业性、独立性等行为以提高决策、执行效率与治理能力。Zahra 和 Pearce（1998）认为董事会是重要的"边界扳手"，他们能向管理者及时提供有价值的信息。进一步讲，董事利用自己的能力、知识和专业将组织及其外部环境连接起来，为公司成功运营获取资源，以帮助企业减少对外界变化的依赖，降低不确定性，最终帮助企业生存，并提高企业绩效。所以董事会的独立性、专业性影响着治理效率，进而影响企业经营绩效。同时，将董事长和总经理的职位进行分离能提高经理层、董事会治理的有效性，而且有效地对经理层进行激励，能够提高其积极性以提高公司经营水平。委托代理理论认为，显性合同激励方法和隐性激励方法都是消除道德风险问题重要手段，确保经理层能够以股东利益最大化为目标的一大要素是合理的薪酬制度。Berl 和 Means（1930）提出，应该让管理者拥有一定的股权，使他们的利益与股东的利益趋于一致。Mehran（1995）通过分析欧洲153家上市公司发现，管理层对公司增加报酬带来的动力会充分利用到对公司的经营管理中，公司绩效与经理层持股比例呈正相关，应该激励公司赋予经理层更多的权力，从而起到激励作用，并提高公司运行效率。表3-8是我们所选取的治理效率性指标。

表 3-8　　　　　　　　　　治理效率性四级指标

四级指标	计算方式
董事会培训情况	董事会年培训次数
在多家公司担任董事情况	董事兼任职务的公司个数
独立董事比例	$\dfrac{独立董事数量}{董事总人数}$
独立董事董事会实际出席率	$\dfrac{独立董事董事会出席次数}{独立董事总人数 \times 董事会会议次数}$
董事薪酬激励情况	$\dfrac{独立董事薪酬之和}{独立董事总人数}$
专门委员会设立个数	战略、审计、提名、薪酬与考核等委员会设立个数
高管层稳定性	$\dfrac{年末高管人数}{年初高管人数}$
高管专业构成	高管是否含有财务、企业管理、人力资源管理、市场营销、法律和相关技术等背景
高管持股情况	经理人员是否持股
经理层多家企业任职情况	经理层兼任职务的企业数
薪酬激励情况	$\dfrac{高管薪酬总和}{高管总人数}$
公司财务弹性	$\dfrac{经营活动产生的现金流量净额}{总资产}$
公司对外部资金依赖程度	$\dfrac{投资产生的现金流出 - 经营活动产生的现金流出}{投资产生的现金流出}$

（1）董事会培训情况

董事会培训的目的在于尽量确保所有董事们的实践和理论同步发展，以确保他们的技能不断适应公司的发展需要，培训的内容包括管理、财务和法律等多方面内容以实现更高的决策效率。对此，本文规定评价标准如下：A. 董事会年培训次数≥1（1分）；B. 董事会年培训次数为0（0分）。

（2）在多家公司担任董事情况

该指标反映独立董事的时间、精力投入程度，同时在多家公司担任独立董事可能会限制独立董事时间和精力的安排。对此，本文选取上市公司董事任职公司总数来衡量，董事兼任的公司越多，其精力被分散的可能性越大，而且在多家任职可能会存在泄密、处在同行业或同业务等问题，进而影响本公司发展。

(3) 独立董事比例

计算公式：独立董事比例=独立董事数量/董事会成员总数

独立董事是指独立于公司股东且不在公司内部任职，并与公司或公司经营管理者没有重要的业务联系或专业联系，并对公司事务做出独立判断的董事。根据中国证监会《关于在上市公司建立独立董事制度的指导意见》：上市公司董事会成员中应当至少包括三分之一独立董事。所谓"独立性"，是指独立董事必须在人格、经济利益、产生程序、行权等方面独立，不受控股股东和公司管理层的限制。独立董事的设立对于改善公司治理、提高监控职能具有积极作用，尤其对于上市公司，独立董事起到维护公众投资者利益的作用，从而更好地实现公司治理。对此，本文规定独立董事比例为正向指标，比值越趋于1，指标结果越好。

(4) 独立董事董事会实际出席率

计算公式：独立董事董事会实际出席率=（独立董事出席董事会会议次数总和/公司独立董事总数）/董事会次数总和

独立董事要对上市公司及全体股东负有诚信与勤勉义务，应当按照相关法律法规、该指导意见和公司章程的要求，认真履行职责，维护公司整体利益。法律规定独立董事连续3次未亲自出席董事会会议的，由董事会提请股东大会予以撤换。对此，本文选择独立董事的董事会出席指标来衡量。

(5) 董事薪酬激励情况

计算公式：董事薪酬激励情况=独立董事薪酬之和/独立董事总人数

董事薪酬是公司为董事在董事会及其下属委员会所提供服务而支付的报酬，由于公司的运作对独立董事的时间投入和资历要求越来越大，同时董事的财务和声誉风险也日益增加，吸引合格的董事越来越难，因此，董事会激励问题的重要性不言而喻，薪酬成为激励董事越来越重要的手段。这一指标考察公司通过薪酬激励董事会成员的情况。本文采用董事平均薪酬情况代表薪酬激励情况。

(6) 专门委员会设立个数

专门委员会包括战略、审计、提名、薪酬与考核四个委员会，分别考核公司的监督与激励等机制。四个委员会的职能如下：战略决策委员会是支持或否定 CEO 经营决策的主要权力机构；审计委员会是公司董事会中的专门委员会，主要负责对公司有关财务报表披露和内部控制过程的监督，在公司董事会内部对公司的信息披露、会计信息质量、内部审计及外部独立审计等方面，执行控制和监督的职能；提名委员会是公司董事会中的专门委员会，主要负责对公司董事和经理人员的资质和录用标准、遴选程序提出建议，对具体候选人提名和审议；薪酬与考核委员会是公司董事会中的专门委员会，主要负责对公司高级管理人员的薪酬政策与体系设计提出建议，具体审查一般管理人员的薪酬结构与水平，制定管理人员奖金、期权等激励方案。对此，本文规定评价标准如下：A. 专门委员会个数＝0（0分）；B. 专门委员会个数＝1（1分）；C. 专门委员会个数＝2（2分）；D. 专门委员会个数＝3（3分）；E. 专门委员会个数≥4（4分）。

(7) 高管层稳定性

计算公式：高管留存率＝年末高管人数/年初高管人数

高管层稳定性描述了经理层的稳定性情况，本文用留存率来体现公司高管的稳定性指标，其中年末高管人数包含了新进入高管人数与离职人数之差。留存率越接近于1，表明公司吸引力越强，高管相对较稳定。

(8) 高管专业构成

高管团队应当包含具有财务、企业管理、人力资源管理、市场营销、法律和相关技术背景（如机械、工程）等专业背景的人员，具备相应教育背景的高管不仅有利于企业的有效运营，同时也可以培养下属、为公司制造人才。对此，本文规定评价标准如下：A. 企业的高管团队中包含具有上述背景的成员（1分）；B. 企业的高管团队中不包含具有上述背景的成员（0分）。

(9) 高管薪酬激励情况

计算公式：高管薪酬激励情况＝高管薪酬总和/高管总人数

在所有权和经营权分离的情况下，由于企业所有者和管理层之间存在效用目标不一致、信息不对称、契约不完全及责任风险不对等的内在矛盾，管理层可能并不完全贯彻所有者的意图，产生为追求个人目标利益而牺牲所有者目标利益的"道德风险"或"逆向选择"行为。所有者难以对管理层的行为进行有效的监督和控制，且考虑到管理层人力资本的重要性及产权特性，企业所有者应采取经济激励等多种手段来调动管理层的积极性，激励管理层由追求个人利益最大化转变为追求企业利润最大化。本文采用高管平均薪酬来衡量。

（10）高管持股情况

经理层持股的目的在于通过股票对经理层形成激励。原因在于，在正常情况下，经理层的努力工作会影响公司的投资价值，股票价格会随之变动，经理层的财富相应地随之改变。对此，本文规定评价标准如下：A. 经理层占据一定持股比例（1分）；B. 经理层不占据持股比例（0分）。

（11）经理层多家企业任职情况

双重任职考察经理层在其他企业任职的情况，双重任职容易导致经理层人员精力不足，从而可能导致对企业不负责任的情况出现。因此，本文规定评价标准如下：A. 经理层人员不在本企业以外的其他企业任职（1分）；B. 经理层人员在本企业以外的其他企业任职（0分）。

（12）公司财务弹性

计算公式：现金流入量构成比率＝经营活动产生的现金流量净额/总资产

财务弹性指企业对于动用闲置资金和剩余负债进行投资的能力，财务弹性的主要来源是企业的现金持有和剩余的债务能力。体现出企业：①资产的流动性或变现能力；②不影响正常经营的前提下，变卖现有资产、取得现金的能力；③由经营活动产生现金流入的能力；④向投资人和债权人筹措资金的能力。一般用现金股利保障倍数、资本购置比率、全部现金流量比率、再投资现金比率衡量，我们选取现金流入量构成比率衡量，该比率越大，企业从生产经营中获取现金流量能力较强，财务弹性较好。

（13）公司对外部资金依赖程度

计算方式：公司对外部资金依赖程度＝（投资产生的现金流出－经营活动产生的现金流出）/投资产生的现金流出

Rajan 和 Zingales（1998）将外部资金依赖度定义为企业投资额中未能将内部现金流满足的份额。这一比率反映企业对外部资金的需求程度，或经营发展对外部资金的依赖程度，投资产生的现金流出与经营活动产生的现金流出差额越大，表明企业从外部获取的资金额度越大，因此该比率越大，企业越依赖外部资金的来源渠道。

3. 治理公平性

治理公平性意味着在企业利益相关者中对相对弱势群体的权益进行保护，比如在一定程度上以公平的角度考虑中小股东与企业员工的权益。公司内部监事会工作的有效性在一定程度上可以增强的公司内部程序的公平性与正当性。La Porta 等（1999）提出"全球大企业中最重要的代理问题已经转为如何限制大股东剥削小股东利益的问题"，股东内部的利益冲突开始受到公司治理理论界的关注。控股股东可以利用小股东无法分享的控制权，通过侵害小股东利益来获取私利（Shleifer 和 Vishny，1997）。而且东亚国家公司治理的主要问题是控股股东对小股东的掠夺行为（Claessens 等，1999），即所谓的"隧道效应"（Johnson 等，2000）。而 Schumacher（1937）认为，从纽伦堡会议的出发点来看，在废除国家许可制度的同时，监事会制度在法律上成为股东行使对企业经营管控的强制性机构，并且，监事会在实践中承担起了代表中小股东利益的机能。Xiaoetal 等人（2004）对 21 个中国上市公司的董事、监事和高层管理人员进行了访谈，经过归纳推理，认为中国上市公司中监事会在接受内外部激励时，起着有信誉的顾客、友好的顾问、严格的监督者、独立的监督者四方面的作用。此外，对于有效的企业治理变革，企业、职工等共同治理主体之间的结合效率应该是建立在讨价还价基础之上的，根据公平理论，要想实现企业发展与治理的公平，一定要实现员工的分配公平、程序公平、机会公平等，所以普通职工的话语权、信息权、决策权等的获取程度是体现企业公平的重要指标。公司治理性的四级指标如表 3-9 所示。

表 3-9　　　　　　　　　　　治理公平性四级指标

四级指标	计算方式
监事会成员持股比例	监事会成员持股比例之和
监事包含股东代表及职工代表情况	是否包含股东代表、职工代表
外部监事比例	外部监事成员个数 / 监事会成员人数
实行累积投票制情况	是否实行了累积投票制
采用网络投票制情况	是否采用网络投票制
股东现金分红情况	是否披露现金分红政策的具体内容
公司员工参与度	公司员工持股计划情况
接待机构调研情况	接待机构调研次数
信息权获取度	信息化建设水平以及信息权获取的保障机制建设完善程度
职位竞争程序公平性	薪酬程序的制定、收入分配与薪酬体系运作是否公平
管理层职位开放度	年度企业管理层职位公开招聘的数量

（1）监事会成员持股比例

该指标通过持股比例、持股人数比例等方面的情况考核监事会成员的积极性。监事会成员持股状况的激励作用还取决于监事会全体成员持股比例与董事会全体成员持股比例之间的差距，若作为持股监事而且是职工代表或中层管理人员的监事会成员持股比例明显低于兼任经理等高级行政职务的董事持股比例，则对监事的激励作用就是有限的。

（2）监事包含股东代表及职工代表情况

根据《公司法》规定，监事会应当包括股东代表和适当比例的公司职工代表，其中职工代表的比例不得低于三分之一。《公司法》规定"监事包含股东代表及职工代表情况"评价标准如下：A. 监事会成员不包含股东代表、公司职工代表（0分），B. 监事会成员包含股东代表或公司职工代表（1分）；C. 监事会成员既包含股东代表又包含职工代表（2分）。

（3）外部监事比例

计算公式：外部或独立监事比例=外部或独立监事人数/监事总人数

对独立监事任职资格的限制，应当从形式和实质两方面来进行。一方面，独立监事不得担任公司或其子公司、关联企业的董事、监事、经理或其他职员，也就是说他们必须是公司外部的人；另一方面，独立监事应当独立行使判断，不得与公司存在可能影响其独立判断能力的关系。上述两方面缺一不可。如果仅具备第一个条件，则不能称为独立监事，而只能称为外部监事。但是，平时所说外部监事也指独立监事。董事和高级管理人员可以通过建议股东大会聘请独立监事，向上市公司的各利益相关者发出具有良好治理结构、先进管理理念的信号，树立公司良好的形象，增强投资者投资信心，而具有良好业绩的公司也希望能够通过独立监事向外部传递此信息。

（4）实行累积投票制的情况

累积投票制是指在公司的选举会上，实行每个股份持有者按其有表决权的股份数与被选人数的乘积为其应有的选举权力，选举者可以将这一定数的权力进行集中或分散投票的选举办法。累积投票制的推行能在一定程度上保障中小股东将代表其利益的人入选董事会，部分解决大股东控制董事会的现象。因此，本文规定"是否实行累计投票制"评价标准如下：A. 实行累计投票制（1分）；B. 不实行累计投票制（0分）。

（5）采用网络投票制情况

网络投票是以投票为中心的社会化网络服务，网络投票的票数的统计和显示完全由软件控制，无须人工参与，在一定程度上能够保证投票的公正性。网络投票制从直接角度评价中小投资者行使权利和监督代理人的情况。因此，本文规定评价标准如下：A. 实行网络投票制（1分）；B. 不实行网络投票制（0分）。

（6）股东现金分红情况

根据《公司法》规定，公司应当在公司章程中载明利润分配政策尤其是现金分红政策的具体内容、利润分配的形式、利润分配尤其是现金分红的期间间隔、现金分红的具体条件、发放股票股利的条件、各期现金分红最低金额或比例（如有）等。因此，本文规定评价标准如下：A. 公司披露了上述现金分红政策的具体内容（1分）；B. 公司未披露或未完全披露上述现金分红政策内容（0分）。

(7) 企业员工参与度

人力资本是当前企业最重要的资本，所以企业在发展过程中需要不断调动员工积极性、主动性与创造性，企业才能在竞争中发展壮大。职工持股将员工利益与企业利益相联系，不仅使员工拥有获得额外利益的权利，而且在员工参与企业的管理和决策过程中时，优化了企业股权结构，提高了企业的治理水平；适当的员工持股比例可以提高员工凝聚力和公司竞争力，改善企业绩效。本文规定评价标准如下：A. 企业有员工持股计划（1分）；B. 企业不存在员工持股计划（0分）。

(8) 接待机构调研情况

对上市公司进行实地调研的主体主要包括机构投资者、个人投资者、分析师和媒体等，政策的支持和上市公司的配合使得实地调研成为投资者、分析师等获取信息的重要方式。机构投资者在实地调研过程中会获取到对价值判断有帮助的增量信息，但是目前对于具体调研次数对公司的影响暂无相关文献。因此，本文规定评价标准如下：A. 企业存在接待机构调研的情况（1分）；B. 企业不存在接待机构调研的情况（0分）。

(9) 知信权获取度

信息权是权利公平实现的基础，是股东及其他利害相关者权利和保障实施行为的连接体和桥梁，其获取同时受到硬件基础和相关制度建设的制约。企业信息化环境下，可以更好地分析信息流动、信息应用、决策支持、监督支持、信息披露职能。其他利益相关者只有获取平等的信息权并保障其实现，才能有效参与企业共同治理，形成科学有效的制衡机制。同时，通过建立信息权保障机制，能够使公司治理主体和利益相关者获得必要的信息，形成广大职工参与的内部监督体制，同时为普通职工平等参与公司治理提供了信息基础保障。因此企业的信息化建设水平以及信息权获取的保障机制建设得完善程度可以作为用来衡量利益相关者对企业信息权的获取程度。

(10) 职位竞争程序公平性

程序公正理论研究表明当人们对分配公平不满意时会关注程序公正问题，程序公平对于企业内收入分配公平具有决定性意义。企业内部分配是否公平合理，不仅涉及不同层次职工利益是否受到侵犯和员工的满意度，还涉及一个企业能否长久可持续发展,更涉及一个社会的公平正义。本文中拟使用收入分配与薪酬体系运作、薪酬程序的制定的公平与否来衡量结果公平。

(11) 管理层职位开放度

正如公平理论所言,机会均等要求所有的社会地位都向所有社会成员开放,且每个人都凭借其自身的能力通过公平竞争去获得相应的社会资源,占据相应的社会地位。因此,这里可以通过区分企业内部的管理层职位有多少是行政任命的,有多少是通过公开考核、聘任制度产生的,来考量企业内部机会均等的程度。因此,可以用年度企业管理层职位公开招聘的数量作为衡量企业管理层职位开放度的标准。

(三) 发展价值指标评价体系

发展是一个哲学名词,是事物不断前进的过程,由小到大,由简到繁,由低级到高级,由旧物质到新物质的运动变化过程。对于企业来说,这种发展可以理解为一种"成长性",是一个企业从创业阶段到健康运行的历程。发展价值是基于特定环境下衡量企业组织的健康发展和持续的业务增长的能力,其核心便是对企业成长性的评价。原有的价值评价体系更多是从财务层面衡量一个项目的价值,如 NPV[①]、IRR[②],这种评价体系强调一段时间内企业行为所带来的效益,是直观体现企业发展的层级,偏重于效率。但随着企业规模的扩大,单纯的财务扩张可能会使企业陷入一种"速度陷阱",这种陷阱导致的非理性决策使一些企业破产,人们开始追求决策的合理性与科学性。随着委托代理理论的不断深化,公司治理也成为衡量企业有序发展的关键维度,人们开始关注公平。但随着时代潮流的迅速变革,一些财务和治理都做得很好的公司也出现了倒闭,人们只能将这种失败归结为少了一些"运气",但这种解释显然无法为企业的永续健康经营做出贡献,要解决这个问题就需要将

---

① NPV:净现值(net present value)。在项目计算期内,按行业基准折现率或其他设定的折现率计算的各年净现金流量现值的代数和。净现值是指投资方案所产生的现金净流量以资金成本为贴现率折现之后与原始投资额现值的差额。净现值法就是按净现值大小来评价方案优劣的一种方法。净现值大于零则方案可行,且净现值越大,方案越优,投资效益越好。

② IRR:内部回报率(Internal rate of return),是指项目投资实际可望达到的收益率。实质上,它是能使项目的净现值等于 0 时的折现率。内部回报率法能够把项目寿命期内的收益与其投资总额联系起来,指出这个项目的收益率,便于将它同行业基准投资收益率对比,确定这个项目是否值得建设。

视野扩大。James C. Collins 在他的著作《基业长青——企业永续经营的准则》中所做的研究和提及的：那些真正杰出的、历经岁月考验的公司，一定具有其独特的竞争内涵、强大的资源特质和优越的环境适应能力。在公司经济评价和治理准则逐渐形成范式的背景下，外部环境的影响和公司的适应能力便逐渐成为影响公司永续经营的重要维度。因此，评价一个企业的发展价值应该从内外部两个层面综合考虑，兼顾效率与公平。

国内外的学者对企业的发展价值做出了持续研究：关于企业发展的研究开端于 1931 年法国经济学家 Gibrat 在其代表作《非均衡经济学》中所研究的企业发展与企业规模和产业结构的关系，这是首次对企业发展性因素进行了摸索。他认为，企业发展轨迹类似于一个随机过程的运动，影响因素复杂且难以把握，无法准确地预测和了解，但这种答案并不能满足后人针对这一问题的探索。随着微观经济学的发展和现代企业管理理论的不断深入，企业发展成长的理论得到了进一步的开拓。

企业成长理论的创始人是英国人 Edith. T. Penrose。她于 1959 年出版的《企业成长理论》一书认为，企业成长理念的内核可以简单地加以表述，即企业是建立在管理性框架内的各类资源的集合体，企业的成长则"主要取决于能否更为有效地利用现有资源"。企业成长能力就是在利用可获取资源而持续实现潜在价值的生产能力。从量的角度看，企业的成长可以表现为企业资产规模的扩大、主营收入的增加、营业利润的提高、员工雇佣规模的扩大等方面；从质的角度看，企业的成长可以表现为组织运营效率的提高、市场接受度的提升、研发出领先同行业的技术等方面。

随着企业成长理论研究的不断深入，学者逐步微观化其视角，从不同的因素入手分析企业发展的原因。国外学者在企业发展因素的研究成果主要有：Myer 和 Turnbull（1977）通过研究得出公司成长性与负债比率具有负相关关系，同时他提出行业性质、公司治理结构、企业规模、投资、负债是影响企业成长性的主要因素；Nelson 和 Winter（1982）提出企业的创新能力对企业发展有着重要影响，并且他认为企业创新能力的积累有一定的路径依赖性，企业目前的技术优势很可能会成为将来企业竞争中的技术优势；Lang（1994）通过分析杠杆、投资对公司成长性的关系得出在经营业绩不良公司的特定样本下，公司发展性与负债比率呈现出了负向相关关系。Allan Hyytinen 和 Mika Pajarinen（2008）分析了外部融资与企业发展的相关性，通过研究结果得出，随着企业的过度成长，所需的外部融资必然会增加。而公司信息的披露状况可以影响企业预期的成长速度，从而总结出企业信息披露以及融资市场对企业的成长性带来一定的影响；Dougal 和 Parsons（2015）研究认为，大型城市相较于小型城市对公司的成长性影响更大，大型城市通过基础设施、城市环境、文化教育等软方式影响公司的人力资本，再通过人力资本与公司的直接作用影响企业的绩效规模。

国内学者的研究主要有：王青燕和何有世（2005）对中国上市公司成长性主要影响因素进行分析认为，盈利能力、资产价值与上市公司成长性呈正相关，企业规模因素与国有化程度与成长性呈负相关，核心竞争力与成长性的相关性不显著；程惠芳和幸勇（2006）通过对1994—2001年科技型上市公司数据进行分析，结果表明资本结构和企业成长性呈较为显著的正相关关系；程溪瑜（2012）建立了主营业务收入增长率、净利润增长率以及主营业务利润增长率加权的财务指标，对创业板上市公司的进行实证分析，得出企业的成长性与营运能力、获利能力呈正相关关系，与企业的财务风险呈显著的负相关关系。

通过总结上述国内外学者对企业成长因素的研究，我们可以发现，国外的研究更加侧重于驱动因素的研究而财务指标所占比例较少，而国内的评价指标更为具体、细化，更侧重财务指标的选择对公司的成长性评价，更多地停留在公司的财务绩效上。

而衡量企业发展性的方法体系主要分为单指标评价体系和综合指标评价体系。单指标评价企业的发展的研究可以体现研究者对某一方面的能力的侧重，上述大部分的研究都是单指标评价体系，具体研究某一层面对公司发展的作用。但是根据法商理论，企业可以被视为一个生命体，是一个复杂的组织机体，用单一指标评价显然不能说明整体问题，而综合指标相对单指标评价更具全面性，可以涵盖企业多方面的成长性。企业成长性的综合指标测度，是一种对成长性的系统测度，主要是根据研究者的特定研究目的，将多维度指标合成为一个综合指标，进而用综合指标体现对比出企业的成长变化。最为著名的综合指标测度是 Robert 等研究者在 1992 年提出的平衡计分卡（Balance Score Cord）。

在综合指标体系的构建上，国内外的学者做了大量的探索：Michael A. McPherson（1996）通过非洲南部国家的数据对中小企业的成长性进行了衡量，他的研究框架主要涵盖人力资源、地理位置、企业经济、经营者性别等因素，相较于之前单一的财务评价已经有所拓展；李如芳（1998）认为评价公司的成长性基本因素包括行业优势、产品优势、财务状况、决策体系及开拓精神等内部因素；汪强（2003）通过对企业销售收入成长率、利润增长率、产值成长率、资金增长率与资本保值增值率、人员增加率和创汇增长率等成长性指标的实数比较分析、比例分析和趋势分析，研究企业的不同成长模型。王晓灵（2005）以时间维度、空间维度、要素维度为框架构建了企业可持续发展能力评价指标体系，并运用层次分析法、功效系数法、模糊综合评价法对企业可持续发展能力进行评价。宋运举（2012）以环境熵、市场熵、技术熵、制度熵为一级指标构建民营企业可持续发展能力评价指标体系，并进行实证分析。

上述综合指标体系虽然在一定程度上相比于单一指标体系有了发展，但是衡量层面仍不够全面。首先，多数综合指标体系的衡量重点仍然在于企业的财务状况，虽已涉及其他层面，但也只是对于财务指标的一种补充，仍不够全面。不可否认财务对一个企业有着巨大的影响，但随着时代的变更，企业将面临越来越多的发展层级，而这些发展层级在新的时代背景下会变得和财务层级同等重要甚至超过财务层级。任何一个层级企业处理不好，都将会对企业造成不可挽回的损失。其次，现在大部分评价企业成长性的指标体系选取及筛选随意性大，未考虑指标间的相关性。学界一直没有统一的普适标准来评价企业发展性，学者往往根据自己的研究目的选取特定指标或者指标组合，但是许多指标之间存在相关性甚至共线性对成长性评价的准确性将造成一定影响。最后，现行研究较少地对上市公司进行成长性指标体系建立或者评价方法的研究。现有成长性评价研究围绕中小成长性企业、高科技企业较多，对于多行业、复杂的上市公司群体的研究则限于描绘性分析以及定性研究，缺乏在微观层面对上市公司的成长性进行定量定性的探讨。

第三章 法商价值综合指标体系构建

因此，在大量借鉴相关成长性分析理论和综合指标体系基础上，研究团队归纳总结了三大发展价值：战略竞争能力、企业社会审计以及动态适应要素。这三大发展价值可以综合涵盖财务、人力、创新、行业、社会、区位、理念以及风险等八个方面，其中战略竞争能力包括创新和财务；企业社会审计包括人才、社会责任以及理念战略；动态适应要素包括区位、行业和风险。通过全面构建法商发展价值评价体系，可以综合审视公司的成长发展能力。

表 3-10　　　　　　　　　发展价值指标体系

三级指标	四级指标
战略竞争能力	R&D 经费投入占营业收入比率增长率
	市价——研发比率
	研发人员比例
	企业专利数
	资本化研发投入占研发投入的比例
	综合收益增长率
	资本积累率
	最近三年总营业收入增长率
	最近三年净利润平均增长率
	权益净利润
	最近三年总资产平均增长率
	市盈率
	分红比例
	可持续增长率
企业社会审计	员工受教育程度
	平均员工总数
	员工平均工作年限
	员工净增长率
	2018 年企业是否发布 ESG 报告
	ESG/CSR 报告是否符合 GRI 标准
	社会捐赠额
	企业污染物年排放量增长率
	女性高管比例

续表

三级指标	四级指标
	员工保险缴纳额
	纳税总额
	国际化程度
动态适应要素	企业所在地区的经济增长率
	企业所在地区人口增长率
	企业所在地区的平均人口密度
	企业所在地区铁路营业里程
	企业所在地区公路里程
	公司主要业务为第几产业
	公司所属行业静态市盈率
	公司所在板块现有上市公司数
	公司所在板块 IPO 数
	所处板块年化收益率
	企业重大安全事故发生次数
	个股停牌日
	综合杠杆率

1. 战略竞争能力

发展价值的战略竞争能力是衡量一个企业主体所拥有的能够产生潜在价值的能力。企业在日常的生产经营中并不是每一项投资都可以为它迅速带来直接明显的经济回报,还存在着很多软性投资,例如研发投入。很多研发在短时间内很难为企业带来丰厚的收益,甚至会为企业带来很重的经济负担,但在未来一段时间内,这种投资会内化为企业的创新能力、产品竞争力、产品的经济附加值等,产生极大的正外部性。我们不能简单地把能带来经济回报的投资认定为成功的投资,更不能把没有带来经济回报的投资归类为失败的投资,而评价的视角应该聚焦于产生价值的潜在能力上。因此,我们选取创新和财务两个方面构建战略竞争能力指标体系。

(1) 创新方面

创新是衡量战略竞争能力的核心要素,对于企业的成长的重要性是不言而喻的。在技术创新日新月异的今天，在技术上落后的企业就是落后于时代、将会被时代抛弃；在技术上保持领先的企业就能够形成自身特有的竞争优势，能够更好地服务顾客、服务社会；引领自身所处的行业乃至引领整个市场。根据杜靖（2012）的研究，技术创新一方面通过降低成本使企业的产品在市场上更具价格竞争优势；另一方面通过增加用途、完善功能、改进质量以及保证使用而使产品对消费者更具特色吸引力，从而在整体上推动企业竞争力的不断提高。在一些世界优秀企业中，技术创新已成为企业最主要的利润来源。结合法商价值体系的内涵，战略竞争能力全面地研究创新投入、创新产出、创新效益、创新组织机制、创新资源控制等定性、定量指标，力求客观真实地评判和展示发展价值。考虑到指标的重要程度、可量化性与数据的可得性，我们选择以下五个四级指标进行考察：R&D 经费投入占营业收入比率增长率、资本化研发投入占研发投入的比例、市价—研发比率、研发人员比例、企业专利数。

表 3-11　　　　　　　　战略竞争能力四级指标

四级指标	计算方式
R&D 经费投入占营业收入比率增长率	$\dfrac{\text{本年 R\&D 经费投入占营业收入比率} - \text{上年 R\&D 经费投入占营业收入比率}}{\text{上年 R\&D 经费投入占营业收入比率}}$
资本化研发投入占研发投入的比例	$\dfrac{\text{资本化的研发投入}}{\text{资本化的研发投入} + \text{计入费用的研发投入}}$
市价—研发比率	年末普通股每股市价/每股研究开发费用
研发人员比例	企业研发人员人数/企业员工总数
企业专利数	企业所拥有专利数量
综合收益增长率	$\dfrac{(\text{综合收益总额本年本期金额} - \text{综合收益总额上年同期金额})}{\text{综合收益总额上年同期金额}}$
最近三年总营业收入增长率	$\sqrt[3]{\dfrac{\text{年末总营业收入}}{\text{三年前年末总营业收入}}} \times 100\%$
资本积累率	$\dfrac{\text{所有者权益合计本期期末值} - \text{所有者权益合计上年同期期末值}}{\text{所有者权益合计上年同期期末值}}$

续表

四级指标	计算方式
最近三年净利润平均增长率	$\sqrt[3]{\dfrac{\text{年末净利润}}{\text{三年前年末净利润}}} \times 100\%$
权益净利润	年末净利润/年末所有者权益
最近三年总资产平均增长率	$\sqrt[3]{\dfrac{\text{年末总资产}}{\text{三年前末总资产}}} \times 100\%$
市盈率	股价/年度每股盈余
分红比例	红利/当年净利润
可持续增长率	年初净资产报酬率×(1-股利支付率)

① R&D 经费投入占营业收入比率增长率

计算公式：R&D 经费投入占营业收入比率增长率=（本年 R&D 经费投入占营业收入比率-上年 R&D 经费投入占营业收入比率）/上年 R&D 经费投入占营业收入比率

计算 R&D 费用占据主营业务收入比率的增长率，得出的结果能体现出企业是否将更多业务收入用于技术研发，表现出企业对技术创新重视程度。数值越高，该指标的得分越高。

② 资本化研发投入占研发投入的比例

计算公式：资本化研发投入占研发投入的比例=资本化的研发投入/（资本化的研发投入+计入费用的研发投入）

计算成功资本化的研发投入占研发投入总量的比率，能够体现出研发投入成功转化为成果的效率。数值越高，该指标的得分越高。

③ 市价—研发比率

计算公式：市价—研发比率=年末普通股每股市价/每股研究开发费用

其中，每股研究开发费用等于（资本化的研发投入+计入费用的研发投入）/普通股流通股数

计算得出普通股每股现行市价对每股研究开发费用的比率，在股价处于合理范围内的前提下，结果越低说明研发投入相对越高。数值越低，该指标

的得分越高。

④ 研发人员比例

计算公式：研发人员比例=企业研发人员人数/企业员工总数

计算研发人员占据企业员工的比率，结果越高，说明企业的技术研发工作越贴近于企业活动的核心，企业对其重视程度越高。数值越高，该指标的得分越高。

⑤ 企业专利数

即企业专利的总数。企业的专利越多，说明企业的技术创新成就越高，能够体现出企业对未来发展的重视以及通过技术创新取得的更大的发展潜力。数值越高，该指标的得分越高。

（2）财务方面

在分析企业未来潜力能力时，财务层面自然也是一个重要的影响因素。企业当期的财富积累必将对日后的潜在发展有着直接的影响，因此，财务竞争能力也应当被纳入战略竞争能力的体系中。财务资本的投入影响着企业销售增长、净利润增长等当期的财务绩效，也能体现出公司未来的成长性。根据鄢波、杜勇、阮敏彦（2011）的研究，企业成长是企业规模扩大和素质提高的动态过程，包括"量"的扩张和"质"的提高，而经营资源是企业成长的基础。财务指标能够从营运能力、偿债能力、盈利能力等多方面反映上市公司未来进行规模扩大和质量提高的能力，是经营资源的直观反映。因此，财务指标与公司的成长性具有显著的相关性。

结合法商价值的内含，我们根据相关财务指标的定义以及大量的实证研究，将可以体现企业未来成长性的财务指标按照成长性因素的大小进行了排序，选取了综合收益增长率、资本积累率、最近三年总营业收入增长率、最近三年净利润平均增长率、权益净利润、最近三年总资产平均增长率、市盈率、分红比例以及可持续增长率等九个指标，以综合全面的视角衡量财务维度对企业发展的重要作用。

① 综合收益增长率

计算公式：综合收益增长率=（综合收益总额本年本期金额-综合收益总额上年同期金额）/综合收益总额上年同期金额

该指标与投资者的利益紧密相连,它反映投资者原始投资的获利能力,既包括了本期已经实现的净收益(净利润),也包括本期已确认将在未来实现的收益(其他综合收益)。一般来说,该指标数值越大,投资者投入资本的获利能力越强,企业未来成长性越好。

② 资本积累率

计算公式:资本积累率=(所有者权益合计本期期末值-所有者权益合计上年同期期末值)/(所有者权益合计上年同期期末值)

它是分析企业当年资本积累能力和发展能力的主要指标。资本积累率是指企业本年所有者权益增长额同年初所有者权益的比率,同时表示企业当年资本的积累能力,是评价企业发展潜力的重要指标。资本积累率越高可以影响企业的潜在发展。

③ 最近三年总营业收入增长率

计算公式:最近三年总营业收入增长率=$\sqrt[3]{年末总营业收入/三年前年末总营业收入} \times 100\%$

主营业务收入是指企业从事本行业生产经营活动所取得的营业收入。主营业务收入是企业从事持续的、主要的经营活动而取得的营业收入,对企业的经济效益起着举足轻重的影响作用,是企业营业收入管理的重点,也是影响企业成长发展的关键财务指标。主营业务的增长率越高,代表公司的发展能力越强。

④ 最近三年净利润平均增长率

计算公式:最近三年净利润平均增长率=$\sqrt[3]{年末净利润-三年前年末净利润} \times 100\%$

三年净利润平均增长率是为了均衡计算企业的三年平均利润增长水平,从而客观评价企业的发展能力状况,反映企业利润增长趋势和效益稳定程度及发展潜力。

⑤ 权益净利润

计算公式:权益净利润=年末净利润/年末所有者权益

权益净利润反映公司所有者权益的投资报酬率,具有很强的综合性。一般认为,企业净资产收益率越高,企业自有资本获取收益的能力越强,运营效益越好,对企业投资人、债权人的保证程度就越好。也在一定程度上对企业的发展起到了保障的作用。

⑥ 最近三年总资产平均增长率

计算公式:最近三年总资产平均增长率 = $\sqrt[3]{年末总资产/三年前年末总资产}$ × 100%

总资产增长率是分析企业当年资本积累能力和发展能力的主要指标。总资产增长率越高,表明企业一定时期内资产经营规模扩张的速度越快,而三年平均资产增长率指标消除了资产短期波动的影响,反映了企业较长时期内的资产增长情况。

⑦ 市盈率

计算公式:市盈率 = 股价/年度每股盈余

股价是根据公司当前收益和发展情况对公司未来获利能力的一种预期,公司成长性越高,投资者对其未来获利能力和收益增长潜能的预期就越高,股价也就随之看涨。公司成长性是公司未来收益持续增长的基础,影响投资者对股票内在价值和公司市盈率的判断。在进行投资决策分析时,投资者通常会根据公司未来收益增长超过资本成本的能力,以及对公司获得持续性超额收益的估计来判断一个公司的成长性和股票的内在价值。

⑧ 分红比例

计算公式:分红比例 = 红利/当年净利润

此指标用来衡量一家上市公司管理层的盈利能力和回报能力,通过提高分红比率可以确保投资者对投资企业的信心,能够显著提供公司股东的黏性。

⑨ 可持续增长率

计算公式:可持续增长率 = 年初净资产报酬率 × (1-股利支付率)

这是一个虚拟的成长率,与实际的净资产报酬率和实际的股利支付率不一致,它是公司潜在的最大成长率。

2. 企业社会审计

传统的审计是指由专设机关依照法律对国家各级政府及金融机构、企业事业组织的重大项目和财务收支进行事前和事后的审查的独立性经济监督活动,主要着眼于经济层面。而随着公司主体在经济生活中的地位不断上升,单纯从经济层面监督已经远远落后于时代的要求，因此，需要对企业在经营发展过程中应当履行的社会职责和义务，主要包括遵纪守法、安全生产、产品和服务质量、环境保护、资源节约、促进就业、员工权益保护、慈善事业和积极进取等内容进行监督审计。简言之，就是企业做任何事情都要兼顾国家和人民的利益，而不能仅仅从部门利益甚至个人利益出发。企业社会审计已经越来越成为衡量上市公司持续健康发展的关键方面之一，法商价值主要从人才、社会责任以及理念战略方面衡量企业社会审计。

表 3-12　　　　　　　　企业社会审计四级指标

四级指标	计算方式
员工受教育程度	本科以上员工人数/员工总人数
平均员工总数	$\frac{年初员工人数+年末员工人数}{2}$
员工净增长率	$\frac{年末员工人数-年初员工人数}{年初员工人数}$
员工平均工作年限	员工平均工作年限数
2018年企业是否发布ESG报告	发布记为1，未发布记为0
ESG/CSR报告是否符合GRI标准	符合记为1，不符合记为0
社会捐赠额	捐赠金额数
企业污染物年排放量增长率	$\frac{企业本年污染物排放总量-企业上年污染物排放总量}{企业上年污染物排放总量}$
女性高管的比例	女性高管数/公司高管总数
纳税总额	缴纳税收金额数
社会保险缴纳	年度社会保险余额增加量
国际化程度	（海外销售额/总销售额）×100%

(1) 人才方面

在组织的各项资源中，人力资本发挥着统领各项资源的主导作用，处于核心地位。这是因为组织的一切活动，首先是人的活动，由人的活动才引发、控制、带动了其他资源的活动。各个学科的学者们已经在人力资本对公司发展能力的提高作用这一课题上进行了很多研究，也得出了很多结论，从各种角度说明了人力资本的潜在价值。例如，Wright（1994）和 Hsu（2008）曾明确指出，组织的人力资本之所以有价值，是因为组织中的人力资源在知识、技术和能力方面存在差异性；由于组织中的人力资源掌握着不同类型的知识、技术和能力，使得组织的人力资本具备异质性而不易被模仿；公司的人力资源为企业创造绩效的过程，是一个各部门相互协作的复杂过程，这在理论上支持了人力资本及其开发对企业绩效的重要性。还有 Youndt（1996，2004）等对组织人力资本与企业绩效的关系进行了实证检验，结果显示，具有较高水平人力资本的公司通常有着较佳的财务绩效。这些研究都证明了人力资本对于企业未来发展能力的重要性。结合前人对人力资本的研究成果与发展价值体系的内涵，我们选取员工受教育程度、平均员工总数、员工净增长率、员工平均工作年限这四个四级指标来衡量企业的人力资本水准。

① 员工受教育程度

计算公式：员工受教育程度＝本科以上员工人数/员工总人数

即拥有较高（本科）或以上学历的员工人数占员工总数的比例，比例越高说明员工的平均学历越高，这种学历的比例可以反映公司员工的素质和学习能力和公司的人力资本总体初始水平。数值越高，该指标的得分越高。

② 平均员工总数

计算公式：平均员工总数＝（年初员工人数＋年末员工人数）/2

计算企业本年员工数的简单平均数，得出企业的平均员工数。数值越高，说明本年内为企业服务的员工越多，能体现出企业的经营规模以及总体上人力资本的数量。数值越高，该指标的得分越高。

③ 员工净增长率

计算公式：员工净增长率＝（年末员工人数－年初员工人数）/年初员工人数

计算得出本年内企业员工增长的比例，比例越高，说明企业对新员工的吸纳力越高，能体现出员工认同感与企业人力资本的增长倾向，也可以反映企业的市场吸引力和发展能力。数值越高，该指标的得分越高。

④ 员工平均工作年限

该数据来源于公司披露。即企业员工提供服务的平均年数，能体现出员工对企业的认可度与忠诚度。公司会对每一位员工进行投入,每一位员工的离职对公司来说都相当于一部分的资产损耗。因此,员工的平均工作年限可以体现员工的忠诚度和公司发展的稳定性,可以在一定程度上评价公司未来的发展能力。数值越高,该指标得分越高。

(2) 社会责任方面

企业作为一个社会主体,在创造利润、对股东和员工责任的同时,还要承担对消费者、国家和环境的责任。在可持续发展理念深入人心的时代背景下,企业必须超越把利润作为唯一目标的传统理念,强调要在经营过程中对环境、消费者、社会的贡献。而企业发展与社会责任承担之间关系的问题,不同的学者有着完全相反的观点。Griffin 和 Mahon (1997)、朱瑞雪 (2004) 等认为,企业承担社会责任会增强企业的差异化优势,提升企业的信誉度,有助于企业建立与利益相关者的良好关系从而提高企业的市场竞争力,两者之间是正相关的关系。但是美国的 Friedman (1970) 认为,企业承担社会责任会导致成本增加,利润减少,承担社会责任会使企业处于竞争劣势,企业社会责任和企业绩效之间是负相关关系。但衡量社会责任的作用不能只考虑社会责任的承担和企业当前绩效的联系,更要考虑其对企业未来发展潜力的影响。钱瑜 (2013) 认为,企业承担了社会责任后可能会暂时放弃了部分企业利润,但是通过社会责任的履行可以使企业的知名度及社会形象得到大幅提升,从而获得更多的机会以扩大市场份额,提高企业的长期盈利能力。从消费者而言,如果企业及时履行社会责任,则会给企业以更多的支持,使企业获得良好的市场,给以企业更多的信赖,使企业的生产经营获得良好的环境。因此,我们认为企业社会责任的履行情况能够在某种程度上体现出企业社会审计的优劣,也符合法商价值体系中发展的内涵。我们选取以下七个四级指标纳入企业社会审计的评价体系中:2018 年企业是否发布 ESG 报告、ESG/CSR 报告是否符合 GRI 标准、社会捐赠额、企业污染物年排放量增长率、女性高管的比例、纳税总额、人均社会保险余额。

① 2018年企业是否发布ESG①报告

即企业2018年是否发布《环境、社会及管治报告》，1为是，0为否。比起只发布单一的财务报告，企业发布《环境、社会及管治报告》则更能体现出其对于环境保护、社会责任等方面的关注与努力。这份报告也更加说明企业拥有良好的社会形象、企业对未来可持续发展的高度重视以及企业对可持续发展理念的认同程度。

② CSR/ESG报告是否符合GRI标准

GRI作为全球使用最广泛的可持续发展报告标准。它提供报告原则、标准披露和实施手册，为各种规模、各类行业、各个地点的企业提供社会责任报告参照。GRI能帮助报告机构更好地向市场和社会提供关于可持续发展事项的信息。GRI标准体现了针对一系列经济、环境和社会影响进行公开报告的全球最佳实践。因此，一个企业的CSR/ESG报告是否符合GRI标准可以体现其发展理念是否和全球领先实践一致。

③ 社会捐赠额

即企业本年度的社会捐赠总额。企业进行的社会捐赠活动无论是出于补偿其经营外部性的动机还是广告宣传的动机，从结果上来看都能够体现出企业的人文关怀与社会责任感，这能提升企业的社会声誉，能吸引客户、员工、社区和其他利益相关者，有利于巩固企业资源或减少资源约束。一定程度上说，社会捐赠额数值越高，企业社会贡献越大，社会形象也就越良好。

④ 公司污染物年排放量增长率

计算公式：公司污染物年排放量增长率=（企业本年污染物排放总量−企业上年污染物排放总量）/企业上年污染物排放总量

企业污染物的排放是典型的经营外部性之一，体现出了企业活动对社会的不良影响。对污染物的排放加以控制说明企业对于社会责任的履行度的提高。数值越低，该指标得分越高。

---

① ESG报告：即企业社会责任报告，是企业将其履行社会责任的理念、战略、方法，及其经营活动在经济、社会、环境等维度产生的影响定期向利益相关方进行披露的沟通方式。企业通过编制和发布企业社会责任报告，可以系统梳理、分析面临各种责任风险，推动企业内部管理提升和改进；有利于将企业可持续战略贯彻实施于各项工作；有利于满足各利益相关方需求，提升企业形象和影响力。

⑤ 女性高管的比例

计算公式：女性高管的比例＝女性高管数/公司高管总数

随着社会的发展，女性的社会地位与平均素质都在日益进步。但在中国，公司高管层仍然以男性为主。越来越多的研究表明女性在思维方式、管理决策方面较男性存在优势，越来越多的知名企业在高管团队中扩充女性的比例。女性高管的比例可以从侧面反映公司的治理特性，也可以体现公司承担了男女平等的社会责任。该指标越接近50%，该指标得分越高。

⑥ 纳税总额

企业所得税是对我国内资企业和经营单位的生产经营所得和其他所得征收的一种税。纳税是企业最基本的社会责任，政府财政收入主要来源于税收，利用税收为人们提供公共产品。因此，依法纳税主动承担社会责任是企业应尽的义务，基于此，一些企业的不合理避税逃税的做法就是缺乏社会责任的表现。因此，企业纳税总额是评估企业社会价值的关键性指标，数额越大，企业承担社会责任越大。

⑦ 社会保险缴纳

计算公式：社会保险缴纳＝年度社会保险余额增加量

社会保险是一种为丧失劳动能力、暂时失去劳动岗位或因健康原因造成损失的人口提供收入或补偿的一种社会和经济制度，主要项目包括养老保险、医疗保险、失业保险等。社会保险是社会保障体系的重要组成部分，其在整个社会保障体系中居于核心地位。人均社会保险余额越高，说明企业越有能力负担未来相关的社会保险支出，体现了企业对此项社会责任的履行。数值越高，该指标得分越高。

(3) 理念战略方面

"正是有一种核心理念指引和激励公司的人使公司基业长青。只不过这种理念不是无中生有地产生，而是那些基业长青公司实践的产物，是这些公司成功经验的总结。"柯林斯这段经典的论述从公司的角度分析了使得企业长远发展的优势，以此分析企业取得这些优势并长期发展的原因。企业在发展过程中必须不断自我改革、自我反省来总结这种优势，使其成为公司特性，从而保证长久发展。这种特性便是企业理念。企业理念是在企业的发展过程中形成的一种深刻影响企业持续发展的管理力量。历史和现实说明，企业发展理念比纯粹的经济手段、行政手段乃至法律手段的影响更广泛、更深刻和更持久。企业如果仅仅以纯经济的眼光来管理企业的经营活动，会很难让企业取得理想的发展目标。因此，在企业的管理中，必须体现某种理念因素，这不仅表明企业伦理是企业持续发展的内在需求，而且也证明它有着其他因素不可替代的管理效能。所以说，企业发展理念是影响企业持续发展的关键因素。根据李洁（2017）的研究表明，企业理念发展对企业业绩具有正相关因素，结合法商价值体系的内涵，我们认为国际化程度最能体现企业的理念发展。

计算公式：国际化程度＝（海外销售额/总销售额）×100%

在经济全球化的今天，企业要想提升其国际化绩效，其至关重要的选择就是积极提高自身的国际化程度。具有国家化行为的企业，一方面，来自不同市场的消费者具有其特定的消费需求，从事国际化的企业要在当时市场占据有利地位，同时国际化企业在国际市场上还面临着来自全球范围内的激烈竞争；另一方面，国际化程度越高意味着企业的销售市场越广阔，利润收入相对越高，企业将拥有更多的资金支持，可以去进行创新活动等。研究表明，国际企业通过与合作伙伴的合作，可以充分吸收并利用外部资源以弥补自身内部资源的不足。很多学者的研究表明，一个企业的国际化程度与企业绩效之间存有很强的相关关系，对于企业来说，国际化程度与企业的能力、资源相关，能够反映出企业的战略导向，对于衡量企业未来发展来说是一个不可或缺的因素。

3. 动态适应要素

动态适应要素是衡量企业面临的外部环境变化以及自身应对变化能力的指标。企业为了在激烈的市场竞争中获取一定的竞争优势，实现企业的可持续发展，需要根据已经发生或者预测将要发生的外部环境以及内部情况进行积极的调整，然后企业将外部要素与经营策略进行动态协调，从而确保自己的竞争地位。这其中变革的动因来自外部环境因素和企业自身的内部情况。柯达、诺基亚等越来越多的案例为我们证明了企业在市场环境下"变则存，不变则亡"。而这种变化也正契合法商发展价值中在"特定环境下"的内涵。因此，动态适应要素是评价企业发展价值不可或缺的一部分。

表 3-13 动态适应要素四级指标

四级指标	计算方式
企业主营地区经济增长率	(2018年地区GDP-2017年地区GDP)/2017年地区GDP
企业所在地区的人口增长率	人口自然增长率
企业地区的铁路营运里程	铁路运营里程数
企业主营地区的平均人口密度	所在地区人口数/地区面积
企业地区的公路营运里程	公路运营里程数
公司主要业务为第几产业	第三产业记为2，第二产业记为1，第一产业记为0
公司所属行业板块市盈率	ΣA股总市值/Σ年度报告A股净利润
公司所在板块IPO数	每年板块IPO数量
公司所在板块已有上市公司数	板块已有上市公司数量
所处板块年化收益率	板块收益率年化
个股停牌日	个股停牌日数
综合杠杆率	财务杠杆×经营杠杆
公司重大事故发生次数	重大事故发生次数

(1) 区位发展力

区位活动是人类活动的最基本行为，是人们生活、工作最初步的要求，可以说，人类在地理空间上的每一个行为都可以视为是一次区位选择活动。小到农作物与农业用地的选择，大到国家各项设施的选址，如何合理地选择区位都是人类在进行生产活动时首先要解决的问题；区位选择的合理程度会直接影响到主体的生产活动与未来发展。企业作为微观经济与社会生产的主体，在进行生产活动时的区位选择必然占据了企业决策的一个重要方面，区位因素对企业各层次的经营活动都有着重大影响。同时，区位因素也是随着社会经济发展动态变化的，现在的优势不代表未来的发展，企业应基于时间轴线的视角，动态评估区位要素。随着整个世界进入信息时代，信息化对传统区位理论提出了新的挑战，赋予了其新的活力。根据宋周莺、刘卫东（2012）的研究，信息化逐渐成为企业区位选择的核心因素之一；同时，信息化也对其他区位因子产生重要影响，主要表现为促进传统物质区位因子的弱化以及带来新区位因子作用的不断凸显。在新时代中，企业区位选择对企业的经营活动与未来发展潜力带来的影响无疑会更加显著、深刻。因此,在考虑企业的发展价值时,我们将企业的区位因素作为影响企业未来成长的一个重要组成部分,并结合我们法商价值的特有内涵来选择一些指标进行综合分析,将其纳入企业的发展价值评价体系中。共有五个四级指标:企业主营地区的经济增长率、企业所在地区的人口增长率、企业地区的铁路营运里程、企业主营地区的平均人口密度以及企业所在地区公路里程。

① 企业主营地区的经济增长率

计算公式:以企业各主营地区(省为单位)年末 GDP 总量的 2018 年经济增长率

企业经营活动所在地区的整体发展趋势对企业未来的战略布局、战术实施与日常活动都有着十分重大的作用,能够直接影响企业未来的发展方向,在中观层面影响企业的经营。数值越高,该指标得分越高。

② 企业所在地区人口增长率

企业所在地区的人口增长率,代表了企业未来可能拥有的市场份额。高市场份额可能为企业带来更高的收益。因此,上市公司通常会选择人口增长率较高的地区作为面向的主要市场。该指标越高,竞争力越强。

③ 企业主营地区的平均人口密度

计算公式:以企业各主营地区(省为单位)年末人口总量为权重的平均人口密度

企业提供的产品与服务最终的使用者都要落实在人,更大的人口密度代表着更大的产品与服务潜在需求、更广阔的发展市场、更多的劳动力供给等。数值越高,该指标得分越高。

④ 企业所在地区铁路营运里程

我国幅员辽阔、内陆深广、人口众多,资源分布及工业布局不平衡,铁路运输在各种运输方式中的比较优势突出,在经济社会发展中具有特殊重要的地位和作用,铁路是国家重要的交通基础设施,也是资源型和环境友好型的运输方式之一,加快铁路发展已经成为社会各方面的共识。一个地区的铁路营运里程数可以在一定程度上反映该地区的铁路发展水平,也会增加该地区区位竞争力。

⑤ 企业所在地区公路里程

公路发展影响城市群空间结构演化，吸引大批工业在沿线选址，修建厂房、建设基地；扩大人们活动范围，促进城镇形成和城乡之间经济文化交流，减轻交通压力，调整城市布局；通过促进工业发展带动第三产业兴旺发达，增加就业机会和收入、汽车消费以及提升人们的生活质量；改善运输结构，提高港口集散能力，分流铁路压力，有利于形成综合运输网络系统。公路建设是现代化标志，是一个国家综合国力的体现，其建设和运营涉及国家经济和社会生活的各个方面。因此，一个地区的公路里程决定了该地区交通的便捷程度。里程越长，交通越便利，地区竞争力越强。

（2）行业成长力

企业所处行业的发展对微观企业的影响是直观的，若行业处于蓬勃发展阶段则相应企业也容易发展壮大，反之行业枯萎收缩则企业也难以维系生存。评价一个行业的发展是一个动态的过程，各种因素都有可能导致一个行业的浮沉，例如：某些技术、需求的变化，导致行业不能满足市场需求，从而被新兴行业替代，处于落后行业的企业发展也会受到行业市场的负面影响。根据尚航标（2010）的研究，环境的动态性对战略决策者管理认知有显著的影响。因此，我们要科学的衡量一个行业的成长性。分析行业成长能力，我们选取了公司主要业务为第几产业、公司所属行业板块市盈率、公司所在板块IPO数、公司所在板块已有上市公司数。通过以上四个四级指标分析上市公司所在板块的行业因素，将行业未来发展纳入评价动态适应要素的体系之中。

① 公司主要业务为第几产业

我国将产业划分为三类①：第一产业主要指生产食材以及其他一些生物材料的产业，包括种植业、林业、畜牧业、水产养殖业等产业。第二产业主要指加工制造产业，利用自然界和第一产业提供的基本材料进行加工处理。第三产业是指第一、第二产业以外的其他行业，范围比较广泛，主要包括交通运输业、通讯产业、商业、餐饮业、金融业、教育产业、公共服务等非物质生产部门。三大产业具有相互依赖，相互制约的关系。其中，第一产业为第

---

① 三大产业具体分类参见国民经济行业分类（GB/T4754-2017）.国家统计局.

二、三产业奠定基础;第二产业是三大产业的核心,对第一产业有带动作用;第一、二产业为第三产业创造条件,第三产业发展促进第一、二产业的进步。我国经过了几十年的发展,产业结构不断升级,第三产业比重逐步加大。因此,发展第三产业成为发展工作中的重点。从每一产业带来的经济附加值来看,第三产业>第二产业>第一产业,在衡量指标过程中第三产业赋值 2 分、第二产业赋值 1 分、第一产业赋值 0 分。

② 公司所属行业板块静态市盈率

计算公式:公司所属行业板块静态市盈率 = $\sum A$ 股总市值$/\sum$年度报告 A 股净利润

其中,A 股总市值 = A 股当日收盘价×A 股当日总股本

年度报告 A 股净利润 = (年度报告 A 股总股本/年度报告公司总股本)×年度报告公司净利润。市盈率是行业投资价值评估的重要指标。在行业分析中,常常选用行业市盈率与大盘市盈率的相对比较来判断行业的优劣。行业市盈率越小,远远小于大盘均值或者中值,说明行业整体盈利水平较好,投资风险较低。考虑到可比性,行业市盈率(剔除亏损)需要与大盘市盈率(剔除亏损)相比较。投资者可以通过行业市盈率的比较,来寻找低市盈率的行业,从而深度挖掘行业投资价值。

③ 公司所在板块上市公司数

上市公司作为中国经济的典型代表,可以影响某个地区甚至某个行业的发展。不同板块的上市公司数量不同,形成这样结果的原因主要是因为不同行业板块可以为企业发展带来的很强的外部性。这种外部性既可以对企业发展起到积极作用,不可避免地也会带来消极作用。而板块上市公司数量则一定程度反映该板块对企业的相关影响。

④ 公司所在板块 IPO 数

首次公开募股(Initial Public Offerings,简称 IPO)是指一家企业或公司第一次将它的股份向公众出售。IPO 的审批过程繁杂并且对企业的财务、治理等能力要求较高,一般情况下可以进行 IPO 的公司发展水平是领先于行业其他公司的。而在 IPO 的过程中,上市公司可以根据他的业务情况合理选择上市行业板块,而公司选择板块的决定一般是根据板块资本量、行业发展、

市场接受度等因素综合决定的。所以，不同板块每年的 IPO 数可以侧面反映这个行业的发展情况。

⑤ 所处板块年化收益率

所处板块年化收益率是把当前板块收益率换算成年收益率来计算的。板块年化收益率是板块投资价值评估的重要指标。所在板块年化收益率越高，说明板块整体盈利水平较好，投资风险较低。通常投资者通过对比板块年化收益率，来寻找高收益率的板块，从而深度挖掘板块投资价值。

(3) 风险方面

企业风险的定义是未来的不确定性对企业实现其经营目标的影响。企业风险按其内容不同可分为市场风险、产品风险、经营风险、投资风险等，风险抵抗能力的高低不仅会影响公司的经济行为也同样会影响公司的稳定性。企业在不同时期面临的风险大小、种类都是不同的，所以会有各异的风险态度与策略，因此风险要素也是动态环境的直观体现。结合法商价值体系的内涵，力求客观真实地评判和展示发展价值。考虑到指标的重要程度、可量化性与数据的可得性，我们选择以下三个四级指标进行考察：个股停牌日、综合杠杆率、公司重大事故发生次数。

① 个股停牌日

停牌又称"停止证券上市"，证券交易所对在本所上市的有价证券要进行定期或不定期的审核或复核，如发现某上市证券不宜继续上市时，交易所可开具"停止证券上市通知书"，暂停其上市的规定。通常停牌的原因有以下三类：上市公司有重要信息公布时，如公布年报、中期业绩报告，召开股东会，增资扩股，公布分配方案，重大收购兼并，投资以及股权变动等；证券监管机关认为上市公司须就有关对公司有重大影响的问题进行澄清和公告时；上市公司涉嫌违规需要进行调查时。停牌通常意味着公司发生重大事件或出现重大风险情况，交易所为了保护投资者安全而做出决定。一定程度上说，风险较高的公司会因为风险事件影响停牌日会更多。

② 综合杠杆率

计算公式：综合杠杆率＝财务杠杆×经营杠杆

综合杠杆是经营杠杆和财务杠杆共同所起的作用，用于衡量销售量的变动对普通股每股收益变动的影响程度。杠杆率是一个衡量公司负债风险的指标，在一定层面上可以反映公司对风险的偏好，高杠杆率带来高收益的同时也会带来高风险，该方法计量企业风险的原理是：杠杆系数越大，企业风险也越大。

③ 公司重大事故发生次数

即企业本年发生的安全事故的总数。企业发生的安全事故不仅仅会对企业本身造成经济损失，还具有对企业的利益相关方产生不良影响、造成企业名誉受损、引起公众舆论谴责与社会恐慌等众多负面影响。因此，事故发生的次数越少，说明企业的安全防护程序越完备，更具有责任感与长远目光。

第四章 法商价值综合评价模型

一、样本数据选取与处理

本报告选取的样本集为截止到 2018 年 12 月 31 日上交所、深交所的 A 股上市公司的统计数据,通过定性指标定量化、完善缺失值、同向化和无量纲化对样本数据进行预处理。

法商价值评价体系所选用的数据样本,既包含定量指标,如总资产周转率,也包含定性指标,如是否实行累积投票制。对于筛选后的样本,要对其定性指标进行定量化处理,即对定性变量按照一定标准进行赋值。

在多指标综合评价中,指标可分为正向指标、逆向指标和适度指标。部分指标数值越大评价越好,称为正向指标(也称效益型指标),例如综合收益增长率;部分则是指数值越小评价越好,称为逆向指标(也称成本型指标),例如连续停牌天数;另有一些指标是数值越接近某个值越好,称为适度指标,例如高管层稳定性。在综合评价时,首先须将指标同趋势化,一般是将逆向指标和适度指标转化为正向指标,这个过程称为指标的同向化。

不同评价指标往往具有不同的量纲和数量级。当指标间的数量级相差很大时,直接将它们的指标值进行综合分析,会突出数量级大的指标在分析中的作用,削弱其他指标的作用。这样会使综合指标不具有实际意义。所以必须将指标值转化为无量纲的相对数。这种去掉指标量纲的过程,称为指标的无量纲化，它是指标综合的前提。

指标的正向化和无量纲化都有多种方法，应用时应根据实际情况选择合适的方法，否则会影响综合评价的准确性。在本报告的数据处理中，我们综合考虑法商价值评价体系中各个指标的特点，对比了各种处理方式之后，采用了最合适的方法进行同向化处理和无量纲化处理。

(一) 样本选取

本报告研究采取全样本评价方式，审慎选取不同指标，多方位全样本对中国主板上市公司的法商价值进行评估。本报告选取的样本集合日期截止到 2018 年 12 月 31 日，上交所、深交所的 A 股上市公司的统计数据。初步获取 3666 家上市公司数据，即 3666 个样本点。考虑到数据来源包括公司年报、年份数据等原因，本报告选取上市时间超过一年的公司进行评价，同时剔除数据缺失超过 1/5 的样本，最后剩余 3355 家上市公司。

在数据来源方面，评价指标所用的数据全部公开可得，数据分别来自 CSMAR 经济金融研究数据库、Wind 资讯金融终端、巨潮资讯网与上市公司年报。

(二) 定性指标的定量化处理

法商价值体系采用定性指标与定量指标相结合的综合评价方式，在对不同维度的进行定性分析时，选取具有代表性的指标定量化处理。

对于是否问题，按"0\1"进行定量化。例如，指标监事会规模，根据《公司法》第一百一十八条规定，股份有限公司设监事会，其成员不得少于三人，对于监事会小于三人的样本赋值 0，监事会大于等于三人赋值 1。

对于多等级的定性指标，则按"0，1，…，n"赋值。例如，审计意见类别一般分为标准的无保留、带强调事项段的无保留、保留意见、否定意见、无法表示意见。上述五种审计意见反映审计师对财务报表是否已按照适用的会计准则编制，以及财务报表是否在所有重大方面的公允而发表的意见。因此，依照公允程度，对五种意见从高到低依次赋分 4、3、2、1、0，即"标准的无保留"为 4、"带强调事项段的无保留"为 3、"保留意见"为 2、"否定意见"为 1、"无法表示意见"为 0。

(三) 数据缺失值

对于筛选后的样本，定性指标数据的缺失均按该指标的最低标准补充完善。例如，两职分离情况，对缺失该数据的上市公司默认为0，即默认该公司两职未分离，董事长担任总经理一职。

对于定量指标，将数据样本按行业划分，并按照行业的中位数填补缺失值。正向与负向的定量指标缺失值，直接按所在行业样本的平均值进行补充完善。对于中性定量指标的缺失值，则对其正向化之后，再使用所在行业中位数进行插补。

(四) 同向化处理

法商价值评价体系中共有106个可获得数据的指标，包含85个正向指标、9个逆向指标与12个适度指标。其中，定性指标在最初设计时已进行同向化处理，即所有的定性指标在量化后均为正向指标。对于逆向指标和适度指标，分别按照如下所述做同向化处理。

1. 逆向指标正向化

常见的逆向指标正向化的方法有倒数变换法与取相反数法。

倒数变换法即设综合评价中共有n个单位，m个指标，各指标分别为 x_1，x_2，x_3，$\cdots$，x_n，用 x_{ij}（$i=1, 2, \cdots, n; j=1, 2, \cdots, m$）表示第 i 个单位的第 j 个原始指标值，y_{ij} 表示经过处理后的第 i 个单位的第 j 个指标值（本报告中均依此表示，后文不再赘述）。

$$y_{ij} = \frac{C}{x_{ij}} \tag{1}$$

但是经济价值中的财务指标很多都有 x_{ij} 等于或接近零的情况，此方法不适用。本报告采用了取相反数法，即

设综合评价中共有n个单位，m个指标，各指标分别为 x_1，x_2，x_3，$\cdots$，x_n，用 x_{ij}（$i=1, 2, \cdots, n; j=1, 2, \cdots, m$）表示第 i 个单位的第 j 个原始指标值，y_{ij} 表示经过处理后的第 i 个单位的第 j 个指标值。

$$y_{ij} = - x_{ij} \tag{2}$$

2. 适度指标正向化

对于适度指标，即资产负债率、产权比率、高管层稳定性等指标，对它

们的正向化方法采用取与适度值的距离的倒数,公式如下:

$$y_{ij} = -|x_{ij} - k| \qquad (3)$$

k 为适度值。具体而言,资产负债率的 k 取 50%,产权比率的 k 取 1,高管层稳定性的 k 取 1。

(五) 无量纲化处理

实践中常用的无量纲化方法是直线型无量纲化方法,包括标准化法、差变换法和均值化法。其中,标准化是目前最普遍使用的无量纲化方法,本报告也采用此方法进行无量纲化处理,即令:

$$y_{ij} = \frac{x_{ij} - \bar{x}_j}{\sigma_j} \qquad (4)$$

二、权重确定方法

常见的权重确定方法有三种:主成分/因子分析法、逐对比较法和层次分析法。在确定权重之初,研究团队分别对三种方法进行分析,并比较其优劣,最后综合法商价值指标和样本数据的特点,本报告选用了层次分析法来确定权重。

(一) 主成分分析法

通过因子分析法确定权重的关键在于求取主成分,要求指标之间具有较强的相关性,根据原有变量之间的相关关系,构造变量的协方差矩阵,通过正交变换,求得协方差矩阵的特征向量与特征值。单个特征值占所有特征值总和的比例反映了这一特征值及其所对应的特征向量和主成分反映原数据信息的比例,即方差贡献率。将特征值按从大到小的顺序计算方差贡献率以及累计方差贡献率,根据特征值大于 1 且累积方差贡献率大于 85% 的原则确定主成分个数。

假设对原始变量进行主成分分析后共提取了 p 个主成分,每个主成分 F_i 是原始变量 x_i ($i = 1, 2, \cdots, p$) 的线性组合,其中,$\alpha_i = (\alpha_{i1}, \alpha_{i2}, \cdots, \alpha_{in})^T$ 是第 i 个特征值对应的特征向量。主成分的表达式如下:

$$\begin{cases} F_1 = \alpha_{11}x_1 + \alpha_{12}x_2 + \cdots + \alpha_{1n}x_n \\ F_2 = \alpha_{21}x_1 + \alpha_{22}x_2 + \cdots + \alpha_{2n}x_n \\ F_p = \alpha_{p1}x_1 + \alpha_{p2}x_2 + \cdots + \alpha_{pn}x_n \end{cases} \tag{5}$$

若每个主成分的方差贡献率为 e_i ($i=1,2,\cdots p$),那么可以根据各个主成分与原始变量之间的线性表达确定每个指标的初始权重 β_i'。

$$\beta_i' = \sum_{j=1}^{p} \frac{e_j \alpha_{ji}}{\sum_{k=1}^{p} e_k} \tag{6}$$

将初始权重 β_i' 归一化,得到各个指标的最终权重 β_i。

$$\beta_i = \frac{\beta_i'}{\sum_{j=1}^{n} \beta_j'} \tag{7}$$

部分学者认为,主成分分析法是一种客观赋权的方法。但是其客观性依赖于数学模型的选择与构建,具体到法商综合评价模型里,其客观性依赖于指标的选择。相关性指标的数量多的主成分会被判定对整体的信息贡献度高,重要程度高,即权重高。举例来说,法商评价体系中包含了七个与周转率相关的指标,占经济价值指标数量的六分之一,希望通过不同侧面完全的反映公司的运营能力。然而主成分分析会因周转率相关指标数量多,认定周转率相关成分对上市公司的经济价值营销更为重要,从而将与之相关的主成分赋予高权重,并提高了所有周转率相关的权重。这种赋权原则与法商评价体系相悖。法商体系的构建遵循了系统性、综合性的原则,四级指标的选择是为了完全地反映三级指标的价值,相关性强的指标个数的多少并不代表其重要程度。因此,运用主成分分析法为法商指标赋权并非上选。

(二) 逐对比较法

当存在多个指标需要确定权重时,逐对比较是一个简单、直接的方法。假设共有 n 个指标:x_i, $i=1,2,\cdots,n$,每个指标的初始计分为 0,将第 1 个指标 x_1 分别与剩下的 $n-1$ 个指标相比较,更重要的指标计分增加 1;第 2 个指标分别与剩下的 $n-2$ 个指标相比较……共两两比较 $\frac{(n-1)^2}{2}$ 次,将指标计分标准化,就是各个指标的权重。

逐对比较法确定权重的优点是简单、易于操作，只需要对变量进行两两比较即可确定变量的相对重要性。但这个方法忽略了一个变量比另一个变量重要的程度，例如变量1比变量2重要十倍，但这一方法只能定性描述变量A比变量B重要，但不能体现十倍这一程度。法商价值体系包含百余个指标，隶属同一三级指标下的四级指标数量由几个到十几个不等，简单的逐对比较不能准确地反映指标间的相对重要程度。另外，这个方法不能保证人为评价的一致性。例如在两两比较时，认为变量A比变量B重要，变量B比变量C重要，但在评价变量B和变量C时可能会出现变量C比变量B重要的情况，而这种不一致性没有在后续处理中得到纠正。基于以上两点，该方法不适用于法商价值体系。

（三）层次分析法

层次分析法对于解决多目标决策问题是一个有效、可行的方法，特别是在指标存在明显的层次划分时，层次分析法能很好地反映指标间的相对重要性以及层级结构。

利用层次分析法确定指标权重时，首先需要对同一层级水平的指标两两比较。假设指标 U_i 共有 m 个下级指标 x_{ij}，$j=1, 2, \cdots, m$，两两比较这 m 个指标的相对重要性，得到判别矩阵 R。

$$R = \begin{bmatrix} r_{11} & \cdots & r_{1m} \\ \vdots & \ddots & \vdots \\ r_{m1} & \cdots & r_{mm} \end{bmatrix} \tag{8}$$

其中，r_{ij} 代表第 j 指标对于第 i 个指标的相对重要性，因此，$r_{ii}=1$，$r_{ij}=\dfrac{1}{r_{ji}}$。

得到判别矩阵之后，需要检验判别矩阵的一致性。计算判别矩阵的最大特征根 λ，若判别矩阵 R 的一致性越强，则根据正互反矩阵的性质 λ 应该越接近于矩阵阶数 m，因此，可以用 λ 与 m 的差距来构造衡量一致性的指标。

$$CI = \frac{\lambda - m}{m - 1} \tag{9}$$

$$CR = \frac{CI}{RI} \tag{10}$$

其中，λ是判别矩阵最大的特征根，m是判别矩阵的阶数，RI是根据查表得到的随机一致性指标。当CR<0.1时，认为判别矩阵通过一致性检验。

对于通过一致性检验的判别矩阵，计算最大特征值对应的特征向量，每个维度分别代表每个指标的重要程度，将所有维度标准化就得到最终的各个指标权重。

层次分析法确定权重弥补了逐对比较法不能反映具体重要程度的优点，在层次分析法的判别矩阵中，每一个元素可以是任意数值，反映第i个指标比第j个指标重要多少倍，将重要程度数值化。另外，使用层次分析法时，有对变量评价一致性的检验，确保了评价的一致性。这一方法的缺点是，评价指标的重要程度严重依赖于评价者的主观认识，而较少地客观反映数据集中指标本身之间的关系。

在本次报告中，法商价值由经济价值、治理价值和发展价值三方面衡量，这三方面价值又分别通过多个下级指标衡量，指标之间存在明显的层级关系。其次，综合考虑各个方面的指标，虽然指标之间存在一定的相关性，但相关关系并不十分显著，未完全达到主成分分析的要求。因此，综合考虑指标的层级性、相关性以及评价的一致性，本次报告采用层次分析法来确定指标权重。本报告邀请专家对同一三级指标下的四级指标、三级指标间进行两两重要性比较，通过一致性检验后，计算最大特征值对应的特征向量，归一化后得到各指标相对权重。

三、模糊综合评价模型

法商综合评价体系运用模糊综合评判模型对上市公司的经济、治理、发展价值进行评价。法商评价体系包含定量指标与定性指标一百余个，部分指标并没有明确的好坏边界，因此采用模糊综合评价法对企业进行评价。

对于定性指标，可以直接根据指标本身计量方法划分等级，例如"两职分离情况"这一变量只有0或1两个取值，分别代表不存在两职分离和存在两职分离，则两职未分离的企业的模糊关系表示为[1, 0, 0, 0, 0]，存在两职分离的企业的模糊关系表示为[0, 0, 0, 0, 1]。

对于定量指标，假设等级论域 v 共有 4 个级别，v = {差，较差，较好，好}，4 个等级论域对应的阈值区间分别为 $[c_1, c_2)$，$[c_2, c_3)$，$[c_3, c_4)$，$[c_4, c_5]$，分界点 c 的确定采用分位数的形式，指标的最小值为第一个分界点，各个指标中 25% 分位数所对应指标值为第二个分界点，50% 分位数所对应的指标值为第三个分界点，75% 分位数所对应的指标值为第四个分界点，指标的最大值为最后一个分界点。

假设指标 U_i 有 m 个下层指标 x_{i1}，x_{i2}，…，x_{im}，对应的权重向量为 $\alpha_i = (\alpha_{i1}, \alpha_{i2}, \cdots, \alpha_{im})^T$，模糊关系矩阵 $R = [r_{ijk}]$，($j = 1, 2, \cdots, m$；$k = 1, 2, \cdots, 5$)，其中 r_{ijk} 表示指标 U_i 下的第 j 个子指标的在第 k 个级别的模糊隶属度。

$$r_{ijk} = \begin{cases} \dfrac{x_{ijk} - c_{ij,k-1}}{c_{ijk} - c_{ij,k-1}} \cdots\cdots if \cdot c_{ij,k-1} \leq x_{ij} < c_{ijk} \\ 1 - \dfrac{x_{ijk} - c_{ij,k-1}}{c_{ijk} - c_{ij,k-1}} \cdots\cdots if \cdot c_{ij,k-2} \leq x_{ij} < c_{ij,k-1} \\ 0 \cdots\cdots o.w. \cdots\cdots \end{cases} \quad (11)$$

令 $H = [0, 25, 50, 75, 100]^T$，指标 U_i 的总评分为：

$$S(U_i) = \alpha^T R H \quad (12)$$

第五章　中国上市公司法商价值分析

一、总体法商价值分析

（一）上市公司法商价值总体

基于 A 股 3355 家上市公司 2018 年数据，分析结果如表 5-1 所示。

表 5-1　　　　　　2018 年上市公司法商价值概况

	法商价值	经济价值	治理价值	发展价值
均值	56.85	49.62	70.00	50.93
中位数	57.14	49.92	70.31	50.99
最大值	74.82	72.61	88.57	74.52
最小值	35.96	19.71	45.49	23.77
标准差	6.07	9.40	6.52	8.10
偏度	-0.25	-0.09	-0.20	-0.13
峰度	-0.34	-0.45	-0.12	-0.26

总体而言，上市公司法商价值分析结果呈现出以下特征：

首先，大多数上市公司法商价值得分表现平庸，仍具有较大的提升空间；二级指标中治理价值对整体法商价值得分贡献突出。结合表 5-1 可以看到，样本上市公司的总体法商价值均值为 56.85，经济价值、治理价值、发展价值均值分别为 49.62、70.00、50.93，对比而言，上市公司优质的治理状况是提升公司法商价值的一大重要因素。值得注意的是，各证券交易所对公司上市均有一定程度的要求，在公司资本结构、获利能力、公众持股量等方面必须达到一定标准方可上市，然而结合上市公司普遍较低的经济价值表现可以看出，上市的门槛不能保证公司的创富水平，上市与否不能成为衡量公司价值的参考标准。治理价值表现突出可能存在以下两方面原因：其一，近些年来国家政策对于上市公司法人治理结构的监管日益增强，在此背景下企业不得不积极规范自身治理行为；其二，本研究中治理价值维度的多数指标为二分变量（0-1变量），绝大多数上市公司在此类指标上得分为"1"，因此统计结果得分较高。

其次，各上市公司间存在一定差距，其在经济价值、发展价值方面差距显著，在治理价值方面差距相对较小；在经济、治理、发展的综合影响下，各公司法商价值差距缩小。由表5-1可知，上市公司法商价值的极差为38.86，经济、治理、发展层面的极差为52.89、43.08和50.75，可见法商价值极差适中，受到三个子指标的相互中和、共同影响，进而缩小差距。联系现实，各上市公司在创造财富、合规治理以及未来发展三个维度上的表现并不均衡，这种不均衡的状态不利于公司获得长期持续竞争力。从标准差来看，法商价值、经济价值、治理价值、发展价值标准差依次为6.07、9.40、6.52、8.10，对比而言，上市公司经济价值得分的离散程度最高，其次是发展价值，治理价值离散程度最低。结合极值来看，上市公司的治理水平分布较为均匀，但存在少数个例，治理水平远偏离常规。经济价值离散程度高说明上市公司在资源的获取和把控能力上差距显著，这一方面可能由上市公司本身性质决定的（轻资产或重资产），另一方面也与我国不同行业、地区间经济水平参差不齐高度吻合。

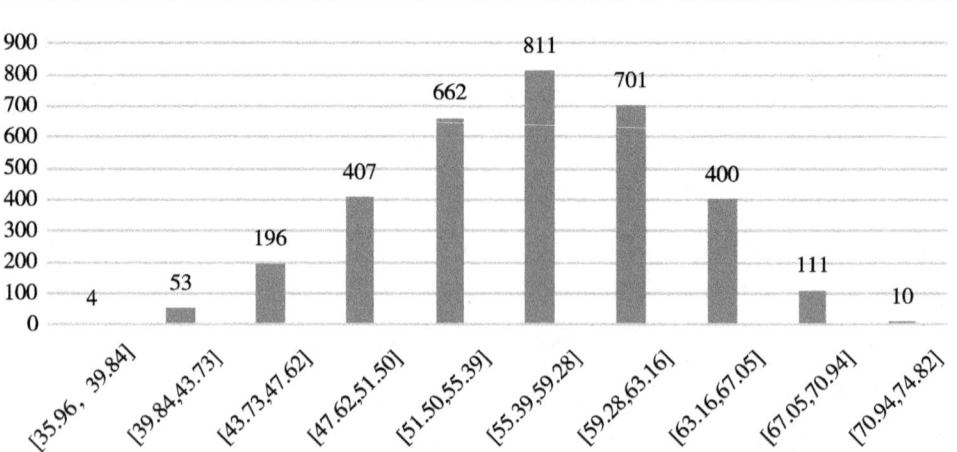

图 5-1　2018 年中国上市公司法商价值分布图

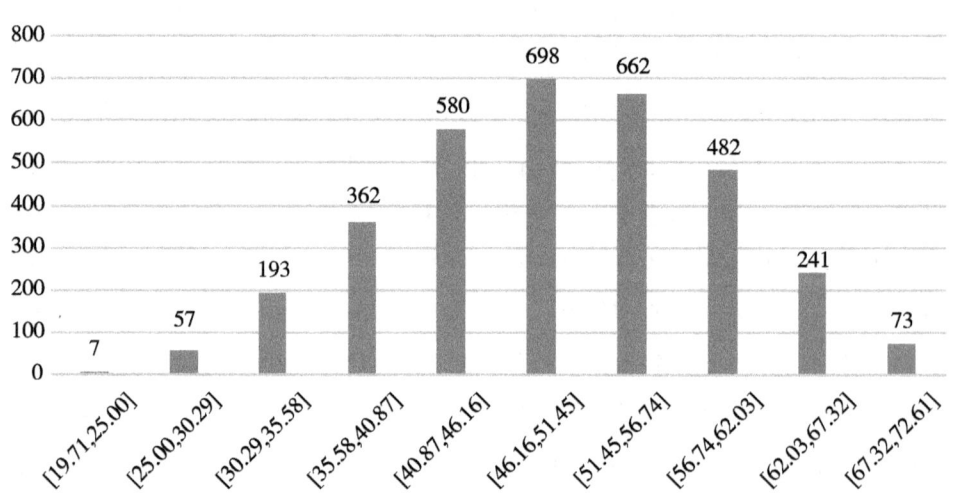

图 5-2　2018 年中国上市公司经济价值分布图

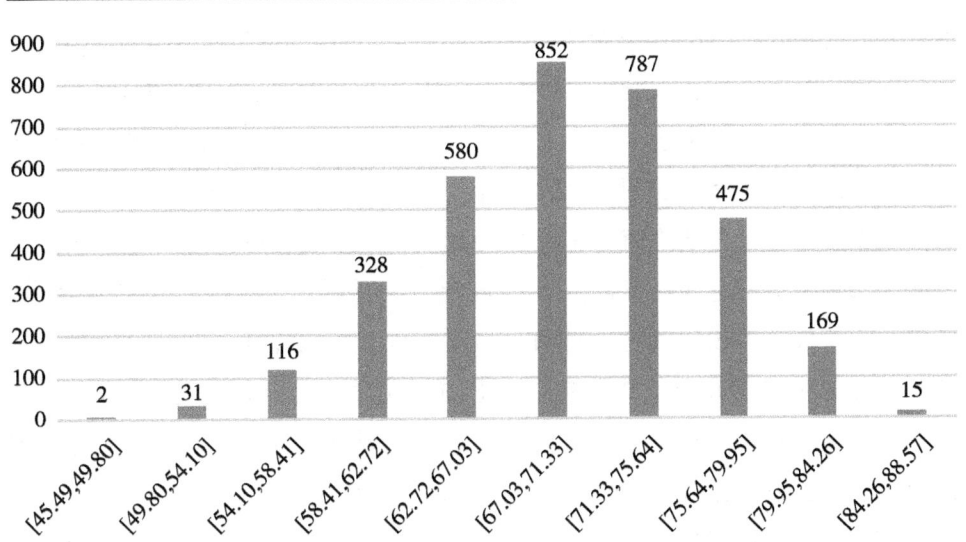

图 5-3　2018 年中国上市公司治理价值分布图

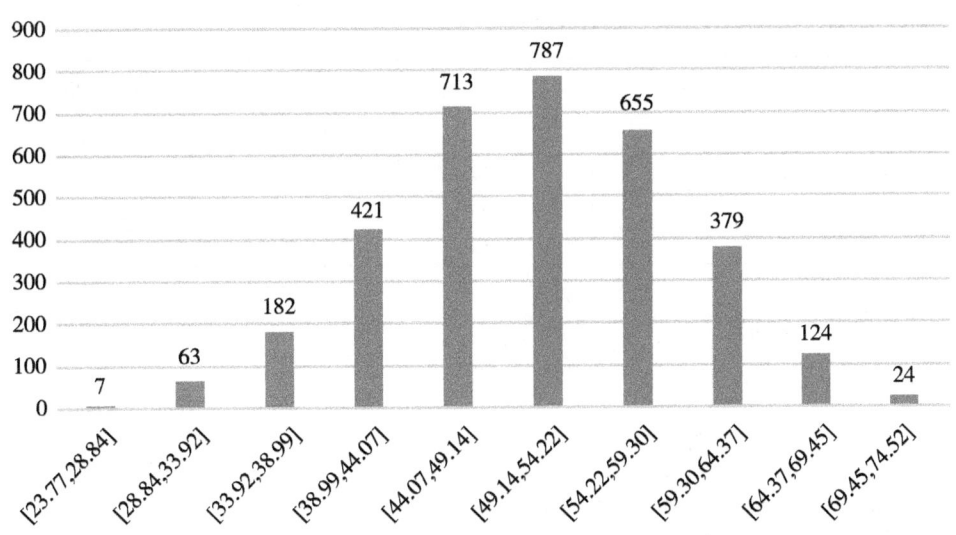

图 5-4　2018 年中国上市公司发展价值分布图

最后，法商价值得分高的上市公司数量偏多，但少数公司法商得分远远落后于整体水平，因此市场整体表现在较大程度上受到单个低值公司的影响。结合上面法商价值分布图，可以看到上市公司法商价值主要集中在 51.5～63.16 分，占比高达 64.8%，得分高于 67.06 分的企业占比 3.61%，而低于 43.73 分的企业仅占比1.7%,说明高分企业数量更多,而低分企业分值极低。经济价值多集中在40.87~56.74,占比57.82%;治理价值集中在62.72~75.64,占比66.14%;发展价值集中于44.07~59.30,占比64.23%。对比来看,治理价值集中度最高,法商价值、发展价值紧随其后,经济价值集中度最低。

从偏度来看,各项价值的偏度均为负值,重尾在左侧,说明相对于正态分布,各项价值均呈现左偏态,及大部分公司的得分大于均值。就峰度而言,总体法商价值及二级价值均为负值,与正态分布相比峰部平缓,说明各上市公司得分分布相对分散。结合实际,上市公司中不乏一批优秀发展的企业,尤其是大量受到政策倾斜的国有企业和部分受到投资者青睐的民营企业,但同时也存在少数穷途末路企业,即将面临退市之结局。

(二)百强企业法商价值分析

表 5-2　　　　　　　　百强企业法商价值统计情况

类别	经济价值	治理价值	发展价值	法商价值
均值	64.40	77.84	64.67	68.97
最大值	72.07	88.57	74.52	74.82
最小值	53.25	65.74	53.79	67.34
极差	18.83	22.82	20.73	7.48

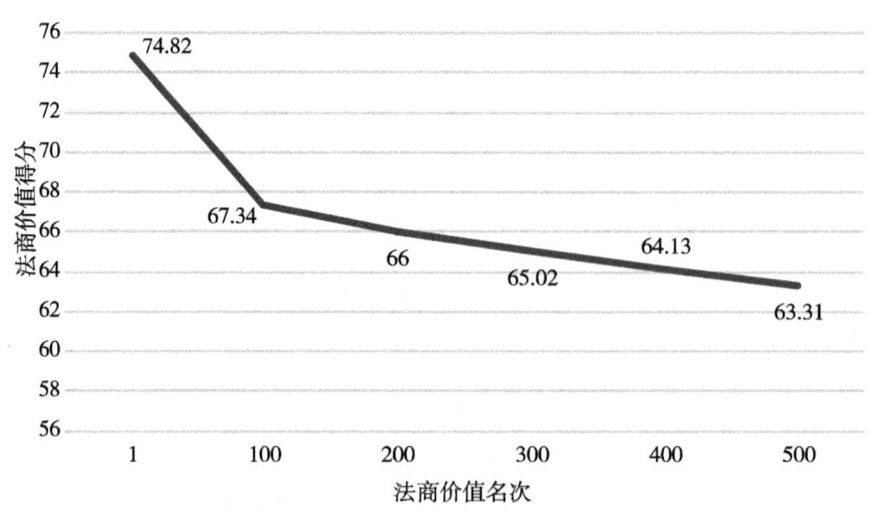

图 5-5　前 500 名企业得分差距图

第五章 中国上市公司法商价值分析

表 5-3　　　　　　　　　　百强企业异常值代表

股票名称	经济价值	治理价值	发展价值	法商价值	排名	板块
立讯精密	71.46	65.74	72.10	69.77	24	中小板
海澜之家	65.84	83.26	53.79	67.63	86	主板
石基信息	53.25	79.03	70.47	67.58	88	中小板

百强个别公司领先优势巨大，大部分百强企业的质量仍有较大的提升空间。2018 年法商价值百强公司在经济价值、治理价值和发展价值方面均有较好的表现，其中相当数量的公司是行业中的龙头企业。百强企业法商价值平均得分为 68.97 分，显著高于整体法商价值平均分 56.85 分；但百强企业个体得分差异性明显，从"前 500 名企业得分差距图"可以看出法商价值得分第一名（300136.SZ，信维通信）比第 100 名（300601.SZ，康泰生物）高 7.48 分，然而百名之后，每百名差距仅有 1 分左右，差距较为平稳，说明百强企业法商价值竞争激烈。

部分百强企业"偏科"状态严重。百强企业法商价值也并不是无可挑剔，在二级指标得分方面，部分企业呈现严重"偏科"状态，如：立讯精密（002475.SZ），其经济价值和发展价值得分极高，然而其治理价值仅有 65.74 分，低于平均治理价值水平，说明该公司在治理层面存在较大的问题；类似的企业还有发展价值最低的海澜之家（600398.SH）和经济价值最低的石基信息（002153.SZ）。"偏科"实际上也是企业不健康的一种表现，说明企业在这方面的价值追求不擅长甚至不重视，新经济形态下企业发展形势错综复杂，任何一个价值层面出现问题，都会对企业带来严重的隐患，百强企业可以针对其薄弱环节有针对性地提升其能力。

(三) 上市公司经济价值分析

表 5-4 经济价值统计情况

统计量	经济价值	资源占有量	资源利用率	资源可控性
平均值	49.62	46.25	49.13	52.48
中位数	49.92	48.34	49.59	52.73
最大值	72.61	93.96	74.94	84.95
最小值	19.71	1.35	16.44	20.22
极差	52.89	92.60	58.50	64.73
标准差	9.40	21.82	11.21	13.68
偏度	-0.13	-0.16	-0.16	0.04
峰度	-0.45	-1.29	-0.71	-1.03

相较治理与发展，上市公司在经济发展上更加良莠不齐，不同上市公司所占有的资源量差距极大，但其在利用资源效率与资源风险把控上的表现差异较小。从上文总体概况表中可见，经济价值的极差和标准差是三个二级指标极差中最大的，说明经济价值部分的数据离散程度最高，上市公司在经济发展方面最为参差不齐。而从上表三级指标来看，经济发展高差异程度的主要原因应来自资源占有量，其最大值为93.96，最小值只有1.35，极差超过90，在三项三级指标中极差最大，同时标准差也是其他三级指标的近两倍。考虑到构成资源占有量的指标主要为各类资产，这一数据反映出我国上市公司中的轻资产企业与重资产企业所拥有的资产规模存在极大差别。

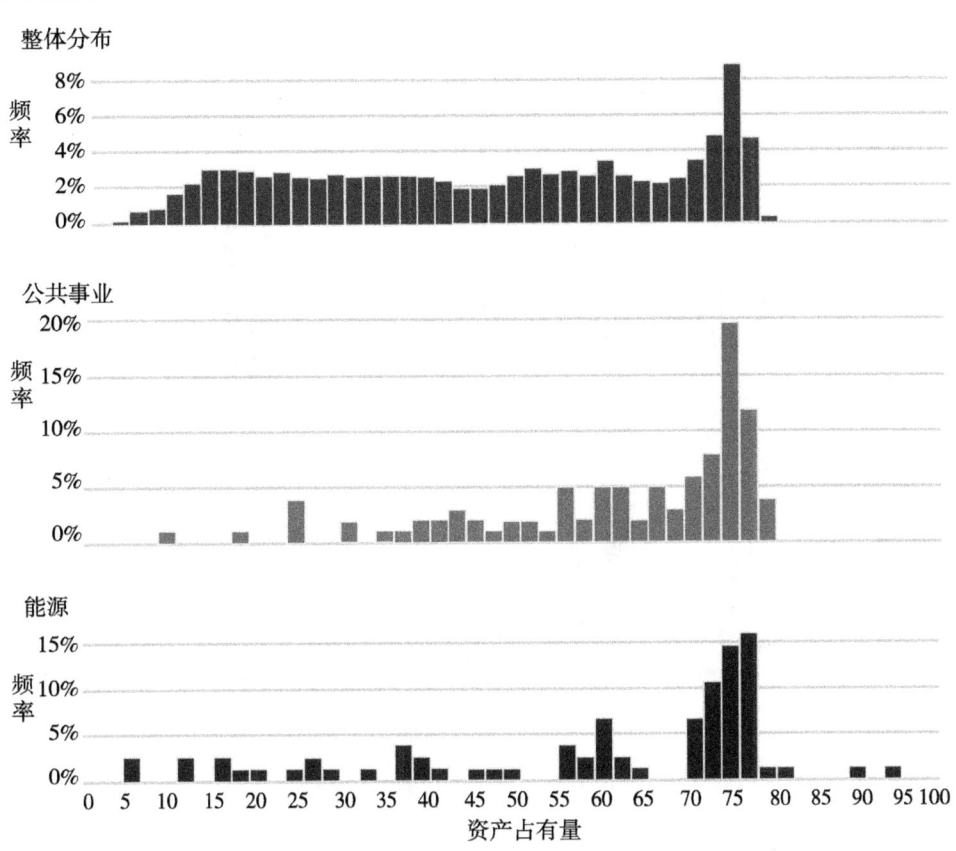

图 5-6　整体与公共事业及能源行业资源可控性数据分布

从行业分布来看，能源及公共事业企业在资源占有量上呈现较为突出的差异程度，这与三者自身的鲜明特点紧密相关。其中，能源与公共事业行业属于较为典型的自然垄断[①]行业，且大部分的行业内企业都归属国有，因此头部企业在资产规模等方面存在显著优势，与行业内的中小企业形成巨大差别。

---

① 自然垄断亦称"自然寡头垄断"，指受资源稀缺性、规模经济效益、范围经济效益等因素影响，某些产品和服务由单个企业大规模生产经营比多个企业同时生产经营更有效率的现象。典型的自然垄断行业有自来水、电力、电信、邮政等。

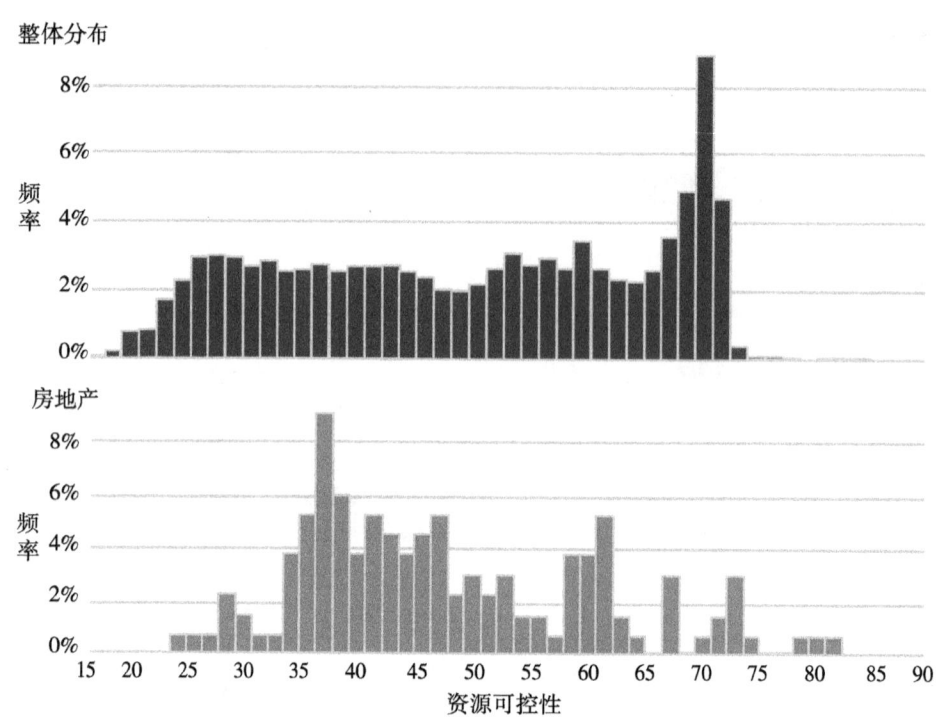

图 5-7　整体与房地产行业资源可控性数据分布

上市公司在经济发展上呈现轻微的两极分化现象，在资源风险把控方面的整体表现较资产规模与资产利用效率更好。从整体分布来看，经济价值数据的偏度及峰度均为负值，表明数据更多分布在低值区间且分布在众数周围的数据较少，分布在尾部的数据更多，上市公司在经济发展上呈现出十分轻微的两极分化现象。且由表5-4可见，资源可控性是唯一一项偏度为正的三级指标，表明资源可控性部分的数据整体更多分布在高值区间，上市公司在资源风险把控方面的整体表现较其他两方面更好。但从分布来看，也存在反例，比如房地产行业的资源可控性数据便更多分布在低值区间，似乎行业整体面临的资金风险更高，这也是房地产行业的特点决定的。众所周知，房地产行业属于资金密集型行业，周转周期较长，且我国房地产多实行预售制，预售房款在财务上形成负债，但这部分负债并不形成利息支出并将最终转化为收入。因此房地产行业看似整体负债率高于其他行业，实则并未面临过高的资金风险，我国上市公司在资源风险把控方面确实整体较好。

综合来看，我国 A 股上市公司在经济发展上呈现出较高的良莠不齐程度，不同类型的公司在资源占有量方面差距极大，而在资源可控性方面的整体表现略优于资源占有量与资源利用率。

（四）上市公司治理价值分析

表 5-5 所示的是治理价值下的三级指标——治理合规性、治理效率性与治理公平性的平均分、极值、中位数、标准差与偏度、峰度。

表 5-5　　治理价值各三级指标表现

治理价值三级指标	治理合规性	治理效率性	治理公平性
平均分	80.16	62.19	61.53
最大值	99.42	90.75	90.83
最小值	41.97	30.32	38.41
极差	57.45	60.43	52.42
中位数	80.77	62.43	59.84
标准差	10.61	10.86	8.58
偏度	-0.50	-0.13	0.23
峰度	-0.13	-0.17	-0.03

可以发现，各上市公司在治理形式上普遍较为规范。如表 5-5 所示，上市公司治理合规性的平均分约为 80.16，其中股票代码为 002181.SZ 的粤传媒为 41.97 分，是最小值；最大值为 99.42，是股票代码为 002206.SZ 的海利得公司。可能是政策约束原因，上市公司治理的刚性约束逐渐加强，监管部门不断加大对公司治理的监管力度，上市公司也开始逐渐意识到内部治理的必要性。

上市公司在治理有效性方面良莠不齐，差距较大。上市公司治理效率性均分为 62.19，标准差为 10.86，数据分布较为分散，治理情况参差不齐。最大值 90.75，为澄星股份；最小值 30.32，为连云港工业。可能我国上市公司还存在着"三会一层"运作不规范等问题，导致公司治理效率较为低下，所以在提升其人员素养、规范职能及完善运作机制方面仍可以有所作为。

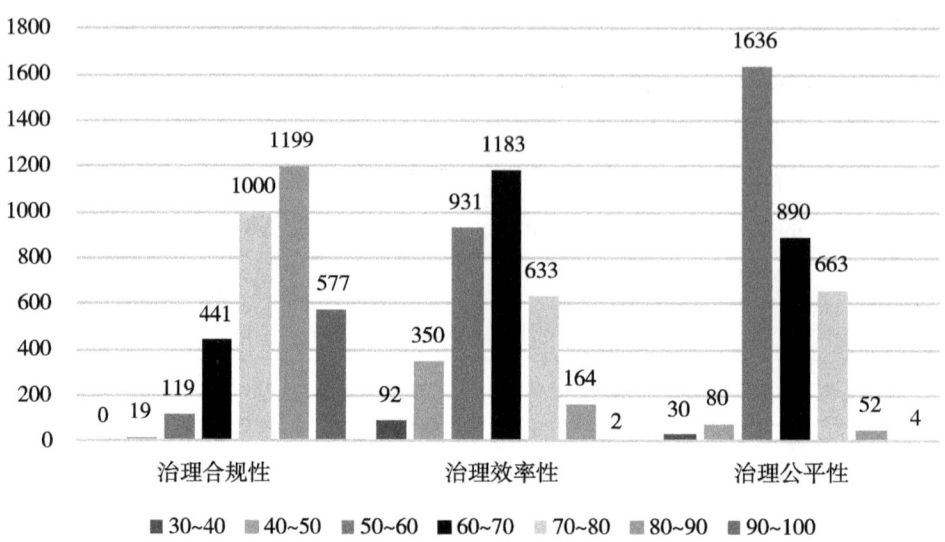

图 5-8　上市公司治理价值三级指标得分分布

上市公司在各方利益权衡方面还有很长的路途。治理公平性的均分相对较低，为 61.53，标准差为 8.58，相对较小，图 5-8 显示上市公司治理公平性得分集中在 50~60 分。可能由于我国上市公司还普遍存在着"一股独大"的现象，治理结构不完善，在员工和中小股东等利益相关者的权益方面存在协调问题。

（五）上市公司发展价值分析

表 5-6　　　　　　　　　发展价值统计情况

统计量	发展价值	战略竞争能力	企业社会审计	动态适应要素
平均值	50.93	51.67	47.71	55.75
中位数	50.99	51.65	48.03	57.07
最大值	74.52	75.00	76.43	83.90
最小值	23.77	23.40	14.46	19.62

续表

统计量	发展价值	战略竞争能力	企业社会审计	动态适应要素
极差	50.75	51.60	61.97	64.28
标准差	8.10	10.06	11.37	11.52
偏度	-0.09	-0.07	-0.12	-0.28
峰度	-0.26	-0.56	-0.46	-0.59

上市公司发展价值成长空间巨大。根据以百分制标示的评价结果，2018年上市公司发展价值平均得分50.93分，中值为50.99分，距满分还有近一半的成长空间，上市公司可以立足未来，增强企业的成长性。

两极分化现象严重，主体间差距较为明显。发展价值得分最大值为74.52，最小值为23.77，差距为50.75，两极差距明显。发展价值的标准差为8.10，在三个二级指标中处于较高水平，数据离散程度较大。整体来说，上市公司发展价值的分布较为符合正态分布，从偏度和峰度的角度来说，发展价值相较于正态分布，整体偏矮呈现左偏态，存在个别极端低值。

动态适应要素得分居于领先地位。发展价值中，动态适应要素和其他两个三级指标相比，处于优势地位，平均分达55.75分。形成这种现象的原因是：世界正进入新经济发展时期，中国经济发展正面临动力转换、方式转变、结构调整的繁重任务。作为重要微观主体的上市公司，受外部监管和内部动因倒逼的双重影响，不断自我提升应对环境变化的能力，例如风险抵抗能力、行业发展能力和区位发展能力等。因此，2018年上市公司动态适应要素得分情况乐观。

企业社会审计方面的发展不容乐观。企业社会审计是从单纯财务层面对企业进行检查转向对企业在经营发展过程中应当履行的社会职责和义务进行审计，是集中衡量组织内涵、社会责任以及文化战略等方面的内容。中国上市公司和发达国家上市公司相比发展的时间较短，发展的程度不充分。因此，上市公司普遍对自身的战略规划、文化使命、社会责任等理解不深刻不到位。因此，组织资源的低得分是对现实的客观反映，也需要上市公司整体学习先进的战略管理思想，深刻洞见全球及本地市场，密切关注市场和行业的变化。

三级指标与二级指标波动程度一致,更加印证了两极分化现象。不同公司的企业社会审计和动态适应要素的差距较为明显,极差分别为 61.97 和 64.28,头部企业优势逐步扩大;发展价值的三级指标和发展价值整体的分布形态保持一致,接近正态分布都为低峰左厚尾分布,存在极端低值,个别企业的动态适应要素、战略竞争能力、企业社会审计亟须提高。

二、行业法商价值分析

根据 Wind 数据库对上市公司的行业划分标准,本报告将涉及的 3355 家上市公司划分为十大行业。其中,从属工业的企业数量最多,达到 904 家,占总体上市公司的 27%,在数量上领跑于其他行业。紧随其后的是可选消费行业、信息技术行业以及材料行业,公司数量分别有 565 家、563 家和 530 家,分别占比 17%、17% 和 16%,这三类行业在公司数量上基本相当。此外,医疗保健业 286 家占比 8%,日常消费业 194 家占比 6%,房地产业 132 家占比 4%,公共事业 102 家占比 3%。还有少量能源行业和电信服务业的上市公司,仅占比 2% 左右。见图 5-9。可以看出,本报告所覆盖 3355 家上市公司行业分布基本均衡,除金融业以外各行业均有所涉及,准确反映了整体上市公司行业分布情况。

总体而言,各行业法商价值均值差异较小,但行业间呈现出显著差异:医疗保健行业作为新兴行业发展迅猛,在法商价值下的各个子维度均表现优异,成为股市新宠儿;信息技术行业极具发展潜力,虽在经济价值方面暂时落后,但鉴于治理价值和发展价值遥遥领先,可以预见其未来值得期待;能源行业作为传统行业代表,完全依靠经济价值带动整体价值,而其治理、发展价值与之相比呈现云泥之别;房地产行业在政策打压下越发艰难,在各子维度上均表现惨淡,亟待创新转型以提升价值。

第五章 中国上市公司法商价值分析

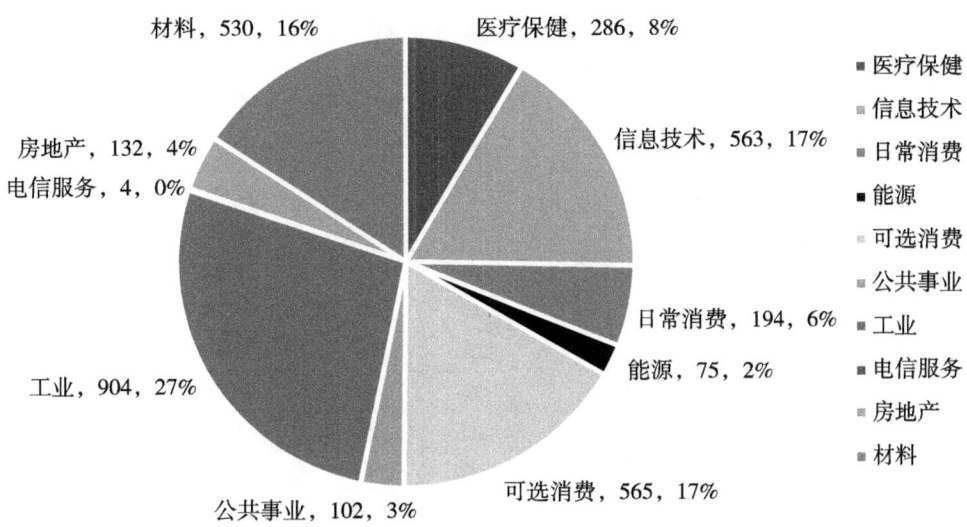

图 5-9 中国上市公司行业占比图

（一）法商价值行业总体

在 3355 家上市公司中，法商价值排名前三甲的行业分别为医疗保健业、信息技术业和材料行业。医疗保健行业的法商价值居于榜首，达到 59.42 分，其在经济价值（52.29）、治理价值（71.38）和发展价值（54.60）维度均名列前茅，治理价值尤为突出，整体表现较为均衡。信息技术行业的法商价值为 58.19 分，位列第二，值得一提的是，其经济价值（48.24）处于末流水平，在十个行业中排名第九，但治理价值（70.48）和发展价值（55.84）表现优异，均位列前三甲，可以见得该行业法商价值排名受到发展价值和治理价值正向影响，因此较为靠前。材料行业位居第三，法商价值得分为 57.10 分，其中该行业经济价值（52.30）居于所有行业之首，治理价值（70.11）一般，处于中上游水平，而发展价值（48.88）明显落后，仅排在第六名。可以看出，经济价值对材料行业的法商价值做出突出贡献。见表 5-7。

表 5-7　　　　　各行业上市公司法商价值均值一览表

行业	排名	法商价值	经济价值	治理价值	发展价值	公司数量
医疗保健	1	59.42	52.29	71.38	54.6	286
信息技术	2	58.19	48.24	70.48	55.84	563
材料	3	57.1	52.3	70.11	48.88	530
工业	4	56.51	47.75	69.96	51.83	904
可选消费	5	56.45	49.46	70.1	49.79	565
电信服务	6	56.14	50.04	68.73	49.64	4
日常消费	7	55.68	50.96	70.31	45.78	194
能源	8	54.48	51.93	65.99	45.52	75
房地产	9	54.15	48.66	68.98	44.82	132
公共事业	10	53.68	50.31	66.51	44.21	102

位列法商价值排名后三位的行业分别为公共事业行业、房地产行业和能源行业。公共事业行业的法商价值均分为53.68分，与最高分相差将近6分，差距并不明显；该行业治理价值（66.51）和发展价值（44.21）排名都很落后，但经济价值（50.31）相对靠前，排名第五名，说明该行业总体较差但具有一定创造财富的能力。房地产行业法商价值为54.15分，排名倒数第二，其不仅在总分层面表现较差，在经济（48.66）、治理（68.98）、发展（44.82）等细分维度也呈现出颓败之象。能源行业的法商价值为54.48分，位居第八，其治理价值（65.99）和发展价值（45.52）排名靠后，但经济价值（51.93）仍表现出不俗业绩，经济价值排名第三，对整体排名做出积极作用。

（二）二级指标行业分析

表 5-8　　　　　各行业法商价值二级指标均值排名

排名	经济价值	治理价值	发展价值
1	材料	医疗保健	信息技术
2	医疗保健	信息技术	医疗保健
3	能源	日常消费	工业
4	日常消费	材料	可选消费

续表

排名	经济价值	治理价值	发展价值
5	公共事业	可选消费	电信服务
6	电信服务	工业	材料
7	可选消费	房地产	日常消费
8	房地产	电信服务	能源
9	信息技术	公共事业	房地产
10	工业	能源	公共事业

单纯从经济价值分析各行业，可以看出材料行业、医疗保健行业以及能源行业的经济价值普遍较高。材料行业和能源行业作为传统行业中的佼佼者，其创造财富的能力仍然绰有余裕；医疗保健行业虽是新兴行业，但在大健康的时代背景下其财富增长速度突飞猛进，跃至全行业第二的水平。房地产行业、信息技术行业以及工业的经济价值较低，位列经济价值榜单末位。房地产行业的经济价值大幅度缩水，其背后体现了2018年度政府对房地产行业的"强监管"态度，一定程度上遏制了此行业之前的野蛮生长。信息技术行业经济价值较低，一方面可能由于信息技术业属于初创阶段，资本积累成熟度不够；另一方面在于该行业属于轻资产行业，资源占有量普遍较低。

从治理价值来看，医疗保健行业、信息技术行业以及日常消费行业位列前三甲，此三类行业具有较高的合规性可能归因于国家层面监管力度较大；而电信服务行业、公共事业行业以及能源行业治理价值低，这在一定程度上可以反映其在治理效率和治理公平等方面存在明显短板。如图5-10所示，治理价值得分较低的行业国有企业占比较高，其中公共事业行业国企占比75%，能源行业国企占比61%，国家在此类行业中处于绝对控制之地位。由于大多数国有企业都存在的产权归属不清晰、竞争机制不完善、报酬激励不合理等共性问题，其治理效率和治理公平性往往存在明显不足，因此对整体治理价值有负向影响。值得一提的是电信服务行业，该行业治理价值低，但国有企业占比不高，看似违背上述呈现的规律，实则不然。进一步分析可以看到，本研究样本中电信服务行业仅入选四家公司，分别是二六三（002467.SZ）、会畅通讯（300578.SZ）、中国联通（600050.SH）、鹏博士（600804.SH），样本数量太少，存在较大偶然性。众所周知，中国电信服务行业的主要业务都由中国电信、中国联通、中国移动等3家国有大型企业经营，形成寡头垄断的局面，但由于中国电信和中国移动均在港股上市或海外上市，不在本次研究对象范围之内，因此电信服务行业分析结果一定程度上存在偏差。

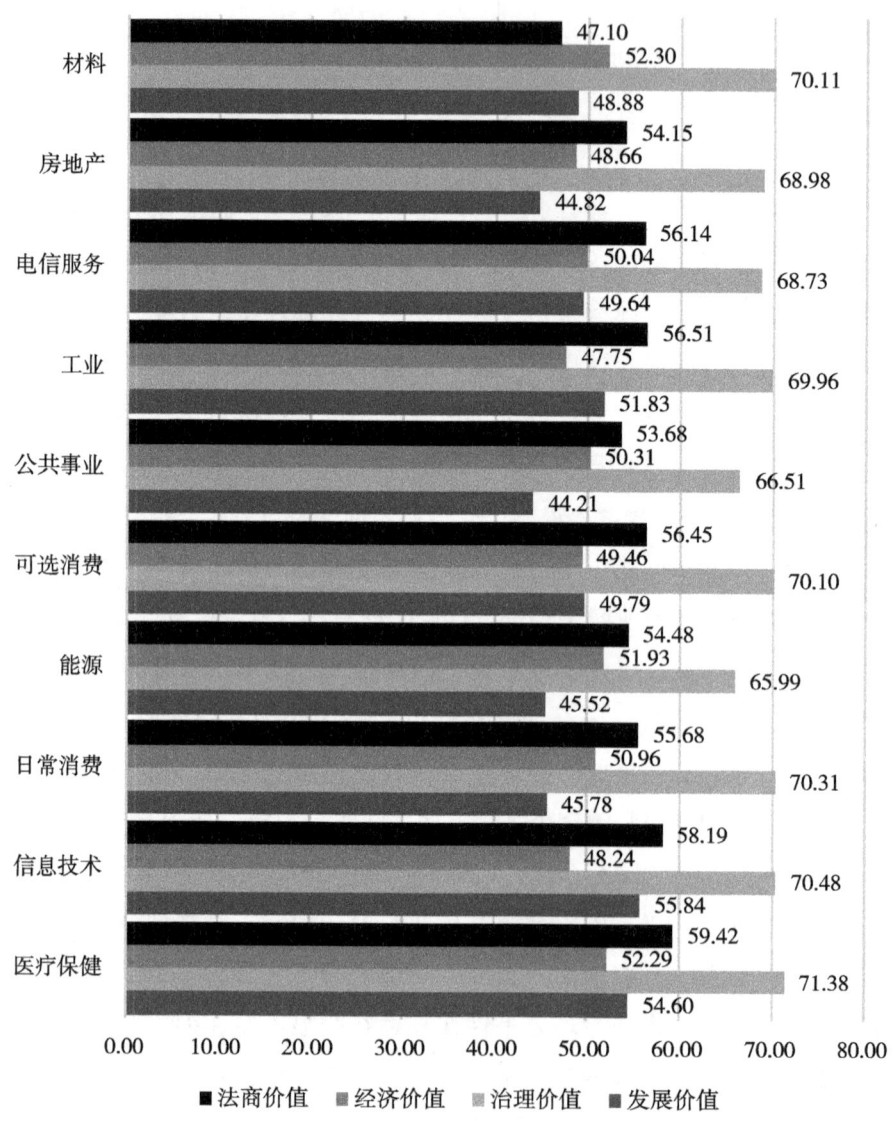

图 5-10　各行业上市公司各价值对比图

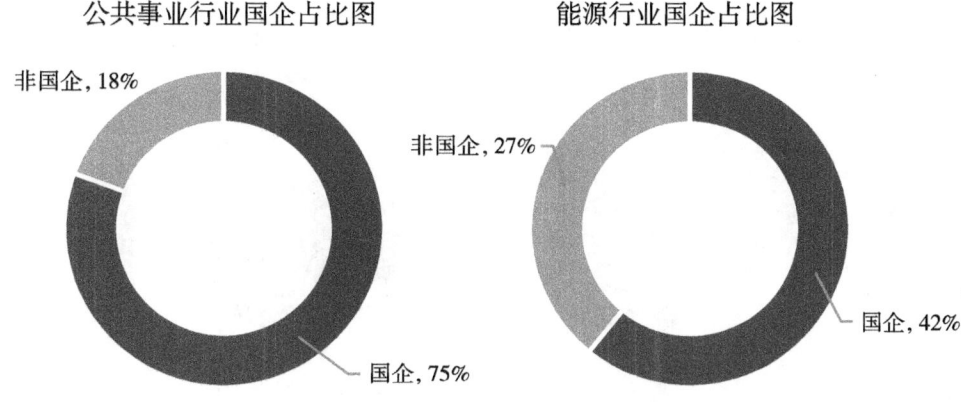

图 5-11　低治理价值行业国企占比图

从发展价值来看，榜单前三位是信息技术业、医疗保健业和工业，后三位是能源行业、房地产行业和公共事业行业，这体现了新兴行业具有较乐观的发展前景，而传统行业逐渐衰退，发展潜力往往不佳。

不同行业的发展价值得分与其地区分布集中度存在一定联系，往往发达地区集中度越高的行业发展价值越高。以信息技术行业和公共事业行业为例，如图 5-12 所示，信息技术行业 563 家企业分布区域非常集中，主要分布在广东（156 家）、北京（88 家）、江苏（61 家）、上海（44 家）等经济发达地区，而公共事业的 102 家企业分布在全国各省市，较为分散。发达地区具备更完善的营商环境，并更容易受到国家政策倾斜，因此，可以为企业提供持续发展壮大的"肥沃土壤"，集中于发达地区的行业在企业社会审计和动态适应要素方面表现更加良好，因而发展价值得分较高。

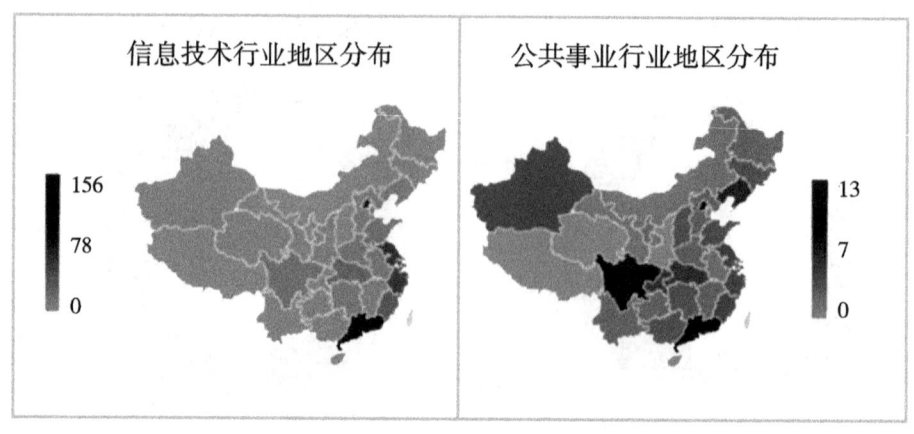

图 5-12 两行业地区分布对比图

（三）百强企业行业分析

法商价值百强企业中，可选消费和信息技术有 20 家以上企业入选，工业和医疗保健有 10 家以上企业入选，而电信通信、房地产、公共事业和能源等四个行业无一家企业入选百强。百强企业具有极强的行业性特点。

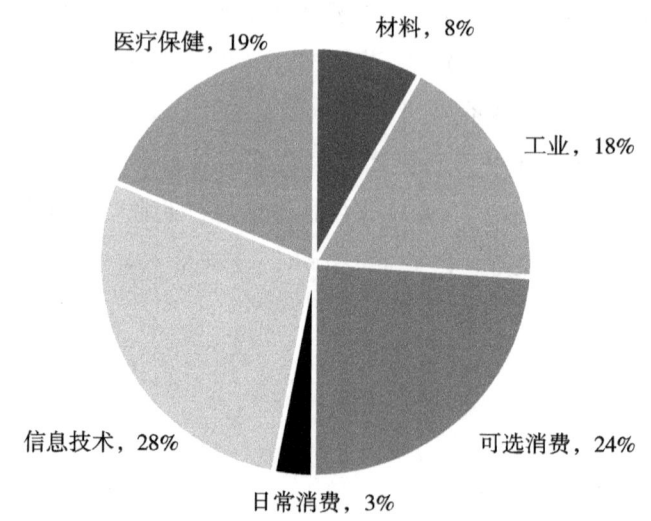

图 5-13 2018 年中国上市公司百强企业行业分布

第五章 中国上市公司法商价值分析

图 5-14 中国上市公司百强企业行业投资热词图

上述结果也和近年来资本市场以技术创新驱动力为主的行业投资方向较为一致，如信息技术、医疗保健、可选消费等。资本市场的热情追逐和企业自身的良好表现共同造就了法商价值百强企业行业集中的现象，而头部企业差距正在逐步拉大，马太效应开始显现。

表 5-9　　　中国上市公司百强企业法商价值均值排名

	百强法商均值	排名	总体法商均值	排名
信息技术	69.74	1	58.19	2
可选消费	68.99	2	56.45	5
日常消费	68.65	3	55.68	7
医疗保健	68.62	4	59.42	1
工业	68.60	5	56.51	4
材料	68.18	6	57.10	3

此外，百强企业中，各行业法商价值均值相较于总体均值都有一定程度的增长，增幅大多超过 10 分，其中可选消费行业和日常消费行业增幅较大，分别为 12.54 分和 12.97 分，医疗保健行业增幅最不明显，仅为 9.2 分。从排名来看，可选消费和日常消费行业异军突起，虽然其总体排名处于中流，但百强排名分别获得"榜眼""探花"之名，领先优势明显。结合实际可以看到，中国经济高速发展四十年，广大国民的消费能力和消费意愿逐步增强，可选消费行业受益于人口红利和人均可支配收入的增长得以发展。同时该行业产品更新迭代的速度较快，善于抓住市场需求的企业迅速做大做强，能够实现财富积累、高效运营和蓄力发展，进而取得极高的法商价值得分；而那些不积极改变的企业只能惨遭淘汰，逐渐萎缩，法商价值得分也相应较低，差距相对明显。

（四）四大典型行业分析

1. 全能宠儿——医疗保健行业

医疗保健行业在所有行业中脱颖而出，位居榜首，该行业不仅总体价值较高，其经济价值、治理价值和发展价值均有较高得分，可谓"全能型选手"。该行业法商价值最大值为 70.25 分，最小值为 42.30 分，极差（27.95）较小，说明不同企业之间有一定差距但不明显。而经济价值极差 44.92 分，治理价值极差 34.34 分，发展价值极差 44.36 分，极差明显高于法商价值，说明各企业虽然总体价值水平相当，但三个细分层面上仍然存在较大差距。见表 5-10。此外，各类价值的均值均低于中位数，说明存在相当一部分上市公司得分较低脱离整体水平，进而对整体造成影响。

医疗保健行业的兴起恰逢中国社会大范围消费升级的需求，居民收入增长促使大众从"衣食住行"向"健康、教育、文化、娱乐"等新兴消费转移，同时居民健康意识加强，其对医疗保健产品和服务的消费意愿也相当强烈。数据显示，2018 年度医疗保健 CPI 领涨全行业，居民医疗保健支出也赶超可支配收入增长速度，整个行业发展迅猛、蒸蒸日上。与之相对应，该行业在本报告评价体系中表现优异，斩获榜首。但中国的医疗保健行业与发达国家相比仍处于初创阶段，行业生产总值仅占国民生产总值 4%~5%，具备广阔的发展前景。虽然有部分新进入企业底子薄、差距大，拉低行业整体水平，但仍然可以大胆预测，未来几年医疗保健行业将以势不可当的速度加速发展，成为推动经济发展的新引擎。

表 5-10　　　　　　　　　医疗保健行业价值一览表

	法商价值	经济价值	治理价值	发展价值
均值	59.42	52.29	71.38	54.60
中位数	59.78	53.06	71.83	54.68
最大值	70.25	71.96	86.35	71.65
最小值	42.30	27.03	52.02	27.28
排名	1	2	1	2

2. 崛起新星——信息技术行业

信息技术行业位列第二，该行业中各企业得分最高为 74.82 分，最低 41.10 分，极差（33.73）适中，说明企业之间差距一般。该行业治理价值和发展价值表现突出，但经济价值均分仅有 48.24 分，在所有行业中倒数第二。可以看到，经济价值最高分为 71.46 分，与医疗保健行业（71.96）几乎没有差距，最低分为 22.70 分，明显低于医疗保健行业（27.03）分，极差较大。见表 5-11。从两行业的经济价值分布对比图可以看出，医疗保健行业中得分在 55~75 分的企业数量远远高于信息技术行业。见图 5-15。

表 5-11　　　　　　　　　信息技术行业价值一览表

	法商价值	经济价值	治理价值	发展价值
均值	58.19	48.24	70.48	55.84
中位数	58.27	48.98	70.61	55.93
最大值	74.82	71.46	85.04	74.52
最小值	41.10	22.70	50.64	35.42
排名	2	9	2	1

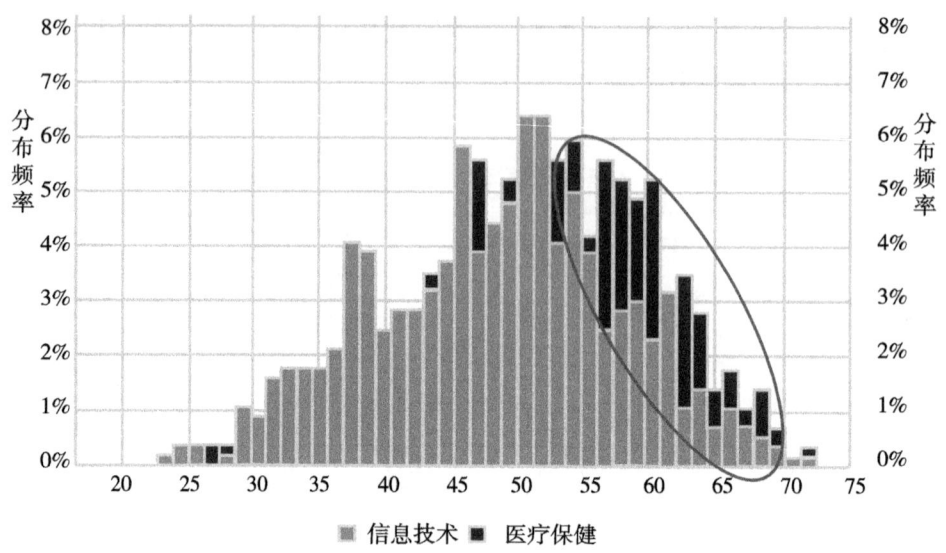

图 5-15 两行业经济价值分布对比图

随着计算机、网络与通信技术的快速发展和中国企业的信息化建设日趋成熟，信息技术行业呈现出较快发展态势和预期前景。虽然暂时经济价值未能体现优势，但该行业治理水平突出，不仅合规性高，兼具治理效率性和公平性，同时该行业发展潜力突出，打破技术壁垒后将获得井喷式市场拓展。因此，我们可以预想未来该行业经济价值稳步提升，整体法商价值在此基础上将会有所突破，更上一层台阶。

3. 经济驱动——能源行业

表 5-12　　　　　　　　　能源行业价值一览表

	法商价值	经济价值	治理价值	发展价值
均值	54.48	51.93	65.99	45.52
中位数	55.43	53.53	65.95	46.15
最大值	64.85	72.40	78.14	61.80
最小值	41.14	25.91	53.89	31.94
排名	8	3	10	8

能源行业法商价值在所有行业中排名第八，其中经济价值均值为54.48分，排名第三，治理价值均值为65.99分，发展价值均值45.52，排名分别为第十和第八，均居于末流。见表5-12。可以看出能源行业的经济价值得分扛起了整个法商价值的大梁，起到绝对的拉动作用。从分析结果中我们可以看到，能源行业作为传统行业，由于行业成熟度高，其财富积累深厚，创造经济价值的能力相对较高。但该行业发展至今已经逐渐显现出弊端，政府过度参与到行业治理中，市场机制严重扭曲，同时，从长远发展来看，该行业整体上缺乏核心技术，自主创新力不足，亟待做出改变，提升行业发展价值。

4. 步履蹒跚——房地产行业

房地产行业法商价值均值为54.15分，排名第九，其中经济价值、治理价值、发展价值均值分别为48.66、68.98和44.82分，分别排名第八、第七和第九，全部处在行业倒数水平。见表5-13。

表5-13　　　　　　　　房地产行业价值一览表

	法商价值	经济价值	治理价值	发展价值
均值	54.15	48.66	68.98	44.82
中位数	54.70	49.70	68.95	45.38
最大值	64.66	65.55	84.96	58.22
最小值	35.96	25.71	52.69	23.77
排名	9	8	7	9

房地产行业经过十多年的发展和黄金时期之后，近些年增长势头逐渐开始回落，呈现出步入晚年、步履蹒跚之趋势。在调控政策从紧的背景下，2018年房地产企业普遍出现业绩上涨乏力的现象，进而带动整个行业表现不佳，行业调控持续深化，市场也逐渐冷却。面对这种情况房地产行业必须加速转型，开展多元化战略布局，向主业相关或上下游行业衍生，进而实现行业整体法商价值的提升。

三、板块法商价值分析

(一) 法商价值板块总体

表 5-14　　　　　　　　　板块价值一览表

板块	经济价值均值	治理价值均值	发展价值均值	法商价值均值
创业板	47.41	71.59	53.29	57.43
中小板	49.45	69.82	51.42	56.90
主板	50.59	69.45	49.73	56.59
总计	49.62	70.00	50.93	56.85

市场层级与法商价值倒挂，"多层次资本市场"构建仍需完善。2018年上市公司法商价值报告评价了主板上市公司1758家，中小板上市公司890家，创业板上市公司707家。2018年上市公司法商价值的平均值为56.85分，整体中国上市公司法商价值仍有很大的上升空间，其中创业板和中小板的法商价值高于均值，创业板的法商价值最高为57.43分，中小板为56.90分，主板得分低于均值为56.59分，形成了市场层级与法商价值倒挂的局面见表5-14。这种现象反映出我国距离建设"多层次资本市场"的目标还有很长的距离，主板市场并没有起到应有的头部结构作用。

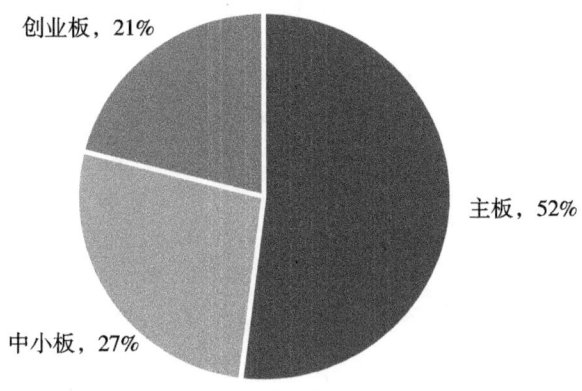

图 5-16　板块分布示意图

1. 经济价值分析

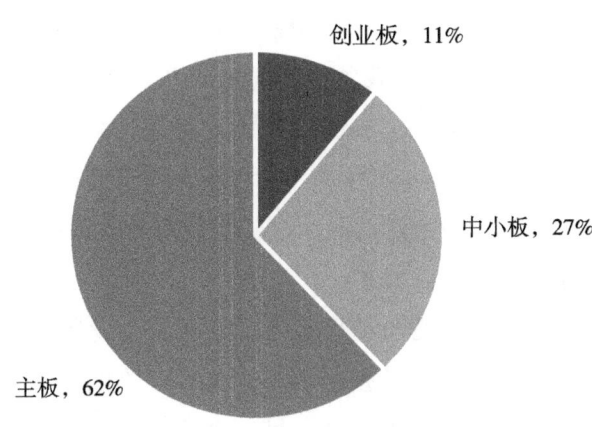

图 5-17　上市公司经济价值排名后 100 名板块分布

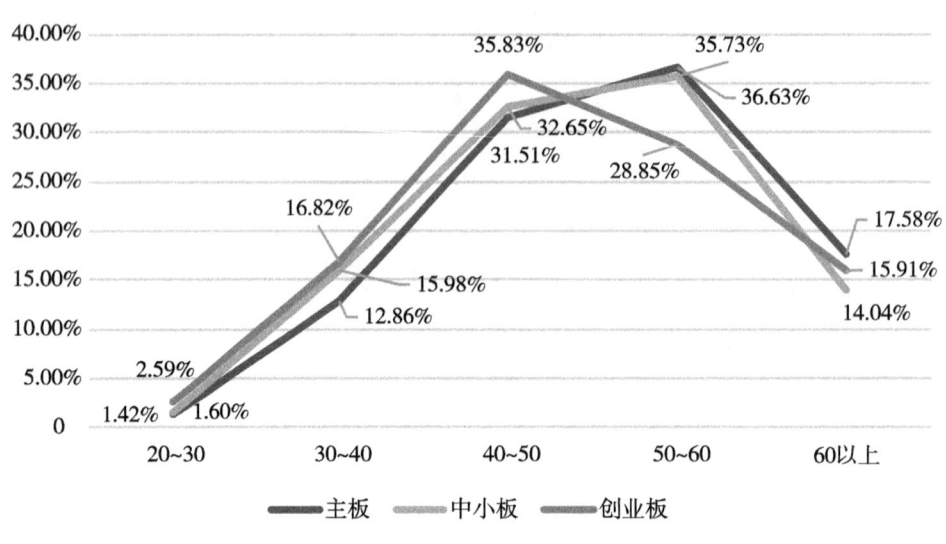

图 5-18 经济价值各板块分布比例

经济价值得分契合各板块对于公司规模的定位。在经济价值方面，主板上市公司平均分最高为 50.59 分，中小板排名第二为 49.45 分，创业板最低为 47.41 分，经济价值的结果符合我国对板块的定位，沪深主板的上市企业多为市场占有率高、盈利能力较强、基础较好的大型优秀企业；中小板的上市企业主要是服务于即将或已进入成熟期、盈利能力强、但规模较主板小的中小企业；创业板是以自主创新企业及其他成长型创业企业为主，主要以高科技、高成长性及新商业模式的企业为主。

中小板与主板经济价值得分差距较小，主板需加速新陈代谢。从经济价值的结果来看，中小板与主板的差距很小，这一变化说明近年来中小板的资产质量和盈利能力已经有了显著提高；另一个原因是主板低质量公司数量相对较多，整体拖累了上市公司的表现，我们可以从"上市公司经济价值排名后 100 名板块分布表"看出经济价值排名后一百位的上市公司，主板有 62 家是中小板的三倍，这需要处于末位的主板企业积极调整经营策略，提高经济增长的能力和效率，也需要我国逐步完善退市制度，加速资本市场的"新陈代谢"。

2. 治理价值分析

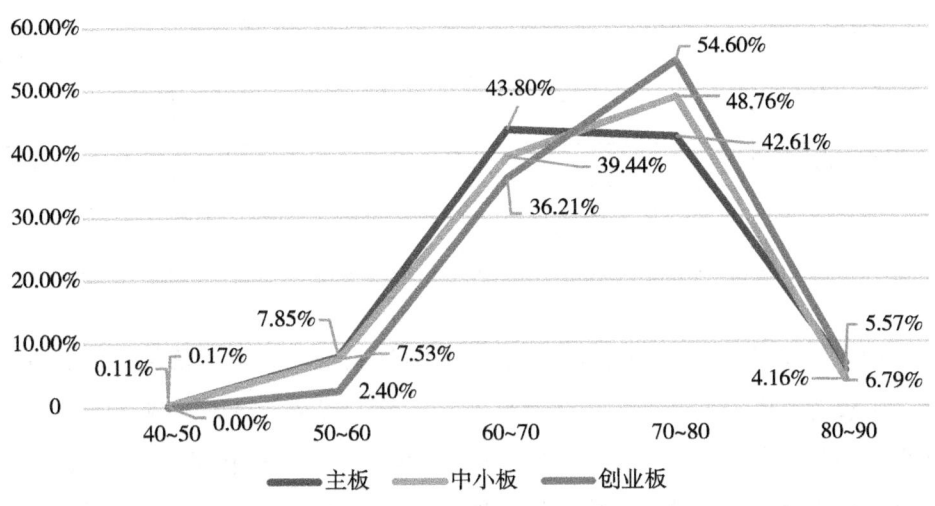

图 5-19 治理价值各板块分布比例

整体上市公司治理表现较为合规，中小创高分更多。在治理价值方面，三个板块的得分较高且相差不大，说明近年来上市公司在治理合规方面已经逐步完善，公司决策的程序化和结构化水平也得到显著的发展，但公司治理的公平性和效率性仍有较大的提升空间，公司治理更应该注重于实质而不应流于形式。而根据不同板块得分分布情况可知，创业板和中小板 70~80 分比例高于主板，主板更多集中于 60~70 分，中小板和创业板高分公司更多，主板上市公司在治理价值方面仍有较大部分可以提升。见图 5-19。

3. 发展价值分析

表 5-15　　　　　　　　不同板块行业分布情况

行业	创业板	主板	中小板	总计
材料	80	290	160	530
电信服务	1	2	1	4
房地产	0	119	13	132
工业	211	446	247	904
公共事业	2	91	9	102

续表

行业	创业板	主板	中小板	总计
可选消费	70	340	155	565
能源	4	59	12	75
日常消费	12	123	59	194
信息技术	247	156	160	563
医疗保健	80	132	74	286

创业板发展价值领先优势巨大，主板需迎头赶上。发展价值方面，创业板与主板的形成较大极差，得分差距为3.56分，见表5-14。创业板公司大多从事高科技业务，具有较大的成长空间，整体定位为科技型企业的孵化器，这种定位也直接影响整体板块发展价值的得分，见表5-15。另外，根据《证券法》规定创业板企业规模小，且处于成长发展阶段，如果盲目多元化经营，致使业务范围过于散乱，缺乏核心业务，既不利于有效控制风险，也可能使其持续成长性大打折扣。因此，我国创业板要求发行人集中有限的资源主要经营一种业务，专业化战略在创业板较为普遍。反观主板市场，大量公司为了追求市场的扩张，急躁地采取多元化企业战略，进军陌生的市场，而这一举动可能削弱原有经营产业，造成资金方面及管理层注意力分散，起到负面作用。因此，发展价值较低的企业可以立足本业，加强研发，循序渐进地提升企业选择未来的能力。

(二) 百强企业板块分析

表 5-16　　　　　　　　法商价值前十位名单

证券简称	行业	经济价值	治理价值	发展价值	法商价值	板块
信维通信	信息技术	70.04	83.13	71.29	74.82	创业板
视源股份	信息技术	70.60	76.72	74.52	73.95	中小板
海康威视	信息技术	68.23	77.48	71.29	72.33	中小板
聚光科技	信息技术	66.96	76.38	72.27	71.87	创业板
欧普照明	可选消费	68.96	80.24	66.162	71.79	沪主板

续表

证券简称	行业	经济价值	治理价值	发展价值	法商价值	板块
福耀玻璃	可选消费	68.82	81.69	63.88	71.46	沪主板
华帝股份	可选消费	71.95	78.76	63.58	71.43	中小板
深南电路	信息技术	65.99	79.27	68.59	71.28	中小板
网宿科技	信息技术	63.94	81.31	68.59	71.28	创业板
用友网络	信息技术	68.33	78.18	67.08	71.20	沪主板

主板头部企业表现低于预期，百强板块分布结果印证总体板块结论。从板块分析法商价值百强企业可以发现，主板上市公司占比为46%，低于总体主板占比比例52%，中小板百强比例与总体比例持平为27%，创业板百强占比为27%，高于创业板总体比例21%，见图5-20。而在法商价值前十名单中，主板企业仅有三席，分列第五、六、十位，见表5-16。综合上述结果说明，主板头部公司表现差强人意，没有发挥出主板应有的稳健系统价值，而百强的样本结果与2018年总体法商价值一致，呈现市场层级与法商价值倒挂的现象。

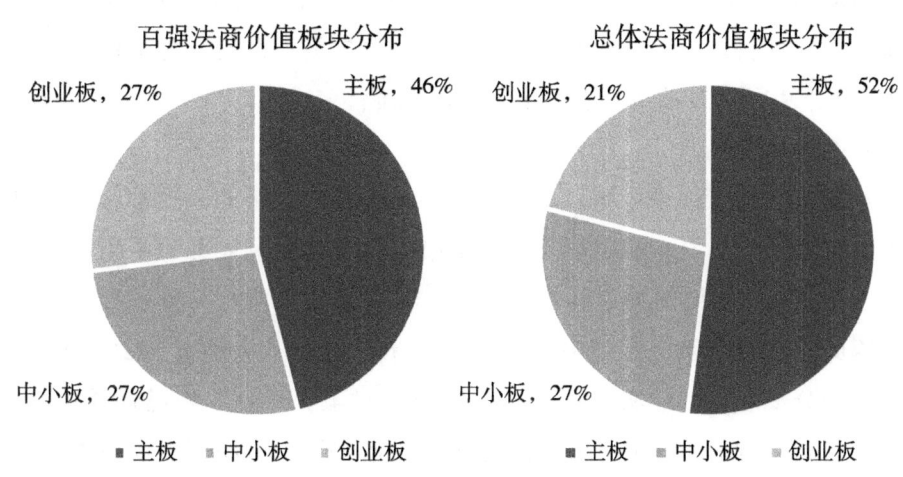

图5-20 百强上市公司法商价值板块分布

(三) 三级指标板块分析

1. 主板分析

主板受发展价值拖累表现不佳,动态适应要素和战略竞争能力成为拉低主板发展价值的最大因素。2018年主板的动态适应要素和战略竞争能力的排名垫底导致发展价值得分仅为49.73分,处于三大板块末位,见表5-17。动态适应要素主要是衡量剧烈的外部环境变化以及企业主体应对这种变化的能力,而内外部的因素综合导致了主板企业在动态适应要素方面表现不佳。第一,主板市场拥有最严格的上市标准,对上市公司的资产规模以及盈利能力有很高的要求,通常重资产企业,如房地产业、能源行业、采矿业等更容易实现准入标准,但由于近年来宏观政策以及第三产业的冲击导致相关企业面临较大的外部冲击,这种外部冲击会增大企业面临的风险敞口;企业内部方面,主板公司相较于中小板和创业板体量更大,这就必然导致其决策流程以及关联方更多,针对外部环境变化的企业应对策略会触及更多主体的利益,因此,内部阻力会更大,内外部组合原因导致上市公司的动态适应要素方面表现不佳。战略竞争能力是衡量企业未来能够产生的潜在价值,主要是衡量创新研发能力,由于主板企业具有一定的行业复杂性,如房地产企业更加侧重于当前的投资,而研发并不是其盈利的主要手段。第二,研发具有极大的不确定性,可能会造成财务上的巨大波动,而主板上市公司为了维持其经营的稳定性,在研发支出上更多处于保守的态度。

2. 中小板分析

2018年中小板表现中庸,略好于主板市场。中小板的表现符合我国对中小板的市场定位,中小板块是为了满足市场规模和盈利能力达不到主板要求的中小企业募资需要而设立的市场层级,他可以视为主板与创业板的一种过渡。因此,多种原因综合使中小板的定位十分尴尬。中小板在2004年推出时,只是分步推进创业板的一个过渡安排,时至今日创业板已运转了多年,过渡的历史使命早已完成,在新的经济发展形势下,中小板需要更加明确自身的定位,力争摆脱中庸的现实表现。

3. 创业板分析

创业板经济价值表现高于预期,实质优于表象。2018年创业板法商价值得分最高，但其三级指标得分呈现两极分化的局面。创业板的经济价值问题最大，得分主要集中于40~50分，与中小板和主板相比有着10分左右的分数差距。创业板经济价值的问题主要出现在资源占有量上，创业板资源占有量得分仅为32.30分，创业板得分偏低的原因在于创业板在其成立时间，资本规模、中长期业绩等方面都放宽了准入要求，得分偏低实际上正符合我国对多层次资本市场的定位，而创业板在资源利用率和资源可控性上的表现可圈可点。因此，我们不可以简单的判读创业板企业经济价值表现不好，相反创业板的经济价值表现甚至高于预期。

从严标准助力创业板治理更加合规。创业板2018年的另一亮眼之处在于其治理合规性上，创业板的低门槛必然带来高风险，因此需要更加严格的监管来呵护创业板以此实现稳定运转，创业板较主板和中小板有更加严格的信息披露要求和更强的违规查处力度，在严监管的背景下，才造就了更加规范的创业板公司治理。这也为主板和中小板企业带来一定的启示，每一个企业都应该用最高的标准进行公司治理，而良好的信息披露制度和完善的内部控制建设会极大地实现治理合规的目标。

企业社会审计创业板企业需格外关注。创业板在亮眼表现的背后还存在着一些短板，创业板以具有高成长性的科技企业为主。因此，在衡量企业未来成长性的发展价值部分，创业板企业应该表现得更优秀，而事实也是如此。但是作为发展价值重要组成部分的企业社会审计方面，创业板却远远落后于中小板和主板企业，这启示创业板公司在重视研发创新等"硬实力"的同时，要注重培养企业的"软实力"，如公司战略、公司文化、社会责任感等，全面提升公司的综合竞争力。

表 5-17　　　　　　　　　　各板块指标平均分值

板块	二级指标	三级指标	平均分数
主板	经济价值	资源占有量	51.88
		资源可控性	52.45
		资源利用率	49.68

续表

板块	二级指标	三级指标	平均分数
	治理价值	治理公平性	61.74
		治理效率性	61.14
		治理合规性	79.67
	发展价值	动态适应要素	53.30
		企业社会审计	48.64
		战略竞争能力	49.45
中小板	经济价值	资源占有量	46.12
		资源可控性	53.13
		资源利用率	48.64
	治理价值	治理公平性	61.03
		治理效率性	62.52
		治理合规性	79.75
	发展价值	动态适应要素	56.65
		企业社会审计	48.10
		战略竞争能力	52.11
创业板	经济价值	资源占有量	32.30
		资源可控性	51.70
		资源利用率	48.38
	治理价值	治理公平性	61.66
		治理效率性	64.40
		治理合规性	81.89
	发展价值	动态适应要素	60.67
		企业社会审计	44.91
		战略竞争能力	56.58

四、地区法商价值分析

(一) 法商价值地区总体
1. 各地区上市公司数量与经济发展水平基本相适应

表 5-18　　　　　　　各省份上市公司数量

排名	省份	上市公司数量	排名	省份	上市公司数量
1	广东	553	17	新疆	48
2	浙江	411	18	陕西	45
3	江苏	365	19	吉林	40
4	北京	289	20	江西	40
5	上海	257	21	山西	35
6	山东	189	22	广西	35
7	福建	130	23	黑龙江	35
8	四川	112	24	甘肃	33
9	湖南	97	25	云南	32
10	安徽	96	26	海南	29
11	湖北	92	27	贵州	26
12	河南	77	28	内蒙古	24
13	辽宁	72	29	西藏	15
14	河北	54	30	宁夏	13
15	天津	51	31	青海	12
16	重庆	48	总计		3355

■ 中国上市公司法商价值报告 Ⅲ

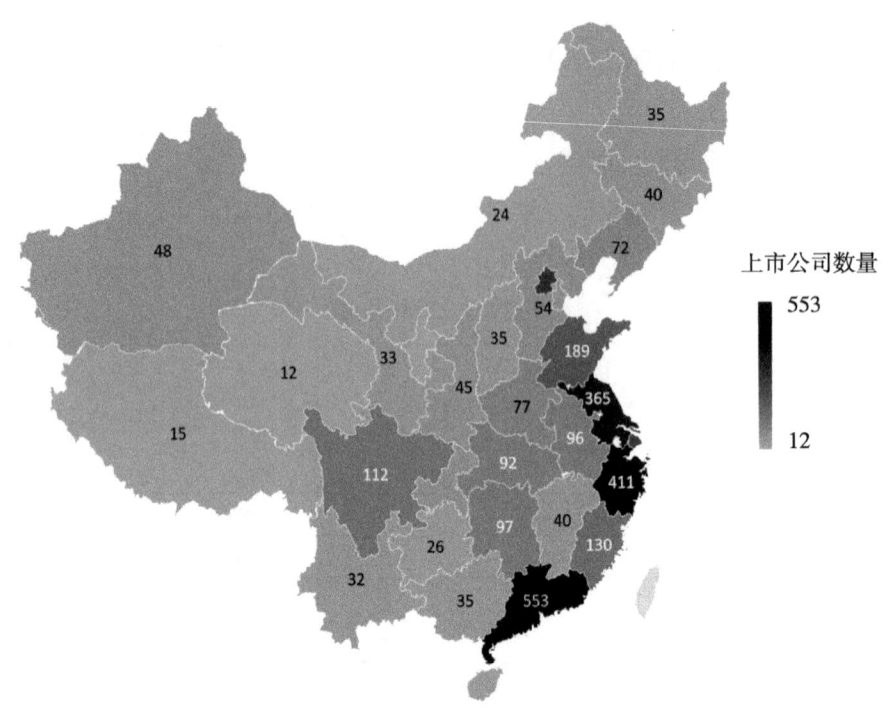

图 5-21　各省份 A 股上市公司注册数量分布

　　上市公司分布情况总体上与我国各地区经济发展水平相适应。表中所示是我国 A 股上市公司注册地在各省的数量。由表可知，广东省拥有最多的上市公司，共有 553 家，占上市公司总数的近六分之一。从图 5-12 中可以看到，代表上市公司数量多的深色色块大多出现在东南沿海地区，如上市公司注册数量排名前三的广东、浙江和江苏，共拥有上市公司 1329 家，占上市公司总数的近 40%，而上市公司在西部地区注册的数量整体偏少。而从 GDP 排名来看，广东、浙江等上市公司数量较多的省份也是传统的经济强省，宁夏、青海等上市公司稀少的地区 GDP 排名也较为落后。

2. 各地区平均法商价值与所拥有上市公司数量呈现正相关

表 5-19　各省份上市公司法商价值及二级指标平均得分情况

排名	省份	经济价值	治理价值	发展价值	法商价值
1	浙江	51.15	70.32	52.28	57.92
2	安徽	51.63	69.74	51.69	57.69
3	广东	49.80	70.57	52.49	57.62
4	福建	50.46	69.81	52.32	57.53
5	山东	51.20	70.22	51.12	57.52
6	北京	49.03	69.66	53.67	57.46
7	河南	50.65	69.90	51.45	57.34
8	江苏	49.35	70.74	51.49	57.19
9	上海	49.46	70.94	51.18	57.19
10	西藏	51.41	72.56	47.33	57.10
11	湖北	49.67	70.38	50.88	56.98
12	江西	51.76	70.03	49.08	56.95
13	河北	50.72	69.39	50.10	56.74
14	内蒙古	51.37	70.32	47.93	56.54
15	贵州	50.81	68.69	49.74	56.41
16	重庆	50.82	69.23	48.88	56.31
17	天津	47.67	68.42	51.87	55.99
18	湖南	48.40	69.95	49.49	55.95
19	吉林	48.38	70.66	48.21	55.75
20	四川	48.36	69.58	48.47	55.47
21	陕西	47.71	68.88	49.33	55.31
22	山西	51.41	67.48	46.22	55.04
23	云南	49.75	68.17	46.30	54.74
24	广西	47.47	69.00	46.31	54.26
25	辽宁	46.76	68.90	46.14	53.93
26	新疆	46.45	69.53	45.55	53.84
27	黑龙江	46.08	67.53	45.73	53.12
28	甘肃	47.04	68.03	43.08	52.72
29	海南	43.53	65.96	44.55	51.34
30	青海	42.42	65.38	44.49	50.77
31	宁夏	43.81	65.49	42.56	50.62
总计平均		49.62	70.00	50.93	56.85

进一步来看，表 5-19 中展示了每个省份所有上市公司法商价值及二级价值的平均得分。表中各省以法商价值得分降序排列，观察可得，大部分省份的排名与其所拥有上市公司数量的排名相差并不大。这一现象引出了一个假设，即上市公司更为集中的省份，其所拥有公司的平均法商价值表现更好。为验证这一假设，此处对省内上市公司数量与其平均法商价值进行了相关性检验，得到相关系数为正［0.51］，P 值小于 0.05［0.003］，显示两者间具有显著的正相关性。因此，从一般规律来看，拥有 A 股上市公司越多的省份，其所有公司的平均法商价值应当越高。

3. 我国三大发展区域平均法商价值水平与经济发展水平基本相符

综合本部分前两个结论来看，各地区平均法商价值与其各自所拥有上市公司的数量呈正相关，同时各地区上市公司数的水平又与各地区经济发展的水平基本一致，故而此处大胆推测，各地区平均法商价值水平也应与各地区经济发展水平相适应，因而选择了我国最具代表性的三个发展区域并对其两项数据分别进行了分析。见图 5-22。

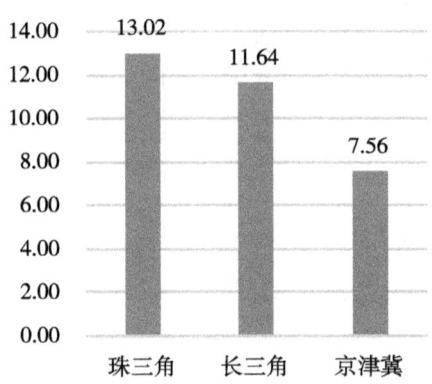

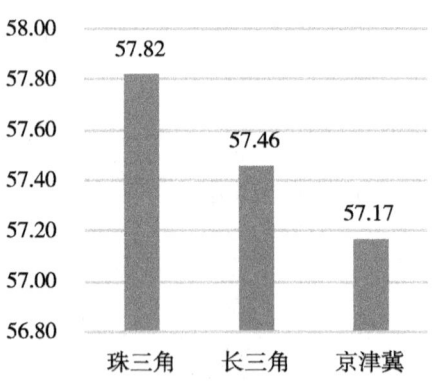

图 5-22　三大发展区域 2018 年人均 GDP 与平均法商价值

第五章 中国上市公司法商价值分析

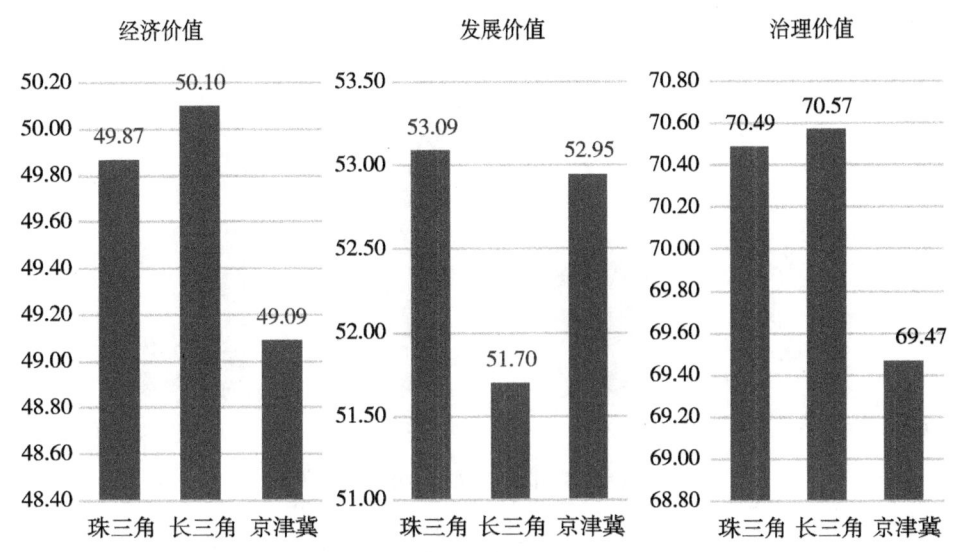

图 5-23 三大发展区域经济价值、发展价值与治理价值对比

由图 5-23 可见，珠三角、长三角及京津冀地区的平均法商价值与经济发展水平之间的相对关系基本一致。进一步计算三大区域各自的二级价值指标发现，三大发展区域中珠三角地区的法商价值构成最为均衡，长三角地区经济价值最高，发展价值偏低，而京津冀地区发展价值突出，但经济价值和治理价值偏低。这意味着在未来，珠三角的上市公司将很可能实现领跑全国的经营发展质量，长三角地区应更加关注已有经济成果背后的发展问题，而京津冀地区则应在治理有方的基础上努力提高区域内上市公司的经济发展水平。

(二) 几大典型地区分析

本部分将对情况较为特殊的省份进行特别分析。如图所示，四川省与辽宁省在拥有上市公司数量排名表上分别位列第八、十三名，但两省在平均法商价值排名表上仅位列第二十、二十五名，均下降了 12 个名次。与之相反的是我国的内蒙古自治区与西藏自治区，此两省在上市公司数量排名上仅位列第二十八、二十九名，但在平均法商价值排名上分别升至第十四、十名，西藏自治区的名次上升近 20 位。见图 5-24。

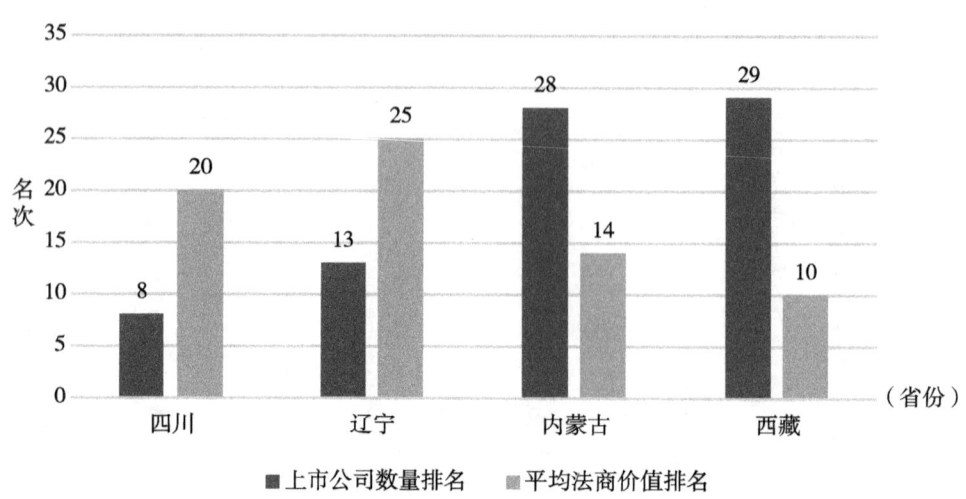

图 5-24　四川、辽宁、内蒙古、西藏上市公司数量与平均法商价值排名差别

1. 四川、辽宁上市公司众多，但整体经济及发展价值表现欠佳

四川、辽宁省虽上市公司众多，但其法商价值更多分布在中低区间。为探究四川省与辽宁省在法商价值分布上可能存在的问题，图 5-25 中将此二省与平均法商价值排名最高的浙江省在省内上市公司的法商价值分布上进行了对比。从图中可以明显地看出，从辽宁省到浙江省，上市公司法商价值的分布呈现越来越明显的负偏态，也即分布越来越多地集中在高值区间。同时从分布两端的极值来看，三省中平均法商价值排名最低的辽宁省拥有最小的最小值和最大值，四川中等，浙江的最小值与最大值均为三省中最大。综合来看，四川省与辽宁省在两份排名上出现较大差异的原因即是两省虽拥有较多的上市公司，但这些上市公司的法商价值较多分布在中低值区间，高法商价值公司较少，因而使得平均值与其他省相比偏低，见图 5-26。

第五章 中国上市公司法商价值分析

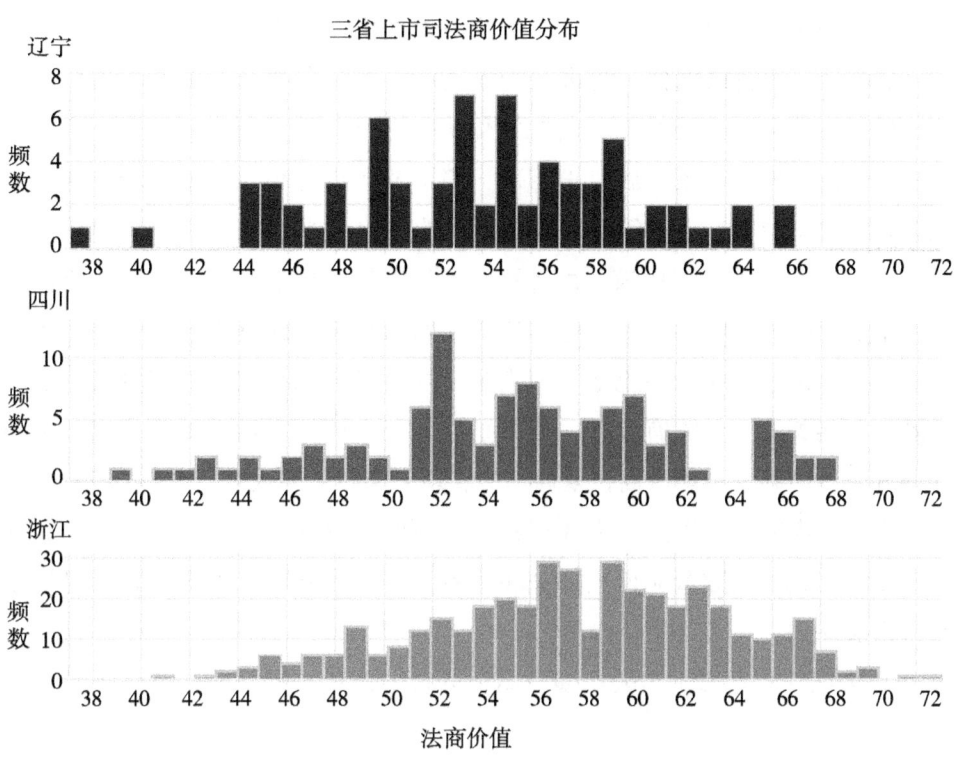

图 5-25 辽宁、四川、浙江省上市公司法商价值分布

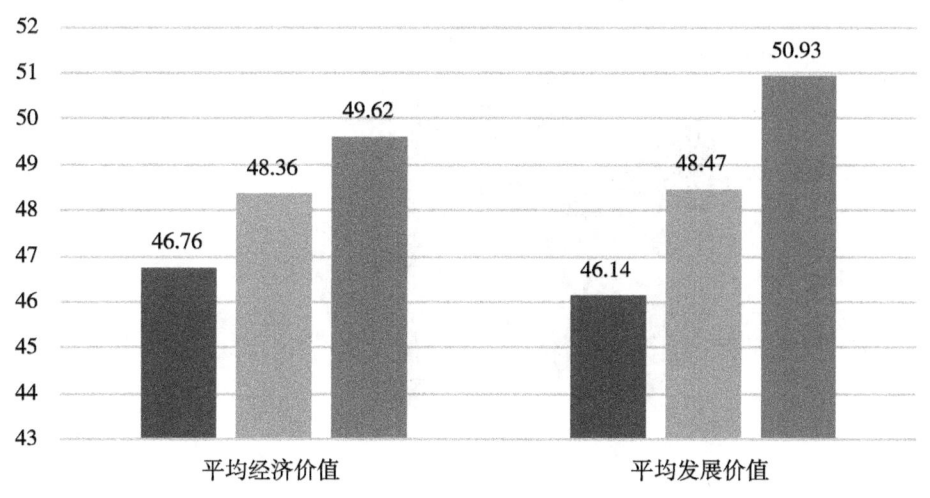

图 5-26 辽宁、四川省经济及发展价值与总体比较

部分四川、辽宁省上市公司在经济与发展价值上表现大幅低于平均，使得两省整体法商价值偏低。为进一步探究四川与辽宁省内上市公司法商价值均值较低的原因，此处对两省的二级价值指标进行了分析。对比发现，同其他平均法商价值排名较落后省份相似，四川及辽宁与靠前省份平均法商价值的差距主要来源于经济价值及发展价值，图5-26中将两省经济及发展价值的均值与总体均值进行了比较。由图可见，相较经济价值，两省在发展价值上与均值的差距更为明显。因此整体来看，四川与辽宁拥有为数较多的上市公司，这些上市公司在治理规范方面大多表现尚可，但有相当一部分公司在经济及发展相关能力上略有欠缺，尤其是在发展方面显得后劲不足。以上种种共同导致了两省在平均法商价值评估的表现上未能尽如人意。

由此引申来看，以四川为代表的西部地区与以辽宁为代表的东北地区在未来发展上，相比数量应该更加关注质量，努力提升现有上市公司的经济水平及发展能力。

2. 内蒙古、西藏上市公司多在高法商价值产业，经济价值与发展价值相差悬殊

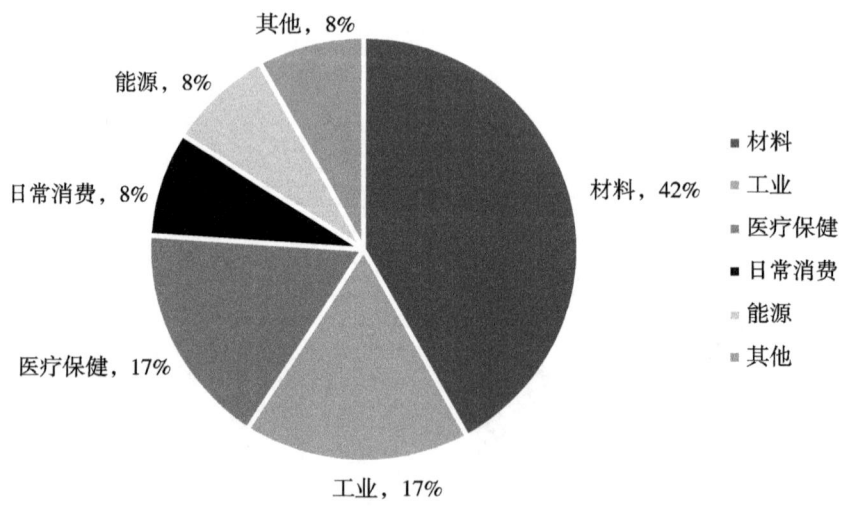

图5-27 内蒙古自治区上市公司产业结构

大部分内蒙古上市公司分布在材料、医疗保健等高法商价值行业，拉高了内蒙古总体平均法商价值。内蒙古拥有 24 家上市公司，这一数量在全部省份数量排名中位列第二十八，但其省内上市公司的平均法商价值却排名第十四，相比数量排名上升了一半。对内蒙古上市公司的产业结构进行分析发现，内蒙古大部分上市公司都分布在材料、医疗保健及工业领域，而这三个领域恰恰是分行业法商价值排名的第一、三和四名。因此，内蒙古境内虽上市公司数量有限，但大都分布在高法商价值行业，且单个公司的法商价值排名较高，有接近 40% 的公司排名在总体的前 30%。以上因素共同使得内蒙古拥有了较为亮眼的平均法商价值。

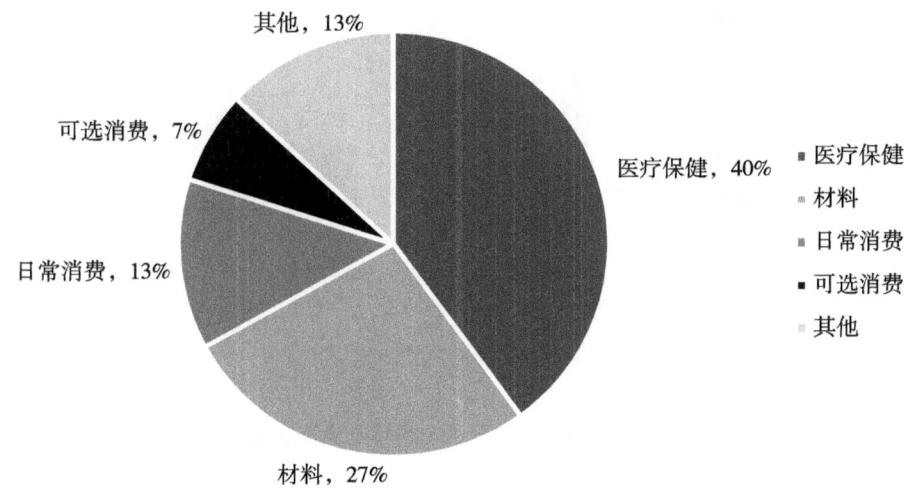

图 5-28　西藏自治区上市公司产业结构

西藏上市公司整体质量极高，业务依赖于西藏独特自然资源。比内蒙古更令人意外的是西藏自治区，西藏仅拥有 15 家上市公司，数量在全部省份中排名倒数第三，但其省内上市公司的平均法商价值却排名第十，相比数量排名上升近 20 位。对西藏境内上市公司进行研究发现，虽然其拥有公司数目较少，但整体质量较高，15 家中有 4 家法商价值排名在前 300 名，即超过四分之一的公司排在前百分之十，排名最高的一家甚至达到了三十二名。对西藏上市公司的产业结构分析发现，西藏的大部分上市公司也分布在高法商价值行业，如在分行业排名中位列一、三的医疗保健与材料行业。同时，对西藏境内排名较高的公司进行逐个分析发现，这部分公司的主营业务多与矿产及藏药相关，在很大程度上依托了西藏独特的地理条件及丰厚的自然资源，具备较强的不可替代性。因此，与内蒙古相似，西藏的高平均法商价值亦来源于境内上市公司良好的产业分布及均衡偏好的法商价值得分。见图5-29。

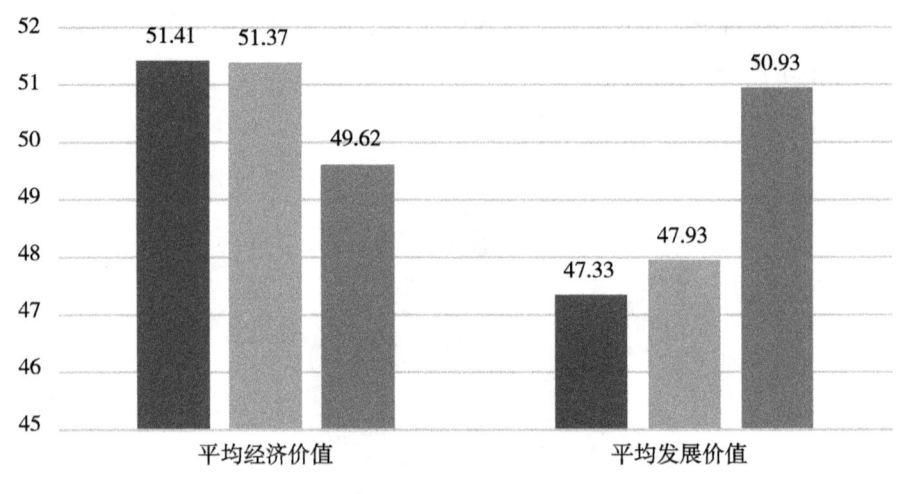

图5-29　西藏、内蒙古自治区经济价值及发展价值与总体比较

西藏与内蒙古上市公司的平均经济价值高于总体平均，发展价值却大幅落后。进一步分析两省在二级价值指标上的表现时发现，西藏与内蒙古在经济及治理价值上以较大的分差高于平均值，但却双双在发展价值上远低平均值。从这一数据来看，西藏及内蒙古的上市公司在资源、收益以及治理规范上的表现超乎平均，但在发展后劲及应对内外环境变化上的能力仍有欠缺。

同为上市公司数量较少、但平均法商价值较高的省份，贵州的经济价值与发展价值则相对均衡。尽管贵州的经济价值与发展价值仍低于全国平均水平，但相较西藏，贵州展现出了更高的发展价值以及更均衡的经济价值与发展价值水平。这意味着在未来，相较西藏、内蒙古等地，贵州上市公司的经济成果与发展水平将很可能更加乐观。见图 5-30。

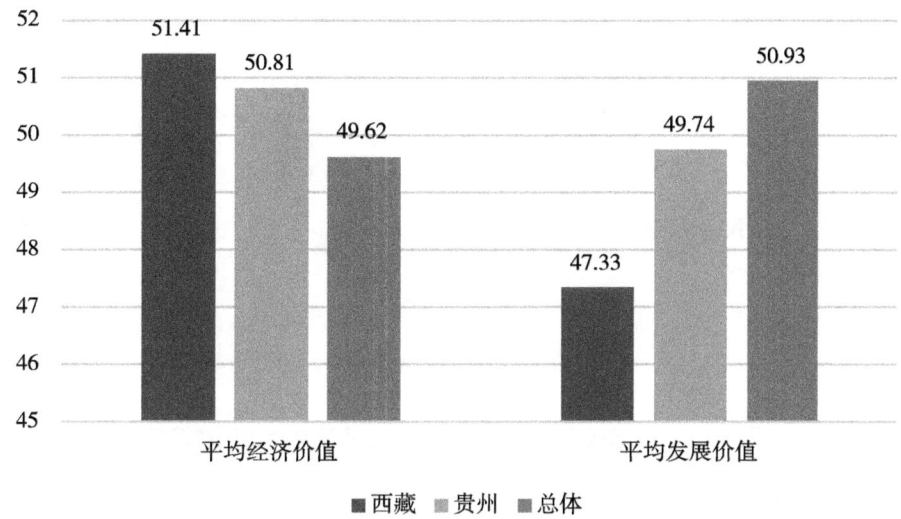

图 5-30　西藏、贵州经济价值及发展价值与总体比较

总体来看，对上市公司分地区探讨的结论是，拥有较多上市公司的省份，更加倾向于拥有较高的平均法商价值，但在分析具体省份时，也可能因其省内公司的独特产业结构及二级价值得分出现例外。

五、企业性质法商价值分析

根据《上市公司收购管理办法》所界定的实际控制人，我们将上市公司划分为国有企业、民营企业与外资企业三类，并对其法商价值、经济价值、治理价值与发展价值进行分析。图 5-31 为选取的上市公司样本中国有企业、民营企业与外资企业的构成比例，可以看到国有企业占 32%，约为民营企业的一半。

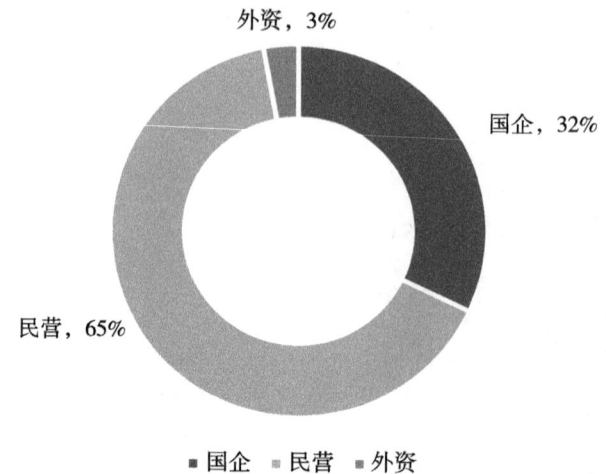

图 5-31　上市公司样本中国有企业与非国有企业组成情况

（一）法商价值企业性质总体

表 5-20　　　　　　　　国企与非国企法商价值均值

	经济价值	治理价值	发展价值	法商价值
国企	50.70	68.69	49.61	56.33
民营	49.34	70.77	51.78	57.30
外资	50.18	70.13	50.50	56.94

从国有上市公司和民营上市公司的法商价值、经济价值、治理价值与发展价值的得分分布与均值来看，在治理与发展实力方面表现优秀的通常为民营上市公司，它们普遍更加合规、更具发展效率性，见表 5-20。民营上市公司分布较为分散，标准差普遍高于国有企业，国有、民营上市公司的法商价值得分多分布于 60 分以下，且集中分布在 50~70 分，但法商价值得分在 60 分以上的民营上市公司要多于国有上市公司，见图 5-33。

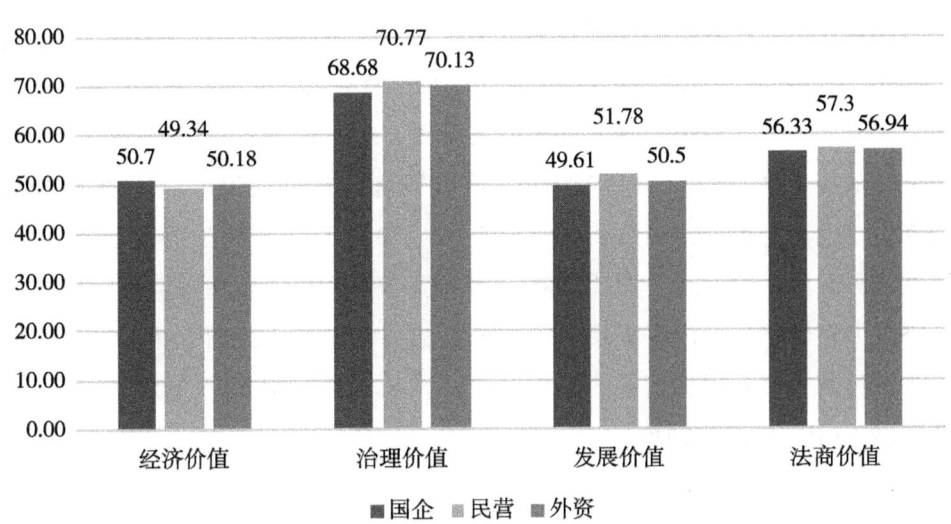

图 5-32　国企与非国企法商价值均分表现

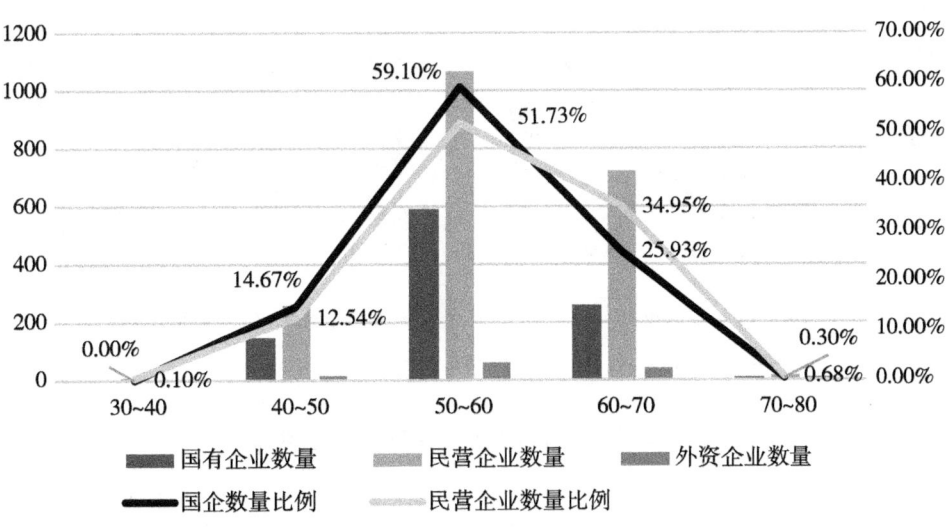

图 5-33　分股权性质的法商价值得分分布情况

从整体来看，国有上市公司与民营上市公司相比经济实力稍强，如表 5-20 所示，国有企业的经济价值平均分为 50.7，高于民营企业的 49.34。这可能是由于国有企业拥有较为丰富的资源与较为完善的基础设施，导致其经济价值相比于非国有企业发展较好。通过研究发现国有企业的资产占有量整体多于民营企业,但民营企业的资源利用与资源控制情况比国有企业有优势。

民营企业经济发展良莠不齐,但从个体来看,经济实力较强的仍为民营企业。如图 5-34 所示,从国有上市公司和民营上市公司的经济价值的得分分布来看,国有上市公司经济价值得分在 40~70 的比例要高于民营上市公司,但在高分区间民营上市公司比例高于国有上市公司。这表明民营上市公司的经济发展良莠不齐,国有上市公司的经济实力普遍好于民营上市公司,但仍有少数民营上市公司在行业内是领头羊,比如材料行业,它们经济价值得分集中在 70~80 的高分领域。

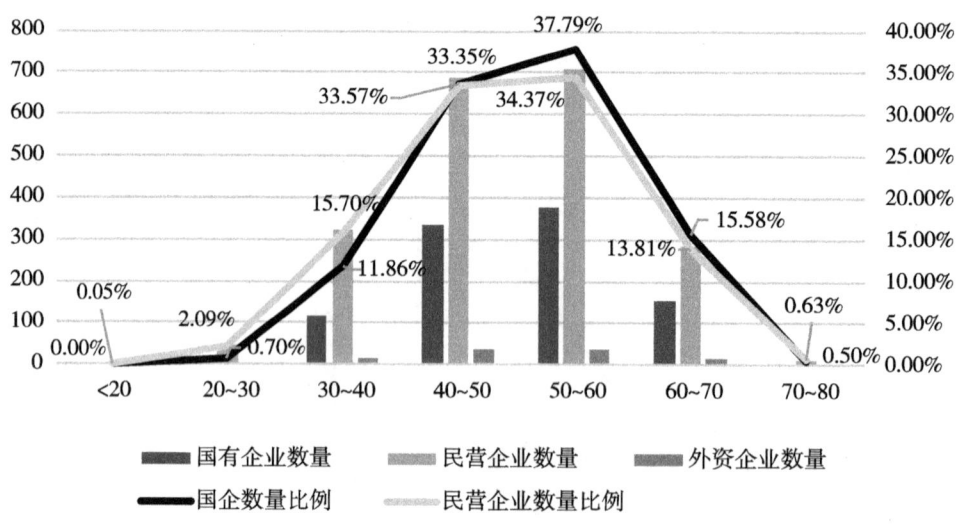

图 5-34 分股权性质的经济价值得分分布情况

国有企业的治理和创新发展稍逊于民营企业,民营企业治理相对合规且有效。这是有些超乎预期的结论。表 5-20 数据显示民营企业的治理价值均分为 70.77,稍高于国有企业。同时,从得分分布来看,国有上市公司与民营上市公司的治理价值得分集中分布在 60~80 分,并且在 70~90 分的民营上市公司数量及比例都高于国有上市公司,见图 5-35。从治理价值的三级指标来看,非国有企业的合规性与治理效率要好于国有企业。国有企业的发展价值均分为 49.61，略低于民营企业。且国有上市公司与民营上市公司的发展价值得分集中在 40~60 分，国有企业多为小于 50 分的公司，民营企业多为 50~80 分的公司，见图 5-36。民营企业的治理结构对于获得有效激励、目标价值趋同、有效决策等方面比较具有优势。同时，非国有企业的约束较少，具有较强的活力与创新性，这在一定程度上支撑了我国民营企业的迅速发展。

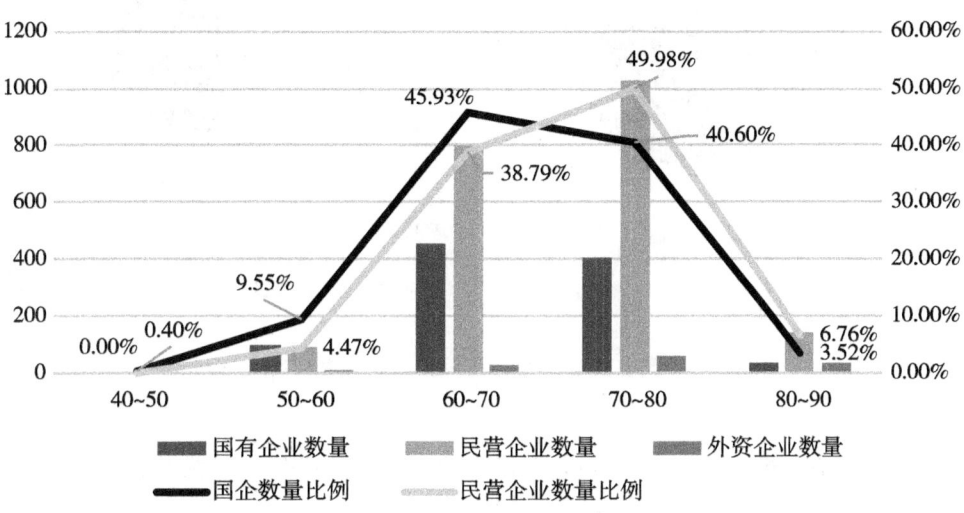

图 5-35　分股权性质的治理价值得分分布情况

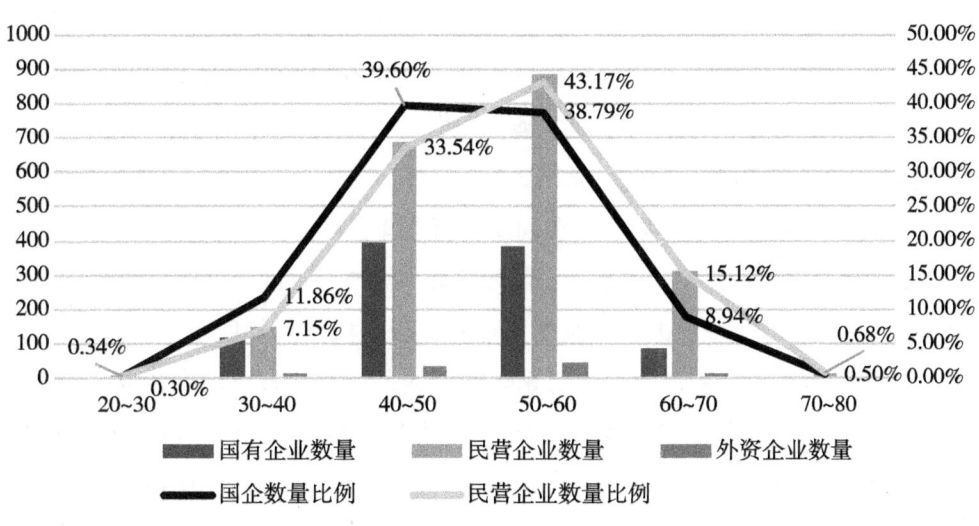

图 5-36　分股权性质的发展价值得分分布情况

（二）企业性质多种交叉分析

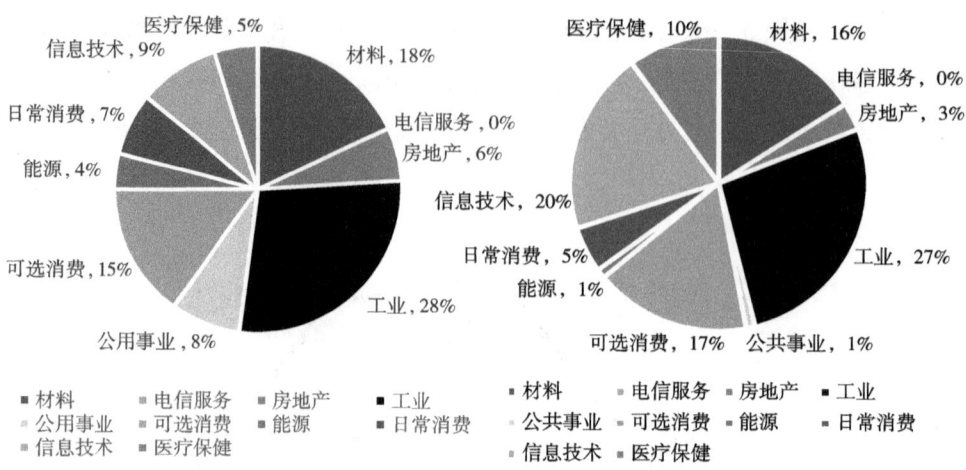

图 5-37　国有企业（左）与民营企业（右）行业分布

从上市公司的行业分布可以看出，国有企业行业分布较为均衡，而民营企业分布相对集中。如图 5-37 所示，在上市公司样本中，民营企业集中分布在工业、信息技术、材料、可选消费、医疗保健等行业，而国有企业相对来说在各行业分布较为均衡。同时，国有企业、民营企业在工业、材料、可选消费等行业都分布较广，但在信息技术行业与医疗保健行业上民营上市公司明显占有一定席位，而公共事业、能源等行业主要是国有上市公司把持。这表明国有企业在国民经济的关键领域处于支配地位，而民营企业最大化地活跃了经济，行业分布相对集中，在创新方面发挥了重大作用。

从地区分布来看，民营上市公司分布较为集中，国有上市公司行业分布较为广泛。如图 5-39。民营企业多分布东部沿海城市，如广东、浙江、江苏等，这些拥有相对成熟的创企生态系统的地区，产业与人口高度密集，资本、技术和人才优势显著，政策支持力度大，创业企业容易形成集群。国有上市公司分布较为分散，在各省份均有分布，北京、上海、广东的国有上市公司稍多，见图 5-38，这些城市经济发达，科研实力雄厚，人才储备充分，政策优惠度高，生态环境较为优越。

第五章 中国上市公司法商价值分析

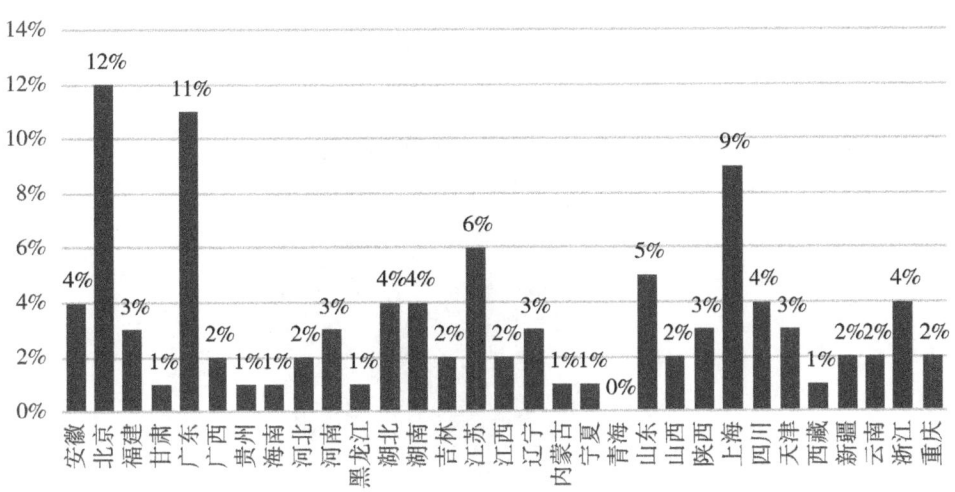

图 5-38 国有上市公司地区分布

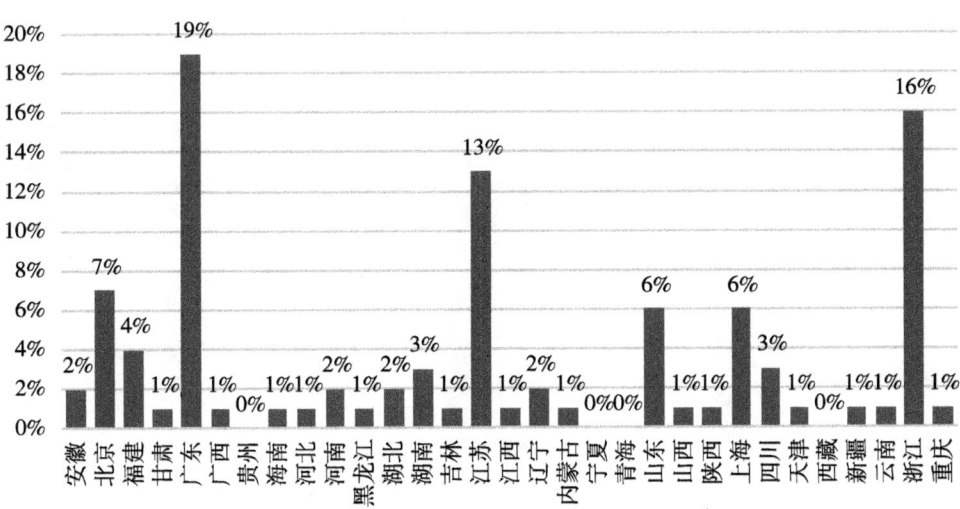

图 5-39 民营上市公司地区分布

(三）百强公司企业性质分析

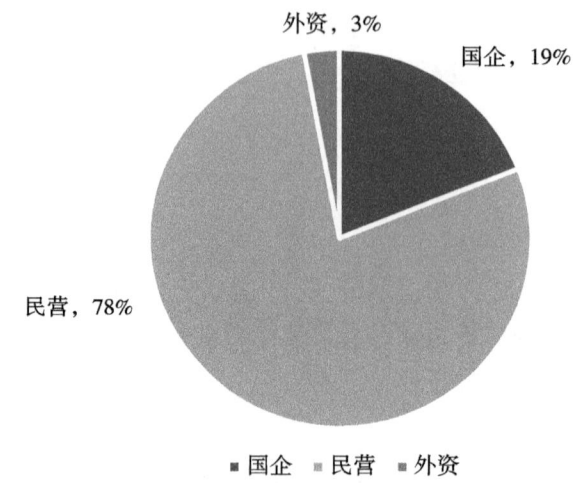

图 5-40　百强上市公司企业性质分布

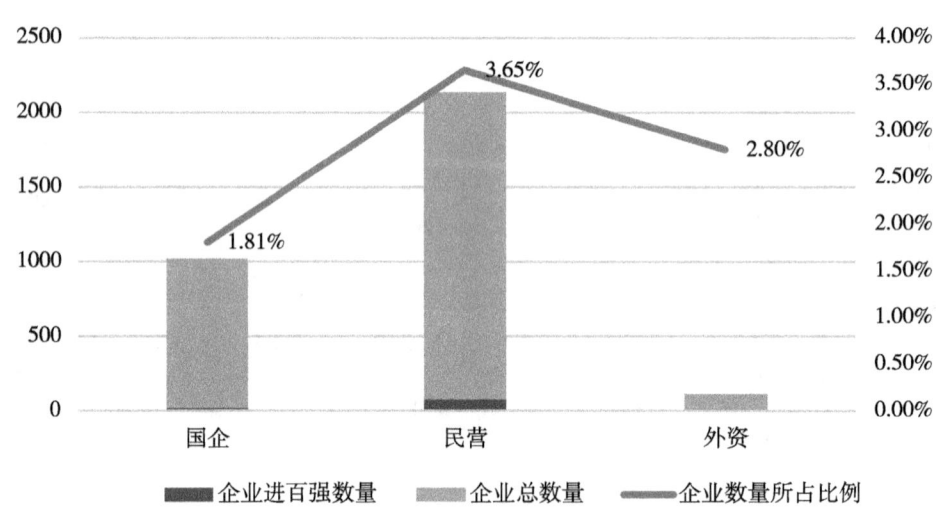

图 5-41　百强上市公司中的国有及民营企业数量

从企业性质来分析法商价值百强企业可以发现，进入百强的民营上市公司无论从绝对数量还是相对比例上来说都高于国有上市公司。图 5-40 表明进入百强的国有企业占比 19%，低于民营企业。图 5-41 显示进入百强的民营企业占所有民营上市公司的比例同样高于国企，百强中非国企性质公司的表现明显好于国企性质。而在法商价值前十名单中，国有性质企业仅有两席。分析深层次的原因，这可能和国企的定位有一定的联系，国有企业由国家对其资本拥有所有权或者控制权，政府的意志和利益决定了国有企业的行为兼具商业类和公益类的特点，这就造成了国有企业在一定程度上缺乏竞争性和创新性。另外，"公权力"引入公司治理可能会过分追求治理的公平性而造成治理效率的缺失。

六、家族企业法商价值分析

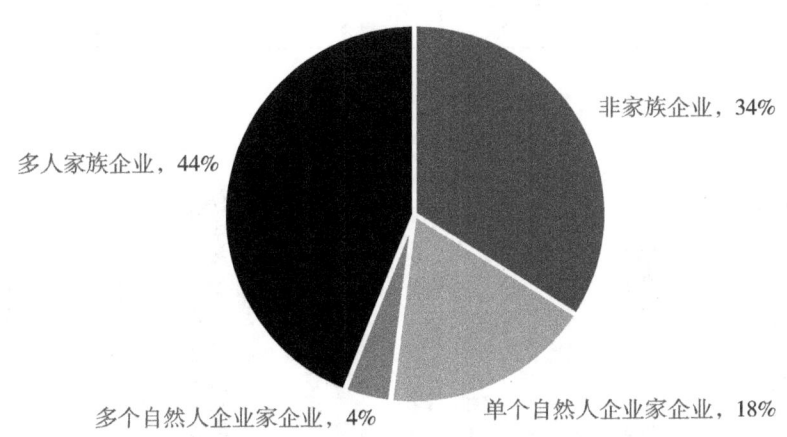

图 5-42　家族企业与非家族企业结构图

按企业实际控制人，我们将企业划分为家族企业与非家族企业，家族企业有以下三种类型：（1）单个自然人企业家企业，即实际控制人为个人且无家族亲属在上市公司或控股股东公司持股/任董监高的家族企业；（2）多个自然人企业家企业，实际控制人为多个自然人，但是实际控制人之间无亲属关系，且无亲属在上市公司或控股股东公司持股/任董监高的家族企业；（3）多人家族企业，即除实际控制人之外，至少1名有亲属关系的家族成员持股/管理/控制上市公司或控股股东公司的家族企业。图5-42可以看出上市公司中家族企业多于非家族企业，其中上市家族企业中主要为单个自然人企业家企业与多人家族企业。

（一）家族企业法商价值总体

表 5-21　　　　　家族企业与非家族企业的法商价值均值

	法商价值	经济价值	治理价值	发展价值
非家族企业	56.38	50.58	68.78	49.78
单个自然人企业家企业	55.89	47.28	69.89	50.49
多个自然人企业家企业	58.26	49.41	71.59	53.79
多人家族企业	57.45	49.84	70.82	51.70

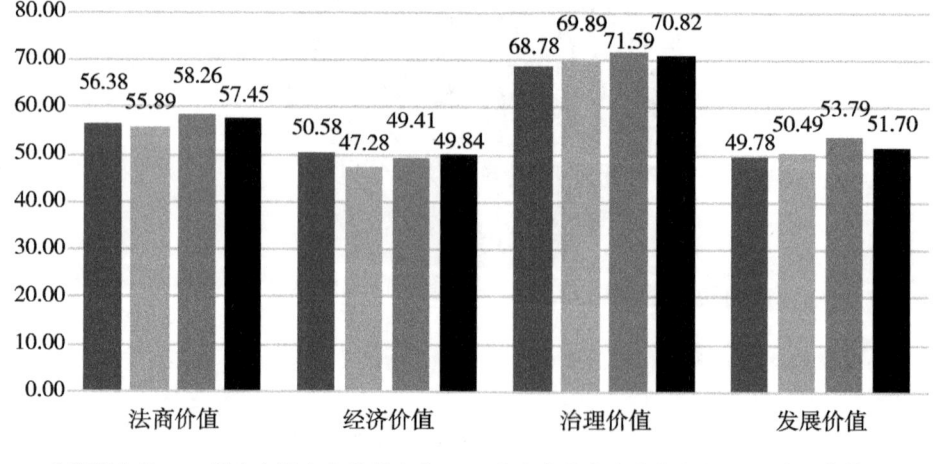

图 5-43　家族企业与非家族企业的法商价值得分

非家族上市公司的平均创富能力稍强于家族上市公司，但其治理方面与发展价值却逊于家族上市公司。表5-21显示了非家族企业与家族企业法商价值的均分情况,可以看出除了经济价值均分之外,家族企业的治理、发展价值均分普遍都高于非家族企业。在治理与发展方面,家族企业明显比非家族企业体现了更具规范性、更具发展潜力与创造力。

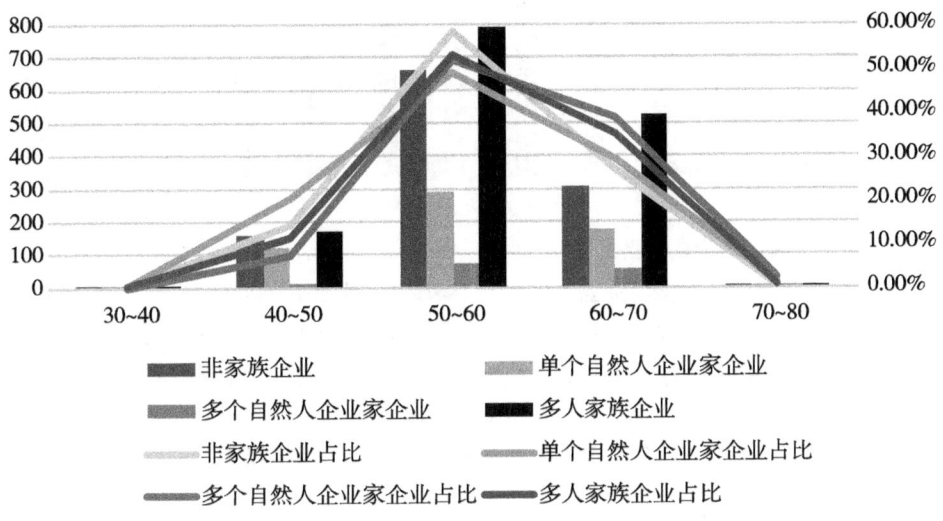

图 5-44 家族企业与非家族企业的法商价值得分分布

多个自然人企业家企业与多人家族企业更符合"法商型"企业,能够在创造财富的同时注重治理与未来的发展。表 5-21 显示多个自然人企业家企业与多人家族企业的法商价值均分较高,且通过对比家族企业与非家族企业的法商价值得分分布情况,见图 5-44。可以看出家族企业与非家族企业的法商价值得分多分布 50~70,在 60~80 的高分内,家族企业数量明显多过于非家族企业。虽然多个自然人企业家企业在上市公司中比例较少,但个别优秀企业体现了更强的发展实力与治理规范性。而单个自然人虽普遍表现一般,但不乏一些发展实力较强的企业。所以说制度、规范这些刚性游戏规则固然重要,但有时户血缘、亲情这些非制度的文化因素在相互沟通、取得共识等方面,会产生正式制度所不能产生的独特作用,如亲情凝聚、全情投入、机制灵活、家长制领导、低耗成本等,这些都使得家族企业成为市场经济中普遍存在的经营形式及其重要组成部分。

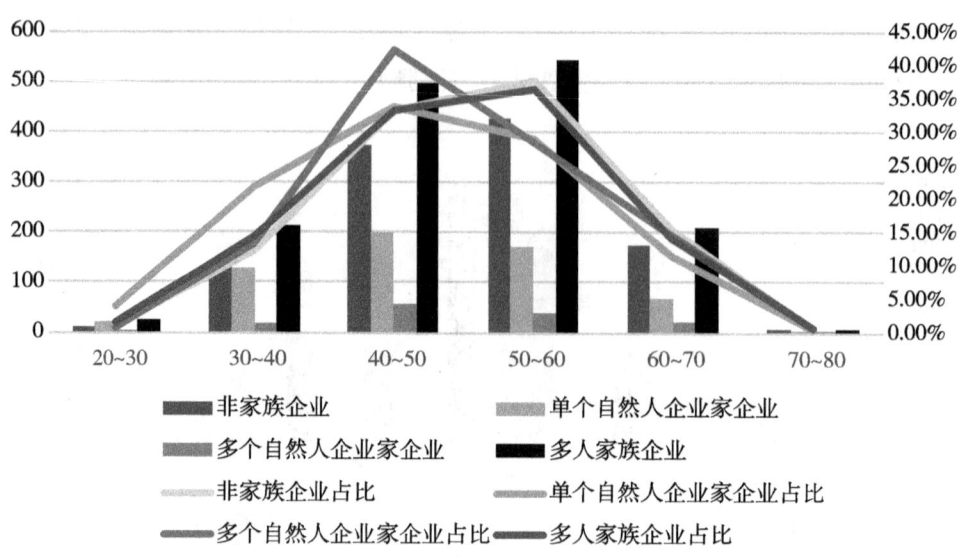

图 5-45 家族企业与非家族企业的经济价值得分分布

家族企业的创富能力呈现两极分化,非家族企业的创富能力普遍强于家族企业,但仍有一些在经济实力上较为突出的家族企业。家族企业的经济价值均分皆低于非家族企业,如图 5-45 所示,家族企业与非家族企业的经济价值分布较为分散,经济价值为 50~70 分的非家族企业比例高于家族企业,但同时可以看出在 70~80 分的多个自自然人企业家企业与多人家族企业比例高于非家族企业。重视家族的非经济收益是家族企业战略决策的关键特征,保护企业的社会情感财富是家族企业的本质属性,损失厌恶和非风险厌恶成为家族企业不确定性决策条件下的主要表现。可能经济收益不是家族企业仅仅追求的唯一目标,行使权力的能力满足归属、情感和亲情需要,在企业内部长久保持家族价值观,维系家族控制,保全家族社会资本,履行基于血缘关系的家族义务,以利他主义来对待家族成员等也十分受家族企业注重。

第五章 中国上市公司法商价值分析

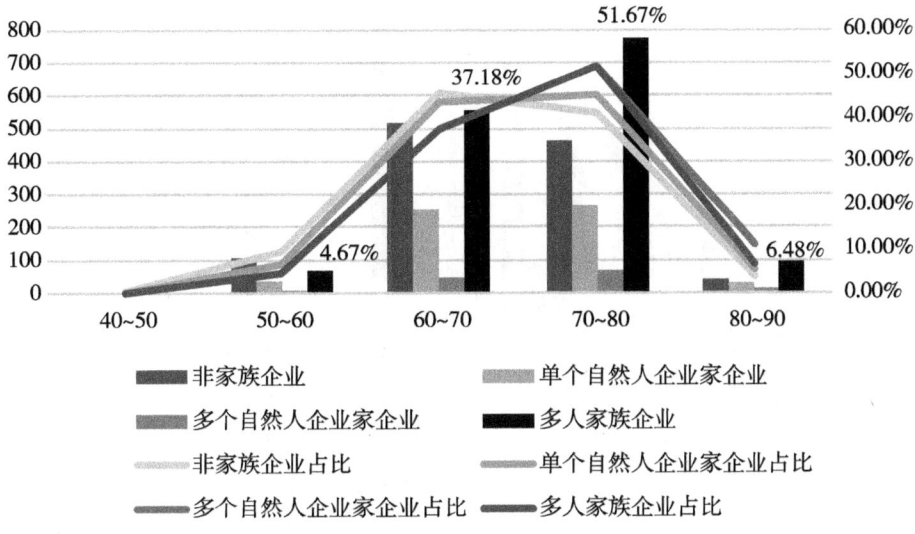

图 5-46 家族企业与非家族企业的治理价值得分分布

在治理方面，家族企业明显比非家族企业体现了更具规范性，"去家族化"能够提升企业治理价值。表 5-21 所示家族企业的治理价值均分皆高于非家族企业，且多个自然人的家族企业治理价值均分最高，多人家族企业其次。从分布上来看，见图 5-46，家族企业与非家族企业的治理价值得分集中分布在 60~80 分，其中在 80~90 分的治理价值区间内，多个自然人家族企业比例最高。这表明"去家族化"能够提升企业价值，降低第二类代理问题，虽然高管薪酬和管理费用可能会显著增加，但发生关联交易的概率比较低，掏空公司的违规行为也会较少。同时，多人家族企业中有亲属在管理层担任高管，可能会有能力对公司经营进行有效监督，第一类代理问题就可以得到有效缓解，进而提高公司经营效率，增加公司价值。而单个自然人家族企业可能存在"一股独大"现象，大股东掏空中小股东的现象可能会比较普遍，同时非家族高管由于缺乏血缘纽带作为基础导致与家族控制人信任度较低，所以潜藏着第一类和第二类代理问题。

187

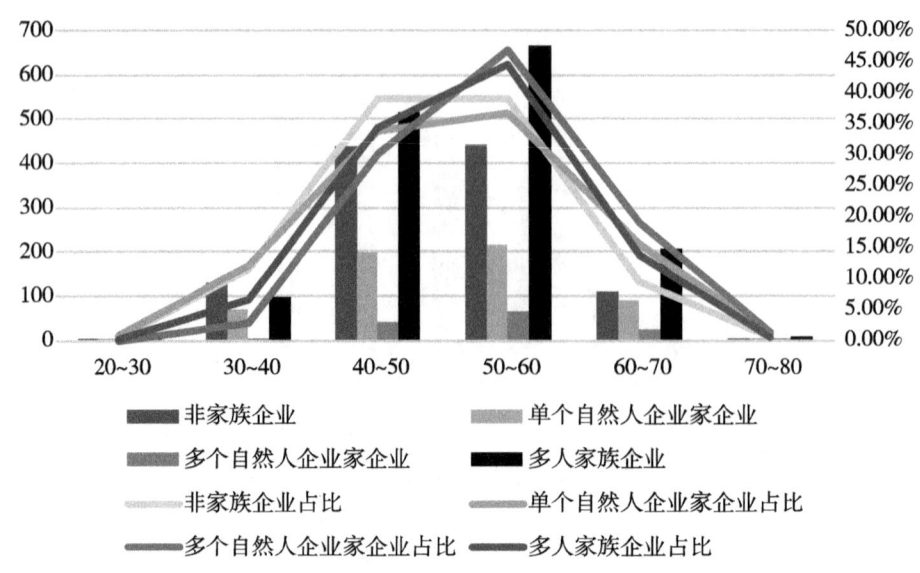

图5-47 家族企业与非家族企业的发展价值得分分布

家族企业在发展方面明显比非家族企业体现了更具发展潜力与创造力。图5-47显示了非家族企业发展价值均分低于家族企业,同时,家族企业与非家族企业的发展价值得分多分布在40~60分,家族企业的发展价值得分普遍高于非家族企业,而在家族企业中多个自然人家族企业与单个自然人家族企业更多地体现了高发展价值。由于企业所有权与控制权分离带来了股东与管理层信息不对称,这种代理问题可能会加剧企业管理层短视行为,家族成员高管倾向于采用利益相关者的观点而不仅仅关注公司利润最大化,因为他们目光更长远,致力于维护家族的声誉和更为长远的发展,随着市场化程度的提高,家族企业越来越倾向于基业长青。

(二)家族企业行业交叉分析

从家族企业的分布来看,家族企业多集中于于工业、信息技术行业,而非家族企业多分布于工业、材料、可选消费等行业。如图5-48所示,将近一半的家族企业从事的行业是工业和信息技术,可见实业依然是诸多企业的立足基础,而信息时代也使得家族企业寻求转型,开始探索新的行业和领域。

第五章 中国上市公司法商价值分析

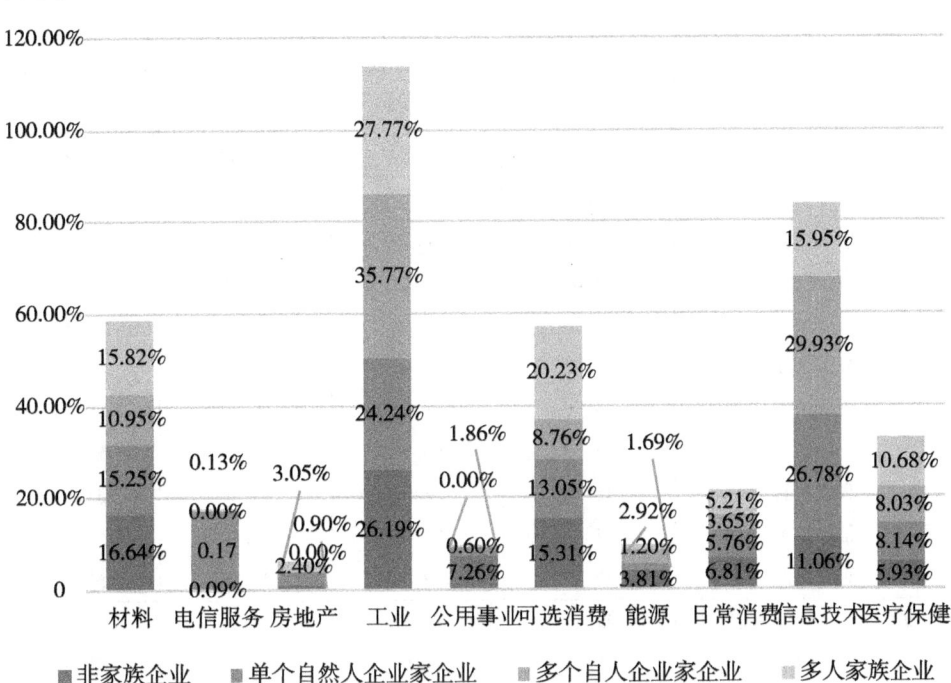

图 5-48 家族企业与非家族企业的行业分布

表 5-22　　家族企业与非家族企业各行业的法商价值均值情况

	经济价值	治理价值	发展价值	法商价值
非家族企业	50.58	68.78	49.78	56.38
材料	52.55	67.88	47.68	56.04
电信服务	57.02	56.51	48.21	53.92
房地产	49.18	69.02	45.14	54.45
工业	48.90	68.38	51.81	56.36
公共事业	51.25	66.21	44.62	54.03
可选消费	50.55	69.17	49.44	56.39
能源	55.17	65.30	45.45	55.30
日常消费	49.93	71.13	45.32	55.46
信息技术	49.67	71.01	57.03	59.24
医疗保健	52.75	70.49	53.76	59.00

续表

	经济价值	治理价值	发展价值	法商价值
单个自然人企业家企业	47.28	69.89	50.49	55.89
材料	49.70	71.05	46.95	55.90
电信服务	48.90	76.19	52.27	59.12
房地产	45.67	68.14	41.28	51.70
工业	45.28	69.90	50.63	55.27
公共事业	42.92	64.48	40.23	49.21
可选消费	45.89	68.62	48.37	54.29
能源	44.60	66.33	43.53	51.49
日常消费	46.89	68.82	43.56	53.09
信息技术	47.62	70.09	55.80	57.84
医疗保健	52.21	72.31	54.75	59.76
多个自然人企业家企业	49.41	71.59	53.79	58.26
材料	51.34	72.54	48.18	57.35
工业	49.00	71.69	54.23	58.31
可选消费	49.95	69.36	52.70	57.34
能源	43.45	63.48	42.37	49.77
日常消费	58.35	73.52	48.88	60.25
信息技术	47.34	72.41	56.34	58.70
医疗保健	53.80	71.27	57.51	60.86
多人家族企业	49.84	70.82	51.70	57.45
材料	53.15	71.37	50.60	58.38
电信服务	47.13	71.10	49.04	55.76
房地产	49.01	69.31	45.89	54.74
工业	47.64	70.90	51.97	56.84
公共事业	50.82	71.77	45.33	55.98
可选消费	49.72	71.03	50.24	56.99
能源	50.16	68.00	47.50	55.22
日常消费	53.27	69.94	47.00	56.74
信息技术	48.05	70.12	55.16	57.78
医疗保健	52.01	71.49	54.71	59.40

家族企业在医疗保健行业的法商价值得分较高,而在信息技术行业的非家族企业更接近"法商型"企业。如表 5-22 所示,家族企业在医疗保健行业的法商价值都在 59 分以上,而非家族企业法商价值得分最高的行业为信息技术行业。医疗行业和人们的生命健康紧密相关,其需求主要由人群医疗和健康状态决定,受宏观经济环境的影响相对较小,不具有明显的周期性特征。综合来看,受益于人口老龄化及国家政策的大力支持,它属于朝阳行业,市场前景广阔,但是有一定的进入壁垒,所以在医疗保健行业发展较好的家族企业一定具有资本和资源等积累,或者在某一方面具备核心优势。

(三) 家族企业法商百强分析

和非家族企业相比,家族企业更具"法商型"企业特质。如图 5-50,从百强来看家族企业与非家族企业的分布,可以看出百强中一半为多人家族企业,占多人家族企业样本的 3.49%,其次是非家族企业与单个自然人企业家企业。但从上市公司样本来看,多个自然人企业中有 4.38% 的企业进入了百强,而非家族企业只有 2.04%。这表明综合来看,家族企业在发展过程中更能够在创造财富的同时兼顾企业治理和持续发展,具备一定的持续、健康的创富能力。

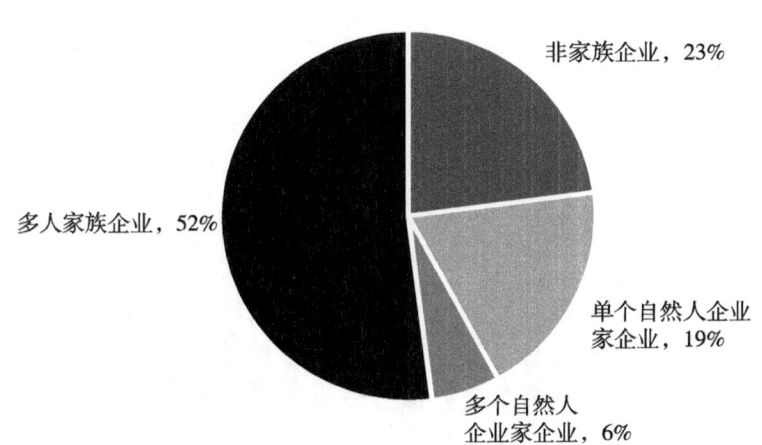

图 5-49 百强上市公司的家族企业分布

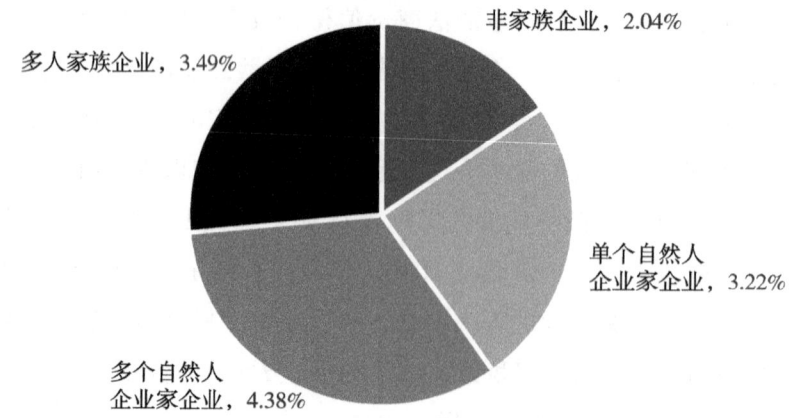

图 5-50 进入百强的家族企业占各自类别的比例

七、上市时间法商价值分析

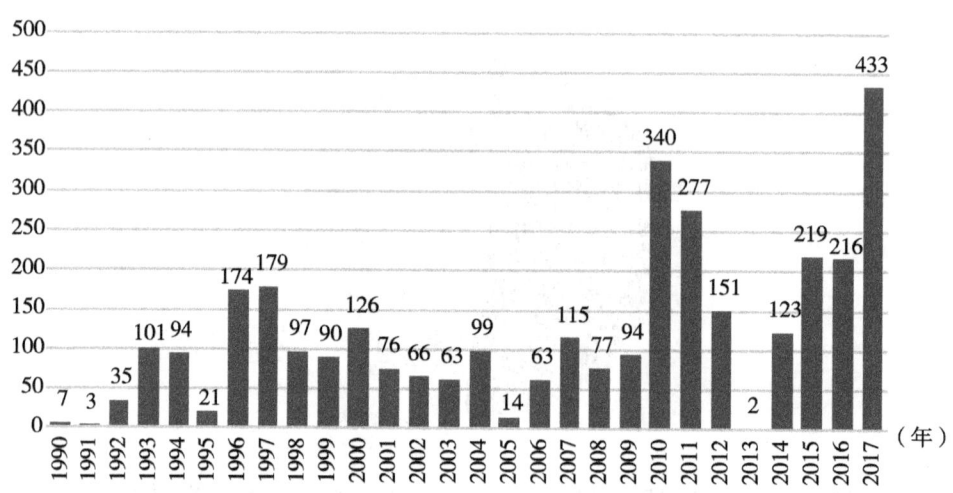

图 5-51 不同上市时间上市公司数量

第五章 中国上市公司法商价值分析

不同上市时间的上市公司数量反映出国家对资本市场的宏观调控。从图 5-51可以看出，我国超过一半的 A 股上市公司集中在 2009 年之后进入资本市场，主要是因为 2009 年我国创业板成立后，许多成长性高但经济实力相对较弱的公司得以进入二级资本市场，丰富了我国资本市场。1995 年、2005 年和 2013 年上市的公司数量明显较低，这主要是因为这几年间监管层暂停审核公司 IPO 上市的进程，可见早期国家政府较多运用行政手段对资本市场进行调控。正是在这样的背景下对不同上市时间上市公司的法商价值、经济价值、治理价值和发展价值得分进行分析。

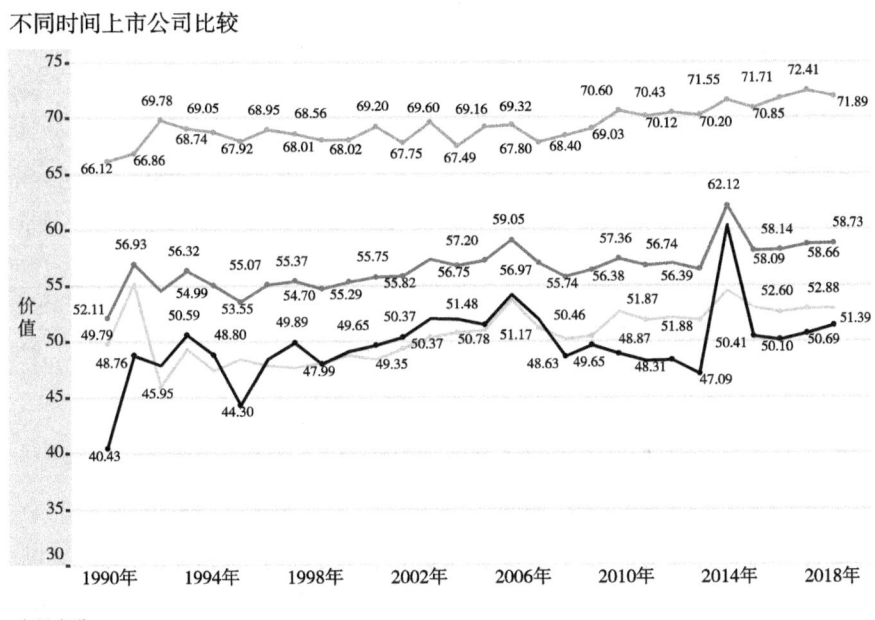

图 5-52　不同上市时间上市公司三类价值得分走势

法商价值、经济价值、治理价值和发展价值具有时间效应。从图 5-52 观察到，大致可以根据上市时间划分为四个周期区间：1990—1995 年波动起伏，1996—2006 年平稳进步，2007—2013 年极值突出，2014—2018 年稳中有进。

进一步分析发现,上市公司的法商价值与上市时间呈正相关,相关系数为 0.191,在 5% 的水平下显著。经济价值、治理价值和发展价值也与上市时间显著正相关,相关系数分别为 0.034（P = 0.005）、0.187（P = 0.000）和 0.230（P = 0.000）。也就是说,上市时间越晚,公司的法商价值、经济价值、治理价值和发展价值越高。基于上市公司具有时间效应这一发现,下文选取了具有代表性的老牌上市公司和新秀上市公司进行分析。

（一）老牌上市公司价值分析

表 5-23　　　　　　老牌上市公司三类价值得分一览表

公司	经济价值	治理价值	发展价值	法商价值	排名	上市时间
豫园股份	61.25	80.08	62.03	67.78	82	1992
云赛智联	50.03	80.63	57.99	62.88	564	1990
方正科技	43.12	63.52	51.57	52.74	2514	1990
申华控股	50.63	62.61	44.56	52.6	2536	1990
飞乐音响	34.08	72.63	48.96	51.89	2634	1990
*ST 中安	35.7	56.42	51.91	48.01	3076	1990
*ST 游久	24.08	62.37	46.25	44.23	3283	1990

老牌上市公司法商价值评价不高,排名靠后,法商环境处于亚健康状态。老牌上市公司主要选取的是"沪市老八股",上市年龄均在 20 年以上。有些公司曾经在股票市场创下涨停纪录,后来在发展中不断重组吸收,被借壳上市。云赛智联（真空电子）、方正科技（延中实业）、申华控股（申华事业）、*ST 中安（飞乐股份）和 *ST 游久（爱使股份）的法商价值排名在 500 名开外,大部分公司的经济价值低于样本总体平均水平,研究经济价值的三级指标时发现,上市公司资源占有量与上市时间负相关,资源利用率和资源可控性与上市时间正相关,意味着早上市的公司对资源占有一定的优势,但是在资源可控性和资源利用率的把控不足消耗了资源占有带来的优势。见表 5-23。

(二) 新秀上市公司价值分析

表 5-24　　上市年龄为 1~5 年的公司各类得分均值一览表

上市年龄	经济价值	治理价值	发展价值	法商价值
上市 1 年	48.51	70.92	50.60	56.68
上市 2 年	50.69	72.41	52.88	58.66
上市 3 年	50.10	71.71	52.60	58.14
上市 4 年	50.41	70.85	53.00	58.09
上市 5 年	60.33	71.55	54.50	62.12

新秀上市公司法商经营环境普遍较好。新秀上市公司主要是指上市年龄为 1~5 年的公司，这些公司的治理价值得分表现突出，这是因为我国监管机构陆续出台各种政策来监督公司上市，要求上市公司及时对外披露财务报表、规范上市公司组织治理结构，使得上市公司日趋规范，与国际标准接轨。新秀上市公司具备的发展潜力，对发展价值的三级指标展开研究，发现战略竞争能力、动态适应要素与上市时间在 5% 水平下显著正相关，相关系数分别为 0.35、0.208，企业社会审计对发展价值的影响因子系数为 -0.097，说明较年轻的上市公司虽不具备老牌上市公司的深厚资源，但在战略竞争能力上的优势一定程度上弥补了这一不足。见表 5-24。

附录：百强上市公司及其法商价值得分

证券代码	证券简称	经济价值	排名	治理价值	排名	发展价值	排名	法商价值	总排名
300136.SZ	信维通信	70.04	19	83.13	45	71.29	8	74.82	1
002841.SZ	视源股份	70.60	12	76.72	533	74.52	1	73.95	2
002415.SZ	海康威视	68.23	51	77.48	424	71.29	9	72.33	3
300203.SZ	聚光科技	66.96	82	76.38	580	72.27	3	71.87	4
603515.SH	欧普照明	68.96	36	80.24	171	66.16	89	71.79	5
600660.SH	福耀玻璃	68.82	40	81.69	91	63.88	172	71.46	6
002035.SZ	华帝股份	71.95	5	78.76	288	63.58	190	71.43	7
002916.SZ	深南电路	65.99	122	79.27	240	68.59	34	71.28	8
300017.SZ	网宿科技	63.94	212	81.31	106	68.59	35	71.28	9
600588.SH	用友网络	68.33	48	78.18	350	67.08	67	71.20	10
603833.SH	欧派家居	67.49	66	78.05	366	67.02	72	70.85	11
600522.SH	中天科技	65.43	150	80.49	156	65.75	96	70.56	12
002410.SZ	广联达	66.84	85	75.08	749	68.90	29	70.28	13
300122.SZ	智飞生物	65.31	159	79.64	211	65.81	95	70.25	14
300616.SZ	尚品宅配	67.54	65	83.85	23	59.30	527	70.23	15
300130.SZ	新国都	64.34	193	77.12	466	68.89	30	70.12	16
002614.SZ	奥佳华	68.82	41	77.94	373	63.50	192	70.09	17
300003.SZ	乐普医疗	66.69	93	75.29	709	68.20	46	70.06	18
600741.SH	华域汽车	61.98	318	84.69	14	63.47	194	70.05	19
601717.SH	郑煤机	65.14	165	78.54	314	66.27	85	69.98	20
603899.SH	晨光文具	66.84	84	80.80	135	62.20	275	69.95	21
601877.SH	正泰电器	66.55	99	78.97	263	63.90	170	69.81	22
002311.SZ	海大集团	65.87	126	81.31	105	62.18	278	69.79	23
002475.SZ	立讯精密	71.46	8	65.74	2516	72.10	4	69.77	24
002050.SZ	三花智控	68.68	43	78.05	367	62.46	259	69.73	25
600406.SH	国电南瑞	63.64	225	76.46	570	69.09	26	69.73	26
603816.SH	顾家家居	72.07	3	73.58	1021	63.14	216	69.60	27
603180.SH	金牌厨柜	66.32	105	78.41	323	63.79	179	69.51	28
002008.SZ	大族激光	65.62	140	73.88	966	68.82	32	69.44	29
002376.SZ	新北洋	61.76	339	75.86	637	70.66	12	69.43	30

续表

证券代码	证券简称	经济价值	排名	治理价值	排名	发展价值	排名	法商价值	总排名
601100.SH	恒立液压	66.25	109	74.09	922	67.76	58	69.37	31
002653.SZ	海思科	63.26	248	79.68	207	65.00	125	69.31	32
000938.SZ	紫光股份	62.70	280	74.54	848	70.50	13	69.25	33
603659.SH	璞泰来	66.16	114	79.73	204	61.75	318	69.21	34
002281.SZ	光迅科技	60.81	419	83.53	31	63.28	206	69.21	35
600258.SH	首旅酒店	70.59	14	81.23	112	55.51	1012	69.11	36
601799.SH	星宇股份	67.58	63	74.85	793	64.84	135	69.09	37
002212.SZ	南洋股份	59.65	517	79.75	201	67.69	59	69.03	38
300037.SZ	新宙邦	60.46	456	82.69	56	63.62	187	68.92	39
002101.SZ	广东鸿图	64.66	179	77.28	448	64.71	141	68.89	40
603208.SH	江山欧派	64.67	178	83.31	38	58.67	596	68.88	41
000963.SZ	华东医药	71.96	4	71.48	1414	63.14	217	68.86	42
603228.SH	景旺电子	69.10	30	70.39	1665	67.07	71	68.85	43
600298.SH	安琪酵母	65.71	136	78.37	326	62.36	266	68.82	44
300308.SZ	中际旭创	62.46	296	77.10	470	66.83	75	68.80	45
603801.SH	志邦家居	63.47	237	80.20	174	62.50	256	68.73	46
600845.SH	宝信软件	60.69	431	81.04	121	64.39	146	68.71	47
600183.SH	生益科技	64.11	204	76.99	491	64.98	129	68.69	48
300608.SZ	思特奇	59.78	504	83.75	25	62.50	258	68.67	49
300015.SZ	爱尔眼科	68.27	49	78.20	348	59.46	505	68.65	50
600380.SH	健康元	61.98	320	81.67	95	62.08	288	68.58	51
300439.SZ	美康生物	63.97	210	77.44	429	64.31	155	68.57	52
002422.SZ	科伦药业	63.04	259	77.49	423	64.99	127	68.50	53
002508.SZ	老板电器	64.83	174	78.77	287	61.90	308	68.50	54
000661.SZ	长春高新	63.50	232	73.98	947	67.97	53	68.48	55
600276.SH	恒瑞医药	61.43	372	75.62	661	68.35	43	68.47	56
002430.SZ	杭氧股份	65.31	160	79.73	202	60.31	422	68.45	57
603039.SH	泛微网络	62.47	294	77.72	396	65.14	121	68.45	58
300170.SZ	汉得信息	59.66	514	77.74	392	67.88	56	68.43	59
300677.SZ	英科医疗	67.55	64	80.30	167	57.39	736	68.41	60

续表

证券代码	证券简称	经济价值	排名	治理价值	排名	发展价值	排名	法商价值	总排名
600031.SH	三一重工	66.60	96	72.28	1261	66.24	86	68.37	61
600699.SH	均胜电子	60.78	423	74.26	895	70.02	20	68.36	62
300271.SZ	华宇软件	56.40	827	75.59	666	73.02	2	68.34	63
600801.SH	华新水泥	71.93	6	78.87	276	54.11	1201	68.30	64
002803.SZ	吉宏股份	68.80	42	77.73	395	58.22	641	68.25	65
002649.SZ	博彦科技	57.32	736	78.95	266	68.44	40	68.24	66
300476.SZ	胜宏科技	64.04	209	74.95	772	65.57	103	68.19	67
000050.SZ	深天马A	53.29	1234	82.80	55	68.40	42	68.16	68
603337.SH	杰克股份	62.49	293	75.14	736	66.84	74	68.16	69
601233.SH	桐昆股份	69.56	25	75.30	706	59.46	504	68.11	70
002294.SZ	信立泰	57.88	682	81.10	119	65.29	113	68.09	71
300378.SZ	鼎捷软件	56.49	820	82.05	75	65.70	98	68.08	72
002607.SZ	中公教育	68.93	37	69.13	1925	66.17	88	68.08	73
603730.SH	岱美股份	66.13	116	79.81	197	58.19	645	68.05	74
600332.SH	白云山	69.97	20	70.98	1535	63.16	215	68.04	75
300400.SZ	劲拓股份	57.91	680	88.57	1	57.56	719	68.01	76
002020.SZ	京新药业	60.91	412	80.84	132	62.02	294	67.92	77
300284.SZ	苏交科	56.37	833	84.73	13	62.64	244	67.91	78
300463.SZ	迈克生物	57.70	709	81.45	101	64.31	154	67.82	79
603808.SH	歌力思	59.54	525	78.40	325	65.48	109	67.80	80
601021.SH	春秋航空	70.59	13	71.30	1454	61.50	339	67.80	81
600655.SH	豫园股份	61.25	386	80.08	181	62.03	292	67.78	82
300285.SZ	国瓷材料	60.95	406	78.22	346	63.89	171	67.69	83
002230.SZ	科大讯飞	63.35	244	69.22	1906	70.38	17	67.65	84
000333.SZ	美的集团	62.07	313	75.48	683	65.39	112	67.65	85
600398.SH	海澜之家	65.84	129	83.26	40	53.79	1240	67.63	86
002543.SZ	万和电气	64.88	172	76.61	549	61.27	355	67.59	87
002153.SZ	石基信息	53.25	1237	79.03	259	70.47	15	67.58	88
603225.SH	新凤鸣	67.43	69	76.72	532	58.45	617	67.54	89
600216.SH	浙江医药	56.24	847	86.35	5	59.87	465	67.49	90

续表

证券代码	证券简称	经济价值	排名	治理价值	排名	发展价值	排名	法商价值	总排名
300347.SZ	泰格医药	63.06	255	71.29	1459	68.11	50	67.49	91
603030.SH	全筑股份	57.17	754	80.99	125	64.23	157	67.46	92
300222.SZ	科大智能	54.71	1037	79.36	236	68.27	45	67.45	93
300207.SZ	欣旺达	58.46	633	75.33	698	68.52	37	67.44	94
600673.SH	东阳光	70.30	16	69.02	1952	62.89	231	67.40	95
600668.SH	尖峰集团	66.76	89	78.82	282	56.62	852	67.40	96
300428.SZ	四通新材	67.97	54	68.02	2145	66.21	87	67.40	97
002032.SZ	苏泊尔	65.12	167	77.83	384	59.12	537	67.36	98
300146.SZ	汤臣倍健	63.89	214	77.68	401	60.50	408	67.36	99
300601.SZ	康泰生物	65.68	137	71.10	1504	65.23	115	67.34	100

参考文献

[1] 踪家峰，李宁．外商直接投资是否影响本土上市公司绩效——基于 A 股市场的实证检验［J］．现代财经（天津财经大学学报），2014，34（04）：88-100．

[2] 国际劳工组织．世界就业与社会展望：2019 年趋势．日内瓦，2019（2）．

[3] 国际货币基金组织．世界经济展望报告．华盛顿，2018（10）．

[4] 国际货币基金组织．世界经济展望报告．华盛顿，2019（1）．

[5] 国际货币基金组织．世界经济展望：稳定增长面临的挑战．华盛顿，2019（4）．

[6] 国际货币基金组织．世界经济展望报告．华盛顿，2019（7）．

[7] 中国社会科学院世界经济与政治研究所．博鳌亚洲论坛新兴经济体发展 2018 年度报告［M］．对外经济贸易大学出版社，2018（3）．

[8] 中国社会科学院世界经济与政治研究所．世界经济黄皮书：2018 年世界经济形势分析与预测［M］．社会科学文献出版社，2018．

[9] 中国社会科学院世界经济与政治研究所．世界经济黄皮书：2019 年世界经济形势分析与预测［M］．社会科学文献出版社，2019．

[10] 阿尔弗洛德·拉帕波特．创造股东价值［M］．云南人民出版社，2002．

[11] 魏庆宏．企业价值评估方法及其应用探讨［D］．江西财经大学，2004．

[12] 王舒健，李钊．企业价值评估理论的演变与新发展［J］．工业技术经济，2008（1）：32-35．

[13] 温和锋．平衡计分卡在我国中小企业绩效管理应用中存在的问题与对策研究［D］．西南大学，2007．

[14] 郭桂花，章娣．价值链模式下企业价值评估体系构建思路研究［J］．商业会计，2013（5）：14-16．

[15] 李靠队．董事长、总经理和公司法定代表人结构研究［D］．江苏大学，2008．

[16] 弗雷德里克·温斯洛·泰勒．科学管理原理［M］．机械工业出版社，2013．

[17] 艾尔弗雷德·D. 钱德勒．看得见的手——美国企业的管理革命［M］．商务印书馆，2018．

[18] 芮明杰，袁安照．现代公司理论与运行［M］．上海财经大学出版社，2005．

[19] 陈希圣．企业财务分析［M］．经济科学出版社，2009．

[20] 张新民．从报表看企业——数字背后的秘密（第3版）．北京：中国人民大学出版社，2017．

[21] 黎春．中国上市公司财务指数研究［D］．西南财经大学，2010．

[22] 赵德武，马永强，黎春．中国上市公司财务指数编制：意义、思路与实现路径［J］．会计研究，2012（12）：3-11+94．

[23] 付俊文，赵红．利益相关者理论综述［J］．首都经济贸易大学学报，2006，8（2）：16-21．

[24] 南开大学公司治理研究中心课题组．中国上市公司治理评价系统研究［J］．南开管理评论，2003，6（3）：4-12．

[25] 李维安，姜涛．公司治理与企业过度投资行为研究——来自中国上市公司的证据［J］．财贸经济，2007（12）：56-61．

[26] 丁俊．我国企业应用平衡记分卡的研究［D］．对外经济贸易大学，2006．

[27] 孙永玲，Irv Beiman．平衡记分卡中国战略实践［M］．机械工业出

版社.2004.

[28] 张川,潘飞,John Robinson.非财务指标与企业财务业绩相关吗——一项基于中国国有企业的实证研究[J].中国工业经济,2006,(224):99-107.

[29] 侯秦.关于价值管理评价指标的价值相关性的实证研究[D].西南交通大学,2007.

[30] 丹尼尔·A.雷恩,阿瑟·G.贝德安,Wren D,et al.管理思想史[M].中国人民大学出版社,2012:137-149.

[31] 哈罗德·孔茨,海因茨·韦里克.管理学—第10版[M].经济科学出版社,1998:2.

[32] 斯蒂芬·P.罗宾斯.管理学(第四版)[M].中国人民大学出版社,1997,6.

[33] 孙选中.法商管理解析——颠覆经典管理的思考[M].经济管理出版社,2018:4-37.

[34] 冯苏京.企业演变规律研究[D].中国人民大学,2008.

[35] 袁娜.浅谈企业组织结构及其设计的原则和影响因素[J].现代营销(经营版),2019(07):146-148.

[36] 王曦.公司治理特征与内部控制缺陷的修复[D].北方工业大学,2019.

[37] 朱春艳,张昕.控股股东——中小股东冲突、公司治理对非效率投资的交互影响[J].上海对外经贸大学学报,2019,26(02):69-83.

[38] 郑志刚.从"股东"中心到"企业家"中心:公司治理制度变革的全球趋势[J].金融评论,2019,11(01):58-72+124-125.

[39] 高书荣.股权结构对于我国上市公司大股东行为的影响研究[D].上海社会科学院,2017.

[40] 陈夏旋.公司治理评价体系比较研究[J].中国市场,2014(49):79-80+86.

[41] 秦永法.董事会治理及评价[D].武汉大学,2014.

[42] 唐跃军,左晶晶.所有权性质、大股东治理与公司创新[J].金融

研究, 2014 (06): 177-192.

[43] 肖柯. 治理与管理融合视角下上市公司内部监控机制研究 [D]. 山东大学, 2014.

[44] 赵琳. 创业板上市公司董事会治理绩效影响因素研究 [D]. 山东大学, 2014.

[45] 葛向全. 中国上市公司治理评价与指数分析 [J]. 现代经济信息, 2014 (09): 66.

[46] 罗红霞. 公司治理、投资效率与财务绩效度量及其关系 [D]. 吉林大学, 2014.

[47] 沈小秀. 外部经理人市场、产品市场竞争与公司治理有效性 [D]. 南开大学, 2014.

[48] 安庭慧. 我国上市公司信息披露制度研究 [D]. 吉林大学, 2014.

[49] 徐翔. 国有企业内部控制机制及运行研究 [D]. 西南财经大学, 2014.

[50] 王亚娟. 基于风险管理的电力企业内部控制研究 [D]. 华北电力大学, 2014.

[51] 罗进辉. 上市公司的信息披露质量为何摇摆不定？[J]. 投资研究, 2014, 33 (01): 134-152.

[52] 赵忠龙. 论公司治理的概念与实现 [J]. 法学家, 2013 (03): 97-112+178-179.

[53] 张兰. 公司治理、多元化战略与财务绩效的关系 [D]. 吉林大学, 2013.

[54] 初旭. 董事会治理对企业战略转型驱动及实施保障的影响研究 [D]. 南开大学, 2013.

[55] 王德武. 中国上市公司治理的有效性评价研究 [D]. 辽宁大学, 2007.

[56] 姜彦福, 张健, 林强. 产权、竞争与公司治理 [J]. 经济管理, 2001 (21): 6-9.

[57] 蒋琰, 茅宁. 智力资本与财务资本：谁对企业价值创造更有效——

来自于江浙地区企业的实证研究[J].会计研究,2008(07):49-55+97.

[58]鄢波,杜勇,阮敏彦.上市公司成长性与财务指标的相关性研究[J].商业研究,2011(07):119-124.

[59]朱瑞雪,郭京福.社会责任与企业国际竞争力研究[J].华东经济管理,2004(06):28-30.

[60]钱瑜.企业社会责任和企业绩效的典型相关分析——基于利益相关者视角[J].企业经济,2013,32(03):79-82.

[61]宋周莺,刘卫东.信息时代的企业区位研究[J].地理学报,2012,67(04):479-489.

[62]杜靖.论企业技术创新驱动力的"三环模式"[J].企业经济,2012,31(04):51-54.

[63]李文贵,余明桂.所有权性质、市场化进程企业风险承担[J].中国工业经济,2012(12):115-127.

[64] Kuznets S S. Secular movement in production and prices: Their nature and their bearing upon cyclical fluctuations [M]. Houghton Mifflin and company, Boston, 1930.

[65] Phillips A W. The relation between unemployment and the Rate of change of money wage rates in the United Kingdom, 1861-1957 1 [J]. economica, 1958, 25 (100): 283-299.

[66] Fisher, Tobin I, Veblen J, et al. The Nature Of Capital And Income [M]. The Macmillan Company, 1906.

[67] Franco Modigliani, Merton H. Miller. The Cost of Capital Corporation Finance and The Theory of Investment [J]. American Economic Review, 1959, 48 (4): 443-453.

[68] Fisher, Tobin I, Veblen J, et al. The Nature Of Capital And Income [M]. The Macmillan Company, 1906.

[69] Pablo Fernandez. The Capital Asset Pricing Model [M]. Springer International Publishing, 2017.

[70] Black F, Scholes M S. The Pricing of Options and Corporate Liabilities

[J]. Journal of Political Economy, 1973, 81 (3): 637-654.

[71] Bede, AdolphA. and Gardiner Means. A Modem Corpo-ration Private Property. NewYork: Harcourt. BraceWorld, 1968.

[72] Bennedsen M, Wolfenzon D. The balance of power in closely held corporations [J]. Journal of financial economics, 2000, 58 (1-2): 113-139.

[73] Maury B, Pajuste, A. Multiple large shareholders and firm value [J]. Journal of Banking & Finance, 2005, 29 (7): 1813-1834.

[74] Claessens S, Djankow, S, Fan, J P H, et al. Disentangling the incentive and entrenchment effects of large shareholdings [J]. The Journal of Finance, 2002, 57 (6): 2741-2771.

[75] Kaplan, R. S. and Norton. The Balanced Scorecard_ Measures That Drive.

[76] Performance [D], Harvard Business Review, 1992, January-February.

[77] Gibrat R. Les ingalits conomiques [J]. Libraire du Recueil Sierey, Paris, 1931, 235.

[78] Penrose E T. The theory of the growth of the firm. White Plains, NY: ME Sharpe [J]. 1959.

[79] Kaplan R. The Balanced Scorecard-Measures that Drive Performance [J]. Harvard Business Review, 1992.

[80] Mcmahan G C, Mcwilliams A, Wright P M. Human resources and sustained competitive advantage: a resource-based perspective [J]. 1994, 5 (2): 301-326.

[81] Hsu I C. Knowledge sharing practices as a facilitating factor for improving organizational performance through human capital: A preliminary test [J]. Expert Systems with Applications, 2008, 35 (3): 1316-1326.

[82] Youndt M A, Snell S A, Dean J W, et al. Human Resource Management, Manufacturing Strategy, and Firm Performance [J]. The Academy of Management Journal, 1996, 39 (4): 836-866.

[83] Youndt M A, Subramaniam M, Snell S A. Intellectual Capital Pro-

files: An Examination of Investments and Returns [J]. Journal of Management Studies, 2004, 41 (2): 335-361.

[84] Schultz, W. (1961) Investment in Human Capital [J]. American Economic Review, 51, 1-17.

[85] Schultz T W. Investment in Human Capital: The Role of Education and of Research [J]. American Journal of Agricultural Economics, 1971, 53 (4): 272.

[86] Becker G S. Part 2: Investment in Human Beings ‖ ‖ Investment in Human Capital: A Theoretical Analysis [J]. Journal of Political Economy, 1962, 70 (5): 9-49.

[87] Hermanson R H. Accounting for Human Assets, Occasional paper No. 14 [J]. Graduate School of Business Administration, East Lansing, Ml, 1964.

[88] Griffin, J. and Mahon, J. 1997. The corporate social performance and corporate financial performance debate, twenty five years of incomparable research [J]. Business and Society, 36, 5-31.

[89] Friedman M. A Friedman doctrine: The social responsibility of business is to increase its profits [J]. The New York Times Magazine, 1970, 13 (1970): 32-33.

[90] Weber A. Ueber den standort der industrien. Erster teil. Reine theorie der standorte [J]. Mohr, Tübingen, 1909.

[91] Losch A. The Economics of Location, Translated by WH Woglom, 1954 [J]. 1940.

[92] Kim W C, Mauborgne R A. Blue ocean strategy, expanded edition: How to create uncontested market space and make the competition irrelevant [M]. Harvard business review Press, 2014.

[93] Art Durnev, Randall Morck, Bernard Yeung. Value - Enhancing Capital Budgeting and Firm - specific Stock Return Variation [J]. The Journal of Finance, 2004, 59 (1).

[94] Conrad, G. and Plotkin, I. 1968. Risk/Return: U.S. Industry Pattern.

[J]. Harvard Business Review, 46: 90 - 99.

[95] Paul H. Cootner, Daniel M. Holland, 1970. Rate of Return and Business Risk, [J] Bell Journal of Economics, The RAND Corporation, vol. 1 (2), pages 211-226, Autumn.

[96] Kim E H, Lu Y. CEO ownership, external governance, and risk-taking [J]. Journal of Financial Economics, 2011, 102 (2): 272-292.

[97] Bowman, E. 1980. Risk/Return Paradox for Strategic Management. [J]. Sloan Management Review, Spring: 17 - 31.

[98] Fishburn, P. C. 1977. Mean-Risk Analysis with Risk Associated with Below Target Returns. [J]. American Economic Review, 67: 116 - 126.

[99] Fiegenbaum, A. and Thomas, H. 1986. Dynamic and Risk Measurement. Perspectives on Bowman's Risk-Return Paradox for Strategic Management: An Empirical Study. [J]. Strategic Management Journal, 7: 395 - 407.

[100] Wiseman, Palmer Robert M. . Decoupling Risk Taking from Income Stream Uncertainty: A Holistic Model of Risk [J]. Strategic Management Journal, 1999, 20 (11): 1037-1062.